놀이와 인간

LES JEUX ET LES HOMMES
by Roger Caillois

© Editions Gallimard 1958. Editions revue et augmentée en 1967
Korean translation copyright © 2018 by Moonye Publishing Co. Ltd.
This Korean edition was published by arrangement with Editions Gallimard
through Sibylle Books Literary Agency, Seoul

이 책의 한국어판 저작권은 시빌에이전시를 통해 프랑스 Gallimard사와 독점 계약한
(주)문예출판사에 있습니다. 저작권법에 의해 한국 내에서 보호를 받는 저작물이므로
무단 전재 및 무단 복제를 금합니다.

LES JEUX ET
LES HOMMES
▸▸

로제 카이와
이상률 옮김

놀이와 인간

가면과 현기증

문예출판사

일러두기

1. 원주는 미주로 표기했습니다.
2. 옮긴이 주는 ( )와 · · · ······ 와 같이 표기했습니다.

몽테스키외를 따르면서*

---

* SECUNDUM SECUNDATUM
  몽테스키외의 본명은 Charles Louis de Seconda였다. 카이와는《몽테스키외 전집(Oevres Complètes)》을 편찬했으며(Bibliothèque de la pléiade, 1949~51, 2 vols), 그의 학문을 계승했다.

차례

서론 —— 9

제1부

1 놀이의 정의 / 25
2 놀이의 분류 / 36
   1) 기본적인 범주 / 40
   2) 소란에서 규칙으로 / 57
3 놀이의 사회성 / 70
4 놀이의 타락 / 77
5 놀이를 출발점으로 하는 사회학을 위하여 / 94

제2부

6 놀이의 확대 이론 / 111
   있을 수 없는 조합 / 113
   우발적인 조합 / 114
   근원적인 조합 / 115
7 모의와 현기증 / 122
   1) 놀이와 문화의 상호의존 / 123
   2) 가면과 영매 상태 / 131

8　경쟁과 우연　　　　　　　　　　　/ 146
　　　1) 변천　　　　　　　　　　　　/ 149
　　　2) 능력과 운　　　　　　　　　 / 162
　　　3) 대리　　　　　　　　　　　　/ 174
　9　현대세계에서의 재용출　　　　　 / 186
　　　｜ 가면과 제복　　　　　　　　 / 187
　　　｜ 장터에서 벌어지는 오락　　　/ 190
　　　｜ 서커스　　　　　　　　　　　/ 195
　　　｜ 공중서커스　　　　　　　　　/ 196
　　　｜ 흉내 내며 익살떠는 신들　　 / 197

보충하는 글

　1　우연놀이의 중요성　　　　　　　 / 207
　2　교육학에서 수학까지　　　　　　 / 228
　　　｜ 교육심리학적 분석　　　　　 / 230
　　　｜ 수학적 분석　　　　　　　　 / 239
　3　놀이와 성스러움　　　　　　　　 / 248

참고 자료 —— 263
미주 —— 294
놀이에 대한 설명 —— 308
옮긴이의 말 —— 313

서론

 놀이는 그 수가 헤아릴 수 없을 정도로 많으며, 종류도 여러 가지이다. 〔여럿이 하는〕 오락게임, 기교놀이 jeux d'adresse〔솜씨나 재주를 요하는 놀이〕, 우연놀이, 야외놀이, 끈기놀이 jeux de patience〔혼자서 그림이나 나뭇조각 따위를 맞추거나 짜는 놀이 또는 연구해서 해답을 내는 놀이〕, 건설놀이〔예를 들면, 나무쌓기〕 등등. 이처럼 거의 무한한 다양성에도 불구하고 놀랍게도 변함없는 것은 놀이라는 말이 항상 자유로움, 위험 또는 능란함이라는 관념을 불러일으킨다는 점이다. 특히 그것은 확실히 휴식이나 즐거움의 분위기를 가져다 준다. 그것은 쉬게 하고 즐겁게 해준다. 그것은 구속받지 않을 뿐만 아니라 현실 생활에 영향력이 없는 활동을 상기시킨다. 그것은 현실 생활의 진지함과 반대되며, 따라서 경박한 것으로 간주된다. 다른 한편에서 그것은 잘 활용된 시간과는 반대인 낭비된 시간으로서 노동과 반대된다. 사실 놀이는 아무것도 생산하지 않는다. 재화를 만들어 내지도 않으며, 업적을 낳지도 않는다. 그것은 본질적으로 열매를 맺지 못한다 stérile. 놀이를 새로 할 때마다 ― 평생을 해도 똑같지만 ― 놀이하는 자는 제로_zéro_ 상태로 되돌아가서 처음 시작할 때와 똑같은 조건에 놓인다. 도박이나 내기 또는 제비뽑기라고 해서 예외는 아니다. 이런 놀이는 부_富_를 생산하지 않는다. 단지 부의 위치만을 바꿀 뿐이다.

놀이의 이 근본적인 무상성_無償性, gratuité_이야말로, 그것의 가치를 가장 많이 떨어뜨리게 하는 성격이다. 그러나 또한 이 무상성 때문에 사람들은 가벼운 마음으로 놀이에 몰두하며, 놀이가 생산적인 활동과 분리된다. 사람은 저마다 애초부터 다음과 같이 생각한다. 즉 제아무리 신경을 쓰고, 능력을 발휘하고, 엄격함을 요구한다 할지라도, 놀이란 기분좋은 엉뚱한 짓과 헛된 기분전환에 불과하다고 생각한다. 샤토브리앙_Chateaubriand_의 다음의 문구에서도 그것을 충분히 느낄 수 있다: 〈순정_純正_기하학에는 다른 학문들과 마찬가지로, 놀이와 무용성이 있다.〉

뛰어난 역사가들은 사료를 깊이 조사한 끝에, 세심한 심리학자들은 체계적인 관찰을 반복한 끝에, 놀이의 정신을 사회에는 최고도의 문화활동을 발전시키는 주요 원동력의 하나로 간주해야 하며, 또 개인도 정신교육과 지적 발달의 주요 원동력의 하나로 여기지 않으면 안 된다고 생각하였는데, 이것은 앞서 말한 놀이의 무상성을 염두에 두면 의미가 더욱 깊은 것 같다. 놀이가 한편에서는 부차적인 활동으로서 무시할 수 있는 것으로 여겨지고, 다른 한편에서는 중대한 영향을 미친다며 느닷없이 그 이로움을 인정하는 것은 참으로 대조적이다. 그런데 여기에는 근거 있는 역설이라기보다는 어떤 교묘한 역설이 있는 것이 아닌가라고 자문해볼 수 있을 정도로 이것은 사실로 생각되는 것과는 상당히 어긋난다.

놀이 예찬자들의 학설이나 추측을 검토하기 전에, 놀이라는 관념에 붙어다니는 숨은 개념들, 가령, 놀이_jeu_라는 말이 비유적으로 사용될 때 고유의 의미를 벗어나 여러 가지로 사용되면서 나타나는 개념들을 분석하는 것이 좋을 것 같다. 진실로 놀이가 문명의 기본적인 원동력이라 해도, 이차적인 의미를 밝히는 것이 무익하지는 않을 것이다.

먼저, 흔히 쓰이며 또 본래의 의미와도 가장 가까운 뜻으로 놀이라는 말은 그 이름으로 불리우는 특정한 활동뿐만 아니라, 그 활동에 필요하거나 복잡한 전체 기능에 필요한 도형圖刑, 상징물 또는 도구 등의 전체를 가리키기도 한다. 가령, 카드놀이의 경우에는 트럼프 한 벌을 가리키며, 체스의 경우에는 이 놀이를 하는 데 없어서는 안 되는 말piéces 전체를 가리킨다. 열거할 수 있는 완전한 한 벌이 필요한데, 하나의 요소가 많거나 적어도 놀이는 불가능하거나 파투破鬪가 난다. 다만, 하나나 몇 개 요소의 제거 또는 추가가 미리 알려지고, 그것이 명확한 의도에서 기인하는 경우는 다르다. 가령, 실력 차이가 있는 두 플레이어 사이에 균형을 회복시키기 위해 카드놀이의 경우에는 조커joker를, 체스의 경우에는 말 하나를 더 주는 경우가 그러하다. 카드놀이 및 체스의 경우와 마찬가지로, 파이프오르간 연주의 경우는 음관音管과 건반 전체를 가리킨다. 또 요트놀이의 경우는 배의 몇 개의 다른 돛 한 벌의 장치를 가리킨다. 처음부터 완성되어 있으며 변함이 없을 뿐만 아니라, 놀이를 움직이는 에너지 이외에는 어떠한 외부 간섭도 없이 기능하도록 고안된 이 닫힌 총체totalité fermée라는 개념은 확실히 귀중한 혁신을 행하면서 본질적으로 불안정한 세계를 구성한다. 왜냐하면, 그 세계의 소재들은 실제로 무한하며, 또 한편으로는 끊임없이 변형되기 때문이다.

게다가 놀이jeu라는 말은 음악가나 배우 같은 연기자의 스타일, 양식樣式도 가리킨다. 즉, 다른 사람들과는 다르게 악기를 연주하거나 역役을 연기하는 독자적인 성격을 가리킨다. 대본이나 악보에 얽매여 있으면서도, 연기자는 어느 정도 여유를 갖고 다른 사람들이 흉내 낼 수 없는 뉘앙스나 변화를 통해 자신의 개성을 자유롭게 표현한다.

따라서 놀이라는 말은 제약制約, 자유, 창의創意라는 관념들을 결합시킨다. 그것은, 놀이의 인접 영역에서는, 다음과 같은 상호보완적인 관념들이 함께 연결되어 두드러진 혼합을 나타낸다. 그 상호보완적인 관념들이란 행운, 능란한 솜씨, 우연이나 운수에 의해 들어온 재원財源〔카드놀이의 경우 손에 들고 있는 패〕 그리고 그 재원을 움직여서 최대한 이득을 얻으려고 애쓰는 다소간의 영민한 두뇌를 말한다. 좋은 패를 갖고 있다avoir beau jeu는 표현은 첫 번째 의미〔행운〕에 해당되며, 신중하게 한다jouer serré거나 약은 꾀를 쓴다jouer au plus fin는 표현은 두 번째의 의미〔능란한 솜씨〕를 가리킨다. 마지막으로, 자기 패를 보여준다montrer son jeu거나 반대로 자기 패를 감춘다dissimuler son jeu는 표현들은 게임의 출발점에서 재원과 교묘한 전략의 능숙한 전개라는 두 가지 관념과 밀접하게 관련되어 있다.

이것만으로도 이미 주어진 조건들은 까다로운데, 승패의 위험이라는 관념이 덧붙여져서 조건들을 더욱 복잡하게 한다. 자유롭게 처분할 수 있는 재원의 평가, 예상되는 돌발사태의 계산 이외에도, 감히 위험을 받아들이는 것과 그로 인해 예측되는 결과 사이의 비교를 전제로 하는 또 한 번의 투기, 일종의 내기가 문제가 된다. 여기에서, mettre en jeu〔내기하다, 위험을 무릅쓰다〕, jouer gros jeu〔큰 도박을 하다, 이기든 지든 해보다〕, jouer son reste, sa carriére, sa vie〔남은 돈 모두를 건다, 장래를 건다, 인생을 건다〕라는 표현이 나오며, 또한 le jeu ne vaut pas la chandelle〔해보았자 헛수고이다, 애쓴 보람이 없다〕라는 확인도 나오는데, 이 마지막 것도 승부를 아무리 계속해도 그 이익이 조명비照明費에도 미치지 못함을 뜻한다.

이리하여 놀이는 또 다시, 다음과 같은 것들을 결합시키는 이상하게 복잡한 개념으로 나타난다: 현실의 상황, 불평등한 재원을 최대한으로 이용하는 능력, 마지막으로 신중함과 대담함 사이의 선택. 이때 현실의 상황이란 좋은 패나 나쁜 패를 말하는데, 여기서는 우연이 최고의 권한을 가지며, 놀이하는 자는 손쓸 도리가 없고 다만 행운이나 불운에 따라 패를 받을 뿐이다. 불평등한 재원을 최대한으로 이용하는 능력의 경우, 총명한 계산은 성과를 올리며, 실수는 재원을 낭비한다. 마지막으로 신중함과 대담함 사이의 선택의 경우는, 놀이하는 자가 통제하는 것이라기보다는 오히려 그가 마음대로 할 수 없는 것에 어떻게 잘 거느냐에 따라서 그 선택이 최종적인 내용을 가져다준다.

모든 놀이는 규칙의 체계이다. 규칙은 무엇이 놀이이며 무엇이 놀이가 아닌가를, 달리 말하면, 허용된 것과 금지된 것을 규정한다. 이 약속은 자의적인 동시에 강제적이며 결정적이다. 그것은 어떠한 구실로도 깨져서는 안 되며, 만일 그 약속이 깨지면 놀이는 즉석에서 끝나며, 위반이라는 사실 자체에 의해 파괴된다. 왜냐하면, 놀이하고 싶은 욕망, 즉 놀이의 규칙을 지키겠다는 의지에 의해서만 규칙이 유지되기 때문이다. 놀이를 하든가 아니면 처음부터 하지 않든가, 둘 중의 하나이다. 그런데 놀이를 한다jouer le jeu는 말은 놀이와는 동떨어진 곳, 아니 주로 놀이와는 무관한 많은 행위와 교제에서 사용된다〔jouer son jeu는 사업을 하다, jouer gros jeu는 큰 도박을 하다, jouer le grand jeu는 열연하다 등의 의미가 있다〕. 그것은 놀이의 약속과 비슷한 암묵적인 약속을 그러한 영역에까지 확장하려는 시도이다. 규칙을 위반한 상대방에게 어떠한 공식적인 처벌도 가하지 않는 만큼, 더욱더 그러한 약속을 따르지 않으면 안 된다. 부당한 요구, 속임수, 금지된 반격 등은 모두 만장일치에 따른 약속에 의해 당연히 추방된다. 그렇지만 놀이를 중단하면, 그러한 것들이 다시 허용되어 자연상태가 다시 열린다. 이상과 같은 경우, 놀이란 자진해서 받아들여진 자발적인 제약의 전체로 나타나는데, 이 자발적인 제약들은 안정된 질서, 때로는 법 없는 세계에서의 암묵적인 입법을 확립한다.

마지막으로 놀이라는 말은 활동의 자유, 운동의 용이함, 과도하지 않고 유익한 자유라는 관념을 생각나게 하는데, 톱니바퀴놀이나 배가 닻을 내리고 노는(배가 흔들거리는) 경우가 그러하다. 이러한 활동의 자유는 필수불가결한 운동성mobilité을 가능하게 한다. 어느 한 기계장치를 잘 기능하게 하는 것은 여러 부품들 사이에 존재하는 놀이이다. 그렇지만 또 한편으로는 이 놀이는 너무 지나쳐서는 안 된다. 너무 지나치면 기계가 미쳐버리기 때문이다. 세심하게 계산된 이 놀이 공간은 기계가 정지하거나 고장나지 않게끔 막는다. 그러므로 놀이란 엄밀 정확함 속에 머물러야 하는 자유를 뜻한다. 그래야만 엄밀 정확함이 그 유효성을 얻거나 유지된다. 사전은 쥬jeu(놀이, 작용)라는 말을 '어느 한 기계의 여러 부품들의 규칙적이고 결합된 활동'으로 정의하고 있는데, 이런 뜻과는 달리 기계장치 전체가 일종의 놀이로 간주될 수 있다. 사실 기계란 퍼즐puzzle 같은 것으로서, 여러 부분들이 서로 어울리고 일치해서 기능하도록 고안된 것이다. 그러나 그것이 아무리 정확한 것이라 해도, 이 쥬jeu(작용)의 내부에 다른 종류의 쥬jeu(놀이)가 개입해서 그 부분들에게 생명을 준다. 앞의 쥬jeu는 엄밀한 조립과 완벽한 태엽장치를 말하며, 뒤의 쥬jeu는 유연성과 운동의 여유를 말한다.

이상이 다양하고 풍부한 의미인데, 놀이 그 자체가 아니라, 놀이가 표현하고 발전시키는 심적 경향이 확실히 문명의 중요한 요소를 구성할 수 있다는 것을 그 의미들은 보여준다. 전체적으로 보면, 그 여러 의미들은 전체성, 규칙, 자유의 관념들을 함축한다. 그 의미들 중의 하나는 제약의 존재와 그 제약 속에서 창조할 수 있는 능력을 결합시킨다. 또 다른 의미는 운수로부터 물려받은 재원과, 오로지 열의와 개인적인 집념의 발휘에만 의존하는—내면적이며 타인에게 양도할 수 없는—힘을 통해서만 승리를 거두는 기술을 구별한다. 세 번째의 의미는 계산과 위험을 대립시킨다. 그리고 또한 절대복종을 바라는 법—그것을 깨뜨릴 경우, 놀이 자체가 파괴된다는 벌 이외에는 다른 어떤 벌도 없는 법—의 존재를 생각하게 하는 의미도 있다. 또는 가장 정확한 효율적인 사용 속에서도 약간의 공백이나 여유에 유의해야 한다는 것을 가리키는 의미도 있다.

제약이 희미해지고 규칙이 소멸되는 경우도 있고, 반대로 자유와 창의가 거의 사라지는 경우도 있다. 그러나 놀이라는 말은 이러한 두 개의 극極이 존속하며 양자 사이에 어떤 관계가 유지되고 있다는 것을 뜻한다. 놀이는 이상적인 경쟁이 행해질 수 있는 폐쇄적이며 보호된 환경의 추상적인 구조와 여러 이미지를 제시하고 전파한다. 그 구조들과 경쟁들은 각각 모두가 제도와 관리의 모델이다. 물론 놀이의 구조가 항상 불안정하며 애매할 뿐만 아니라 복잡하게 얽혀 있고 매우 다양한 모습을 나타내는 현실에는 그대로 적용되지 않는다. 이해관계와 정열이 현실에서는 쉽게 억제되지 않는다. 현실에서는 폭력과 배신이 흔한 일이다. 자연의 무질서 상태를 규칙에 따르는 세계로 바꿀 필요가 있는 한, 놀이가 제공하는 모델은 그러한 세계를 앞질러서 보여준다.

호이징가Huizinga 같은 사람의 주장을 핵심만 요약하면, 이상과 같다. 호이징가는 사회에 질서를 잡아주는 제도들이나 그것들의 영광에 공헌하는 학문들의 대부분의 근원을 놀이정신l'esprit de jeu에서 찾는다. 법률도 당연히 이 범주에 들어간다. 법전은 사회적 놀이의 규칙을 명문화明文化한 것이며, 법 해석은 놀이의 규칙을 소송사건으로까지 확대한 것이고, 소송절차는 놀이 행위의 연속성과 규칙성을 명확히 한 것이다. 모든 것이 놀이의 명료성, 정확성, 순수성, 공평성을 갖고서 이루어지도록 하기 위해 신중한 배려가 주어진다. 정의의 성벽城壁 안에서 불변의 의례에 따라 변론이 진행되고 판결이 내려지는 것은, 놀이에서 확인할 수 있는 외관外觀(경주트랙, 경기장, 체커놀이판, 체스판 등의 폐쇄된 장), 시합이나 구경을 계속할 수 있도록 다른 공간과 떼어놓는 절대적인 격리, 그리고 현행 규칙의 엄격하면서도 특히 명확한 성격을 각각 생각나게 한다.

정치에도 권력 행사(이것은 더 이상 놀이가 아니다)의 사이마다 교체의 규칙이 존재하는데, 이 규칙이 서로 반대하는 당파들을 동일한 조건하에서 서로 돌아가며 권력을 잡게 한다. 지배자 그룹은 만일 그들이 올바르게 놀이한다면, 즉 확립된 규정에 따르고 권력의 일시적인 용익권用益權이 주는 특권을 남용하지 않는다면, 권력을 행사해도 그것을 통해 야당을 없애버리지 않을 것이고, 야당이 합법적인 절차를 통해 자신들의 뒤를 잇는 기회를 빼앗지도 않을 것이다. 그렇지 않은 경우, 이것은 음모나 폭동에 문을 열어주는 것이다. 그렇게 되면 모든 것은 결국 허약한 협약으로는 더 이상 진정시킬 수 없는 난폭한 폭력의 시합이 될 것이다. 일찍이 이 협약이라는 것은, 한계가 정해진 경쟁의―명백하며 이해관계를 초월하고 이론異論의 여지가 없는―규범〔놀이의 규칙〕을 정치투쟁에까지 확대 적용한 것이다.

미美의 영역에서도 사정은 다르지 않다. 회화에서 원근법은 대부분 관례이다. 관례가 습관을 낳으며, 습관이 결국 관례를 자연스러운 것으로 나타나게 한다. 음악의 경우에는 화성법和聲法이, 운문문학韻文文學의 경우에는 음률音律과 운율韻律의 법칙이, 조각, 무용 및 연극의 경우에는 그와 전혀 다른 제약이나 통일성, 규범이 마찬가지로 다양한 법률을 구성하는데, 이 법률들은 다소간에 명백하고도 상세한 것으로서, 창조자에게 지침을 주는 동시에 제약을 가한다. 이 법칙들은 놀이의 규칙과 같다. 또 다른 한편에서, 그것들은 알아볼 수 있는 공통된 스타일을 발생시키는데, 이 스타일 속에서 취향의 차이, 기술적 어려움의 시련, 천재의 변덕 등이 서로 융합하고 상쇄된다. 이 규칙들은 어딘지 모르게 자의적인 것이 있기 때문에, 그것들을 이상하다거나 거추장스럽다고 생각하는 사람이 있다면, 누구라도 자기 멋대로 거부할 수 있다. 따라서 원근법이 없는 그림을 그리거나, 각운脚韻도 운율도 없는 시를 쓰거나, 널리 인정된 화음에서 벗어나서 작곡할 수 있다. 그렇지만 그렇게 하면 그것은 더 이상 놀이하는 것이 아니라 놀이의 파괴에 기여하는 것이다. 왜냐하면, 놀이의 경우와 마찬가지로, 그 규칙들을 존중할 때에만 규칙은 존재하기 때문이다. 그렇지만 규칙을 부정하는 것은 동시에 새로운 탁월성을 지닌 미래의 기준, 새로운 놀이의 기준을 준비하는 것이기도 하다. 새로운 법규는 아직은 막연하지만, 머지않아 그 자신이 전제적專制的인 존재가 되어서 대담한 시도를 복종시켜 길들일 것이며, 또다시 신성모독적인 공상을 금지할 것이다. 널리 통용되고 있는 금기를 깨뜨리는 모든 파괴는, 이전과 똑같이 엄격하고 자의적인 하나의 체계의 윤곽을 나타내는 것이다.

 전쟁 자체도 순수한 폭력의 분야가 아니라, 규칙에 따르는 폭력의 분야가 되는 경향이 있다. 협정이 적대행위들을 시간적으로 공간적으로 제한한다. 적대행위는 전투 개시의 날짜와 시간을 엄숙하게 밝히는 선언으로부터 시작한다. 그 날짜와 그 시간부터 새로운 사태가 발생한다. 그 사태는 마찬가지로 종결을 분명하게 하는 휴전이나 항복의 서명에 의해 끝난다. 그밖에 민간인과 비무장도시에 대해서는 군사활동을 하지 않는 제한이 있으며, 몇몇 무기의 사용을 금지하고, 부상자와 포로에 대한 대우를 보장하는 제한이 있다. 소위 예절 바른 전쟁의 시대에는 전술마저도 관례에 따랐다. 앞으로 전진하는 것과 뒤로돌아 전진하는 것은 체스의 말 움직임에 비유해서 추론되었으며, 이론가들은 전투행위가 승리의 필수조건이 아니라고 생각한 적도 있었다. 그러므로 이런 종류의 전쟁은 분명히 일종의 놀이, 즉 사람을 죽이고 파괴하지만 규칙을 지닌 놀이에 속한다.

이상의 몇몇 예를 통해 놀이 원리의 흔적이나 영향 같은 것을 발견할 수 있으며, 적어도 놀이 고유의 야심과의 일치를 발견할 수 있다. 우리는 거기서 문명의 진보 자체를 추적할 수 있다. 왜냐하면, 문명이란 때로는 권리와 의무가 때로는 특권과 책임이 균형을 이루고 일관성을 지닌 체계에 의거해서 거친 세계에서 관리된 세계로 이행하는 것에 있기 때문이다. 놀이는 이러한 균형을 고취시키거나 확증하는 것이다. 규칙이 모든 사람에 의해 자발적으로 지켜지고 누구도 편애하지 않는 순수하고 자발적인 환경의 이미지를 놀이는 끊임없이 주고 있다. 놀이는 명확함과 완결성의 작은 섬을 이룬다. 물론 무한히 작고 불안정하며, 언제든지 폐지할 수 있고, 또 저절로 잊힐 수 있는 작은 섬이지만 말이다. 그러나 이 순간적인 지속과 듬성듬성 존재하는 놀이공간은 자기 바깥에 중대한 사태를 내버려두면서도, 어쨌든 모델로서의 가치를 갖고 있다.

경쟁의 놀이는 스포츠로 귀착되며, 모방과 환상의 놀이는 연극(영화)을 예시豫示한다. 우연과 조합의 놀이는 확률계산에서 위상기하학位相幾何學에 이르기까지 수학의 많은 발전의 원천이었다. 말할 필요도 없이 놀이가 문화를 풍요롭게 하는 파노라마는 인상적이지 않을 수 없다. 개인 수준에서도 놀이의 기여는 결코 작지 않다. 심리학자들은 아이의 자아확립의 과정, 그 성격 형성에서 놀이가 중대한 역할을 한다는 것을 인정하고 있다. 힘, 기교, 계산의 놀이는 연습이며, 훈련이다. 그런 놀이들은 육체를 보다 힘세게 하고, 보다 유연하게 하고, 보다 강인하게 하며, 시각을 보다 날카롭게 하며, 손놀림을 보다 섬세하게 하고, 정신을 보다 체계적이게 하거나 보다 창의성이 있게 한다. 각각의 놀이는 그 어떤 육체적이거나 지적인 능력을 강화시키고 날카롭게 한다. 즐거움과 끈질김을 통해 놀이는 처음에는 어렵거나 힘들었던 것을 용이하게 만든다.

종종 주장되는 바와는 반대로, 놀이는 노동의 준비훈련이 아니다. 놀이가 성인의 활동을 미리 한다고 보는 것은 외관상으로만 그러하다. 말타기놀이나 기차놀이를 하는 소년은 장래에 기수나 기관사가 될 준비를 하는 것도 결코 아니며, 허구의 음식에 거짓 양념을 뿌려 가짜 요리를 만드는 소녀는 앞으로 여자 요리사가 될 준비를 하는 것도 아니다. 놀이는 특정 직업의 훈련을 하는 것이 아니라, 장애를 극복하거나 어려움에 맞설 수 있는 능력을 증대시킴으로써 인생 전체에의 안내자 역할을 행하는 것이다. 망치나 금속원반을 가능한 한 멀리 던지거나, 공을 라켓으로 끝없이 주고 받는 것은 어리석은 짓이며, 실생활에 전혀 도움이 되지 않는다. 그러나 근육을 강하게 해주고 반사신경을 빠르게 해주는 데는 좋다.

확실히 놀이는 금지행위를 준수하고 자신이 갖고 있는 재원(능력)을 최대한으로 발휘해 이기려는 의지를 전제하고 있다. 그러나 더욱 요구되는 것은 예의를 지키면서 상대방을 능가하며, 원칙에 따라 상대방을 신뢰하고, 증오심을 품지 않고 상대방과 싸우는 것이다. 게다가 경우에 따라서 있을 수도 있는 실패, 불운이나 불행을 처음부터 각오해야 하며, 분노하거나 절망하지 않으면 패배를 감수해야 한다. 화를 내거나 투덜거리는 사람은 신용을 잃는다. 실제로 모든 게임은 처음부터 새로 시작하는 것이기 때문에, 잃는 것은 아무것도 없다. 따라서 놀이하는 자는 상대방을 욕하거나 낙담하기보다는 한층 더 노력하는 것이 좋다.

놀이는 〔우리들에게〕 이러한 자기 억제의 교훈에 귀를 기울이게 하며, 또 그러한 습관이 붙게 할 뿐만 아니라, 인간관계와 인생의 부침 전체에까지 그 교훈을 확대하게 한다. 물론 현실의 경쟁은 좀 더 이해관계에 얽혀 있고 인생의 불운도 한정된 것이 아니기는 하지만 말이다. 어쨌든 행동이 초래하는 결과에 대해서 그처럼 초연한 태도를 취한다는 것은, 가령, 그 태도가 겉보기에만 그러하고 끊임없이 자기자신에게 다짐하는 것이라 해도, 하찮은 미덕이 아니다. 어쩌면 이러한 당당함은 놀이이기 때문에 가능할지도 모른다. 놀이에서는 그러한 태도가 말하자면 반드시 필요하며, 게다가 아무래도 자존심이라는 것이 있어, 당당한 척해야 하는 의무를 지키는 것 같다. 그렇지만 운명으로부터 받을 수 있는 여러 유리한 조건들을 활용하는 것도 놀이이며, 최고의 열성을 집중시키는 것도 놀이이다. 그리고 시효에 의해 소멸되지 않는 가혹한 우연을 일으키는 것도 놀이이고, 위험을 무릅쓰는 대담함과 빈틈없이 계산하는 신중함을 발휘하는 것도 놀이이며, 그러한 여러 두뇌활동을 조합하는 능력을 동원하는 것도 놀이이다. 그리고 그 두뇌활동 자체도 역시 놀이이다. 더구나 쉽게 합성될 수 없는 능력들을 잘 결합시키는 기술이라는 의미에서, 그 두뇌활동은 좀 더 복잡한 고도의 놀이이다. 어떤 의미에서는 놀이만큼 주의력과 지능, 신경의 지구력을 요구하는 것도 없다. 잘 알려져 있는 바와 같이, 놀이는 인간을, 말하자면 열광 상태로 몰고가는데, 이 열광 상태가 그를 클라이맥스를 거쳐 용기나 인내력으로 기적과도 같이 극한에 도달하여 대성공을 거둔 뒤 무기력한 허탈 상태에 놓이게 한다. 여기에서도, 〔여느 때와 같은〕 초탈超脫함은 찬양할 만하다. 주사위를 한 번 던지거나 카드를 한 번 펼쳐서 모든 것을 잃고서도 웃으면서 그 운명을 받아들이는 그 초탈함.

그리고 또, 제아무리 해도 도무지 가망이 없다고 비장한 선고를 놀이하는 자가 내릴 때, 그에게 엄습하는 몸의 떨림과 현기증을 고찰하지 않으면 안 된다. 이 선고는 자유의지의 힘에 종지부를 찍고, 놀이를 그만둘 수밖에 없다는 판단을 어쩔 수 없이 내리게 한다. 곰곰이 생각한 끝에 받아들인 이 깊은 낭패감에 대해서, 역설적으로 정신적인 교육가치를 인정하는 사람도 있을 것이다. 공포에서 쾌감을 맛보는 것, 공포에 굴복하지 않기 위해 자진해서 그것에 뛰어드는 것, 파멸의 이미지를 눈앞에 떠올리는 것, 파멸이 불가피하다고 생각해버리는 것, 태연한 척하는 것 이외에는 다른 도리가 없다는 것, 이것들은 플라톤이 말한 바와 같이, 또 다른 도박(인생)에서도 당해볼 가치가 있는 멋진 위험이다.

로욜라Loyola는 모든 것이 신의 의지에 달려 있음을 끊임없이 염두에 두면서도, 마치 신이 존재하지 않는 것처럼 자신만을 의지하면서 행동해야 한다고 주장하였다. 놀이도 이것에 못지않게 엄격한 훈련이다. 놀이하는 자는 놀이와 일정한 거리를 두면서도, 이기기 위해서는 전력을 다하지 않으면 안 된다. 이것이 놀이의 명령이다. 이겨서 딴 것은 잃을 수 있으며, 아니 잃도록 운명지어져 있다. 어떻게 이겼는가가 승리 자체보다, 심지어는 내기에 건 돈보다 더 중요하다. 패배를 단순히 뜻하지 않은 사고로 받아들이는 것, 승리에 도취하지도 자만하지도 않는 것, 이처럼 한걸음 물러서는 태도, 자신의 행동에 대해서 이러한 자제自制로 최후를 장식하는 것, 이것이 놀이의 법이다. 현실을 놀이로 여기는 것, 너그러운 태도로 한걸음 한걸음 전진하면서 인색함, 탐욕, 증오를 물러서게 하는 것, 이것이 문명인다운 태도이다.

놀이정신을 이처럼 옹호하였는데, 이제는 이와 반대되는 점, 즉 놀이의 약점과 위험성을 간단히 지적하지 않을 수 없다. 놀이는 사치스러운 행위로서, 여가를 전제로 한다. 배고픈 사람은 놀이를 하지 않는다. 둘째로 놀이는 강제로 행해지는 것이 아니라 오로지 즐거움을 느끼는 것에 의해서만 유지되기 때문에, 그것은 지루함, 싫증이나 단순히 기분이 바뀌었다는 것에 좌우된다. 또 다른 한편에서 놀이는 창설하지도 생산하지도 않는 것으로 치부되고 있다. 왜냐하면, 노동과 과학은 자신들이 만들어 내는 결과를 축적하여 얼마만큼은 세계를 변화시키는 데 반해, 놀이는 본질적으로 자신이 만들어 낸 결과를 폐기(무효화)하기 때문이다. 게다가 놀이는 내용을 무시하면서까지 형식에 대한 맹목적인 존중을 조장하는데, 만일 그것에 격식 취향과 명예욕 또는 공연히 까다로움을 좋아하는 경향이 조금이라도 섞이고 번문욕례繁文縟禮나 절차상의 까다로운 꾸밈이 들어가면, 그 형식 존중은 편집광적인 것이 될 수 있다. 마지막으로, 놀이는 여러 곤란 속에서 어떤 것을 선택하거나, 그것을 문맥에서 따로 떼어놓아 소위 비현실화irréalise하는 것이다. 그 곤란이 해결되든 되지 않든, 그것은 관념적인 만족이나 마찬가지로 관념적인 실망을 주는 것에 불과하다. 이러한 가벼움(심각하지 않음)에 익숙해지면 현실의 시련의 가혹함에 대해서 잘못 생각하게 된다. 놀이는 불필요한 것을 제거하거나 잘라버린 조건들만을 생각하는 습관을 사람에게 붙여준다. 즉, 선택된 조건이라는 것은 필연적으로 추상적인 것이다. 한마디로 말하면, 놀이는 확실히 장애를 극복하는 즐거움 위에 서 있는 것이지만, 그 장애라는 것은 놀이하는 자의 역량에 맞추어서 만들어지고 또 그가 받아들인 자의적이고 거의 허구적인 장애이다. 현실에는 그러한 배려가 없다.

    이 점에 놀이의 중요한 결함이 있다. 그러나 그것은 놀이의 본성에서 기인하며, 만일 그 결함이 없다면 놀이는 풍부한 창조력도 동시에 잃어버릴 것이다.

제1부

1
놀이의 정의

1933년 라이덴대학 학장 요한 호이징가Johan Huizinga는 학장 취임 기념강연의 주제로 〈문화에서 놀이와 진지함의 경계에 대하여〉를 택하였다. 이 주제는 1938년에 출간된 독창적이고 영향력이 큰 저작《호모 루덴스Homo Ludens》(놀이하는 인간)에서 다시 받아들여져서 발전되었다. 호이징가의 주장 중 대부분에 대해서는 이론異論의 여지가 있지만, 그 책은 탐구와 성찰에 매우 생산적인 길을 열어주고 있다. 어쨌든 놀이의 기본적인 성격 몇 가지를 훌륭하게 분석하고, 문명의 발전 자체에서 놀이의 역할의 중요성을 증명한 것은 호이징가의 공적으로 길이 남을 것이다. 한편에서 호이징가는 놀이의 본질적인 성질에 대해 정확한 정의를 주려고 하였으며, 다른 한편에서는 예술과 철학, 시와 법률제도, 전쟁의 의례의 몇몇 측면에 이르기까지 모든 문화의 본질적인 표현에 붙어다니거나 그것에 생기를 주는 놀이의 역할을 명백하게 설명하려고 노력하였다.

호이징가는 이 증명 작업을 훌륭하게 해냈다. 호이징가는 이전까지 누구도 놀이의 존재나 영향을 인식하지 못한 곳에서 놀이를 발견하였다. 그렇지만 그는 놀이 자체에 대한 서술과 분류를 당연한 것처럼 고의적으로 빠뜨렸다. 놀이는 모두 똑같은 욕구에 대응하며 한결같이 똑같은 심리적 태도를 표현하는 것처럼 취급하였다. 그의 저작은 놀이에 대한 연구가 아니라, 문화영역에서 놀이정신의 — 보다 정확하게 말하면 어느 특정 종류의 놀이, 즉 규칙règle이 있는 경쟁놀이를 지배하는 정신의 — 창조성에 대한 탐구이다. 완전히 주목할만한 연구이지만, 호이징가가 그 분석의 범위를 한정하기 위해 사용한 출발 공식을 검토해보면, 그 기묘한 결함이 잘 나타난다. 호이징가는 놀이를 다음과 같이 정의한다.

> 그러므로 형식이라는 각도에서 보면, 놀이는 허구적인fictive 것으로서 일상생활 밖에 있음에도 불구하고, 놀이하는 자를 완전히 사로잡을 수 있는 자유로운 행위로 간단하게 정의할 수 있다. 그것은 어떠한 물질적 이익도 효용도 없는 행위로서, 명확하게 한정된 시간과 공간 속에서 행해지며, 주어진 규칙에 따라 질서정연하게 진행되는데, 기꺼이 자신을 신비로 둘러싸거나 아니면 가장을 통해 평상시의 세계와는 무관하다는 것을 강조하는 집단관계를 생활 속에 생기게 한다.[1]

이 정의의 모든 말은 귀중하며 의미로 가득 차 있지만, 이러한 정의는 너무 폭넓은 동시에 협소하다. 놀이와 비밀 또는 신비 사이에 존재하는 친근성을 파악한 것은 칭송할 만하며 시사하는 바가 많지만, 그러나 그것들을 은밀히 결합시켜 놀이의 정의 속에 넣는 것은 적당하지 않다. 놀이는 보여주기 위한 것은 아니지만, 거의 항상 보이는 것이기 때문이다. 아마도 비밀, 신비, 가장 등이 놀이 활동에 끼어들 수는 있을 것이다. 그러나 놀이 활동은 필연적으로 비밀과 신비를 희생시키면서 행해진다는 점을 덧붙여 말하지 않을 수 없다. 그것은 비밀을 드러내고, 공표하며, 어떻게 보면 비밀을 **소비**한다. 한마디로 말하면, 놀이 활동은 비밀로부터 비밀의 성질 자체를 빼앗아버리려고 하는 것이다. 이에 반해 비밀, 가면, 의복이 성사聖事로서의 역할을 행할 때는, 그것은 놀이가 아니라 제도institution라고 단언할 수 있다. 신비나 모의模擬의 성질을 지니는 모든 것은 놀이에 가깝다. 단, 놀이에서는 허구와 기분전환의 역할이 우선되지 않으면 안 된다. 즉 신비가 존중되어서는 안 되며, 모의가 변신과 홀림의 시작이나 징후여서는 안 된다.

둘째로 호이징가의 정의 중, 놀이가 어떠한 물질적 이해利害도 없는 행위라고 하는 부분에 의해 내기와 우연놀이, 말하자면 도박장, 카지노, 경마, 복권 등은 간단히 제외되어 버린다. 그렇지만 그것들은 좋건 나쁘건 간에, 여러 국민의 경제와 일상생활에서 분명히 중요한 몫을 차지한다. 그 형태는 사실 무한히 다양하지만, 그런 만큼 우연과 이익의 불변적인 관계가 더욱더 인상적이다. 우연놀이는 돈놀이이기도 한데, 호이징가의 저작에서는 사실상 전혀 다루어지지 않았다. 이러한 편견의 결과는 사소하지 않다.

이러한 편견의 이유도 설명할 수 없는 것은 아니다. 물론 우연놀이의 문화적 창조성을 증명하는 것은 경쟁놀이의 그것을 증명하는 것보다 훨씬 더 어렵다. 그렇지만 우연놀이의 영향은, 가령, 그것을 유감스러운 것으로 평가하더라도 그래도 역시 중대하다. 게다가 우연놀이를 무시하게 되면, 놀이가 어떠한 경제적 이해利害도 수반하지 않는다고 단언하거나 은연중에 암시하는 정의를 놀이에 주게 된다. 그렇지만 명확히 구분하지 않으면 안 된다. 놀이의 몇몇 표현에는 경제적 이해가 없기는커녕, 크게 돈을 따거나 아니면 완전히 파산하는 것이 있는데,

그것이 그런 놀이의 운명이다. 이 성격은 놀이가 돈놀이 형태를 취하는 경우에도, 엄밀하게 말해서 비생산적인 것에 머물러 있다는 사실과 모순되지 않는다. 이득의 총액은 최고의 경우에도 다른 도박자들의 손실의 총액을 넘어서지 못한다. 거의 항상 이득의 합계는 손실의 합계보다 적다. 그 이유는 일반경비, 세금이나 노름판 주인 l'entrepreneur〔노름판을 빌려주고 판돈의 얼마를 먹는 사람이라는 뜻도 있음〕의 이익 등이 있기 때문이다. 이때 노름판의 주인은 직접 노름을 하지 않거나, 노름을 해도 대수법칙 大數法則에 의해 우연으로부터 보호받는 유일한 사람, 달리 말하면, 노름을 낙으로 삼을 수 없는 유일한 사람이다. **그곳에 있는 것은 소유권의 이동이지, 부富의 생산이 아니다.** 더구나 이 소유권의 이동은 도박자들에게만 관계되며, 그것도 그들이 게임 때마다 새로이 하는 자유로운 결단을 통해 그러한 이동의 가능성을 받아들이는 한에 있어서 만이다. 사실 어떠한 부富도 어떠한 작품도 만들어 내지 않는다는 것이 놀이의 하나의 특징이다. 이 점에서 놀이는 노동이나 예술과 다르다. 한 번의 승부가 끝나도 새로운 것은 아무것도 나타나지 않은 채, 모든 것은 다시 동일한 곳에서 시작할 수 있으며, 또 그렇게 하지 않으면 안 된다. 수확이 있었던 것도 아니며, 물건이 만들어진 것도 아니고, 걸작이 탄생한 것도 아니고, 자본이 증가한 것도 아니다. 놀이는 순수한 소비의 기회이다. 시간, 에너지, 재치, 솜씨의 소비이며, 놀이도구를 사거나 경우에 따라서 놀이 장소를 임대할 경우에는 종종 돈의 소비이기도 하다. 링, 경기장, 경마장이나 무대에서 생활비를 버는 복서, 자전거 경주 선수, 경마 기수 또는 배우 등 프로의 경우, 그들은 상금, 봉급, 사례금〔출연료〕 등을 생각하지 않으면 안 되기 때문에, 그런 의미에서 그들은 놀이하는 자가 아니라 분명히 직업인이다. 그들이 놀이를 할 때는 어떤 다른 놀이를 한다.

한편, 놀이가 자유롭고 자발적인 활동이며 즐거움과 재미의 원천으로 정의되어야 한다는 것에는 의문의 여지가 없다. 참가를 강요당하는 놀이는 곧 놀이가 되지 못할 것이다. 그것은 구속, 고역이 될 것이며, 사람은 그것으로부터 한시바삐 벗어나고 싶을 것이다. 의무적인 것이 되거나 아니면 단지 부탁받은 것만이 되어도, 놀이는 그 근본적인 특징 하나를 잃는다. 놀이하는 자가 그것에 열중하는 것은 자발적이고 완전히 자신의 의지에 따른 것이며, 즐거움을 위해서이다. 그는 언제라도 놀이를 그만둘 수 있고, 침묵할 수 있고, 심사숙고할 수 있으며, 조용히 혼자 있을 수 있거나 생산적인 활동을 선택할 수 있는 완전한 자유가 있다. 놀이는 '활기活氣가 묶어 놓은 것을 지루함이 풀 수 있는'[2] 곳에 존재한다는 발레리Valéry의 놀이 정의도 이런 사정에서 나온다. 비록 극도의 집중을 요구하는 놀이, 대단히 피곤하게 하는 놀이라 해도, 놀이하는 자가 기분전환을 위해, 걱정거리로부터 도피하기 위해, 즉 일상생활로부터 벗어나기 위해, 놀이를 하고 싶어서 노는 때에만 놀이가 존재한다. 게다가 '그만둔다'고 말하면서 언제든지 갈 수 있는 자유가 놀이하는 자에게는 무엇보다도 필요하다.

사실 놀이는 본질적으로 생활의 다른 부분과 분리되고 주의 깊게 구별된 활동으로서, 일반적으로 시간과 공간의 명확한 한계 속에서 이루어진다. 경우에 따라 다르지만, 돌차기놀이marelle의 방진方陣, 체스판, 체커놀이판, 경기장, 〔육상, 경마, 경륜 등의 경기장의〕트랙, 투기장鬪技場, 링, 무대, 모래를 깐 원형투기장 등의 놀이공간이 있다. 이 관념적인 경계 밖에서 행해지는 것은 전혀 고려의 대상이 되지 않는다. 잘못해서 건 우연에 의해서 건 아니면 부득이해서 건 간에, 울타리 밖으로 나가거나 공을 장외로 내던지면, 놀이하는 자는 실격당하거나 벌을 받는다.

약속된 경계 내에서 놀이를 재개하지 않으면 안 된다. 시간의 경우도 마찬가지이다. 시합은 신호와 함께 시작해서 신호에 의해 끝난다. 많은 경우, 시합 시간은 처음부터 정해져 있다. 부득이한 이유도 없이 (예를 들면, 어린이놀이에서 '그만두자'고 외치면서) 놀이를 포기하거나 중단하는 것은 불명예스러운 것이다. 필요한 경우에는 상대방의 동의나 심판의 결정을 얻은 후 시합을 연장한다. 어떠한 경우에도 놀이의 영역은 이처럼 닫혀지고, 보호받고, 따로 잡아둔 세계, 즉 순수공간 un espace pur 이다.

이 한정된 공간과 주어진 시간 속에서는 일상생활의 혼잡하고 복잡하게 얽힌 법칙들 대신에, 거부할 수 없는 명확하고 자의적恣意的인 규칙이 통용된다. 이 규칙은 그대로 받아들일 수밖에 없는 것으로서, 시합의 올바른 진행을 담당한다. 규칙을 위반하는 야바위꾼이라도, 적어도 겉으로는 그것을 존중하는 체한다. 그는 규칙에 이의異議를 제기하는 것이 아니라, 다른 사람의 정직을 악용하는 것이다. 이런 관점에서 보면, 야바위꾼의 부정직함이 놀이를 파괴하지 않는다고 주장한 논자들이 옳다는 것을 인정하지 않을 수 없다. 놀이를 파괴하는 자는 규칙의 불합리함, 단순한 약속으로서의 성격을 고발하고, 놀이는 무의미하기 때문에 놀기를 거부하는 부정자否定者, négateur이다. 이러한 주장은 반박할 수 없다. 놀이는 놀이라는 것 이외의 다른 의미가 없다. 게다가 그때문에 놀이의 규칙은 거역할 수 없는 절대적인 것, 즉 일체의 논의를 초월한 것이다. 규칙이 어떻게 해서 지금과 같은 것이 되고 다르게는 되지 않았는가에는 어떤 이유도 없다. 규칙이 이러한 성격을 지니는 것을 인정하지 않는 자는 당연히 그것을 명백한 부조리로 생각할 수밖에 없을 것이다.

놀고 싶은 사람만이 놀고 싶은 때에만, 놀고 싶은 동안에만 논다. 이런 의미에서 놀이는 자유로운 활동이다. 게다가 그것은 불확실한 활동이다. 결말에 대한 의문은 끝까지 남는다. 카드게임 때에 결과가 확정되면 게임이 끝나며, 각자는 자기 패를 보여준다. 복권과 룰렛에서는 나올지 안 나올지 모르는 번호에 돈을 건다. 운동경기에서 선수들의 힘이 균형을 이루도록 하지 않으면 안 되는 것은 최후까지 각각의 선수에게 이길 수 있는 가능성을 주기 위해서이다. 기교놀이 jeux d'adresse 는 모두 당연히 놀이하는 자가 공격에 나서 실패했을 때의 위험, 공격을 받아 궁지에 몰리는 위험을 포함하고 있다. 그런 것이 없으면, 놀이는 재미없게 된다. 사실 대단히 많은 훈련을 쌓았거나 너무 능숙하기 때문에, 노력하지 않고서도 반드시 이기는 자에게는 놀이란 더 이상 재미있는 것이 되지 못한다.

게임의 진행이 실패나 의외의 가능성도 없이 분명하게 불가피한 결과에 이른다는 것이 사전에 알려져 있다면, 그것은 놀이의 성질과 양립하지 않는다. 펜싱이나 축구에서 공격하거나 반격할 때마다, 테니스에서 공을 주고받을 때마다, 또는 체스에서 한쪽이 말을 움직일 때마다 일어나는 것처럼, 상황이 예측할 수 없는 방향으로 끊임없이 변하지 않으면 안 된다. 놀이는 **규칙의 한계 내에서 자유로운** 응수應手를 즉석에서 찾고 생각해 내지 않으면 안 된다는 것에 의해 성립한다. 놀이하는 자의 이러한 자유, 그의 행동에 주어진 이 여유는 놀이에 절대로 필요하며, 놀이가 일으키는 즐거움을 부분적으로 설명해준다. 그것은 또한 '놀이jeu'라는 말의 다음과 같이 주목할 만하고 의미심장한 용법도 설명해준다. 즉 예술가의 **연기**jeu〔연주〕나 톱니바퀴 장치의 **여유**jeu〔사이〕라는 표현에서 확인할 수 있는 것으로, 전자에서는 연기자〔연주자〕의 개인적인 스타일을 뜻하며, 후자에서는 기계의 맞물림의 여유〔꽉 끼지 않는 것〕

를 뜻한다.

규칙이 없는 놀이도 많다. 가령, 인형놀이, 병정놀이, 경찰관놀이, 도둑놀이, 말놀이, 기차놀이, 비행기놀이 등 일반적으로 자유로운 즉흥적 발상을 전제로 하는 놀이처럼, 하나의 역役을 맡는 즐거움, **마치** 자신이 다른 사람이나 다른 사물 ― 예를 들면, 기계 ― 이 된 것 같이 행동하는 즐거움이 그 주된 매력인 놀이에는 적어도 정해진 엄격한 규칙이 없다. 이렇게 말하면 역설처럼 들릴지 모르지만, 그러한 놀이의 경우에는 허구fiction, 즉 **마치……인 것 같은**comme si 감정이 규칙을 대신해서 그것과 완전히 똑같은 기능을 한다고 말할 수 있을 것이다. 규칙 그 자체가 허구를 만들어 내는 것이다. 체스, 사람잡기놀이barres, 폴로polo, 바카라baccara 등을 하는 사람은 각각의 규칙을 따른다는 사실 자체에 의해 일상생활과 떨어져 있다. 일상생활에는 그 놀이들이 충실하게 재현하려고 하는 활동이 없기 때문이다. 체스, 사람잡기놀이, 폴로, 바카라를 사람들이 **본격적으로**pour de bon〔진심으로〕하는 것은 이 때문이다. **마치……인 것처럼**comme si 하지 않는다. 이에 반해 생활을 흉내 내는 놀이에서는 놀이하는 자가 현실에 없는 규칙을 만들어 내 그것에 따를 수는 물론 없지만, 또 다른 한편에서 그 놀이는 취해지는 행동이 겉치레이고 흉내에 불과하다는 의식을 수반한다. 다른 놀이들을 규정하는 임의의 규칙 설정 대신에, 여기에서는 취해진 행동이 근본적으로 비현실이라는 의식이 그 놀이를 일상생활과 구별짓게 한다.〔규칙과 비현실의 의식의〕 등가관계는 매우 정확하다. 조금 전의 경우 놀이를 파괴하는 자는 규칙의 부조리함을 고발하는 자였는데, 이번에는 연기의 마법魔法을 깨뜨리는 자, 제안된 환상에 따르는 것을 노골적으로 거부하면서, 사내아이에게는 그가 진짜 탐정도, 진짜 해적도, 진짜 말도, 진짜 잠수함도 아니라는 것을 생각나게 해주고, 또 여자아이에게는 그녀가 품에

안아 재우는 것이 진짜 아기가 아니며 모형 식기에 담아 내놓는 것은 진짜 식사가 아니고 상대방도 진짜 부인婦人이 아니라는 것을 생각나게 해주는 사람이 놀이의 파괴자이다.

따라서 놀이에는, 규칙을 지니면서 또 동시에 허구인 것은 없다. 오히려 규칙을 지니든가 허구이든가 둘 중의 하나이다. 그 결과, 규칙이 있는 놀이가 그 규칙을 모르는 자에게는, 상황에 따라서는 자신은 이해할 수 없지만 뭔가 진지한 활동인 것처럼 보이는 경우가 있다. 즉 그에게는 그 놀이가 현실 생활의 일부분인 것처럼 보이는 경우가 있다. 그러한 경우, 그 놀이는 곧바로 어리둥절해 하며 호기심이 강한 이 국외자에게 즐거운 모방의 재료를 줄 수 있다. 어린아이들이 어른 흉내를 내기 위해 가짜 체스판에서 실제 또는 가짜의 말을 아무렇게나 움직이면서, 예컨대, '체스놀이'를 하는 즐거움을 느끼는 것도 쉽게 이해될 수 있다.

이상의 논의는 모든 놀이의 성질, 그 최대공약수를 명확하게 하려는 것이지만, 그와 동시에 놀이의 다양성을 강조하는 효과와 또 놀이를 연구할 때 일반적으로 생각되는 놀이의 세계를 매우 눈에 띄게 확대하는 효과도 갖는다. 특히 그 고찰은 놀이의 세계에 두 개의 새로운 영역을 첨가한다. 즉, 하나는 내기와 우연놀이라는 영역이며, 또 하나는 흉내와 연기라는 영역이다. 그러나 이상의 고찰이 미처 다루지 못하거나 아니면 그러한 고찰로는 완전하게 해석될 수 없는 놀이와 오락도 많이 있다. 예를 들면, 연날리기와 팽이, 퍼즐, 카드로 점치는 것, 크로스워드 퍼즐(십자말풀이), 회전목마, 그네 및 장터에서 벌어지는 몇몇 오락이 그러하다. 이것들에 대해서는 나중에 다시 언급할 것이다. 우선은 지금까

지의 분석만으로도 놀이를 본질적으로 다음과 같은 활동으로 정의할 수 있다:

① **자유로운 활동**: 놀이하는 자가 강요당하지 않는다. 만일 강요당하면, 곧바로 놀이는 마음을 끄는 유쾌한 즐거움이라는 성질을 잃어버린다.
② **분리된 활동**: 처음부터 정해진 명확한 공간과 시간의 범위 내에 한정되어 있다.
③ **확정되어 있지 않은 활동**: 게임의 전개가 결정되어 있지도 않으며, 결과가 미리 주어져 있지도 않다. 생각해 낼 필요가 있기 때문에, 어느 정도의 자유가 놀이하는 자에게 반드시 남겨져 있어야 한다.
④ **비생산적인 활동**: 재화도 부도 어떠한 새로운 요소도 만들어 내지 않는다. 놀이하는 자들 간의 소유권의 이동을 제외하면, 게임 시작 때와 똑같은 상태에 이른다.
⑤ **규칙이 있는 활동**: 약속에 따르는 활동이다. 이 약속은 일상의 법규를 정지시키고, 일시적으로 새로운 법을 확립하며, 이 법만이 통용된다.
⑥ **허구적인 활동**: 현실 생활에 비하면, 이차적인 현실 또는 명백히 비현실이라는 특수한 의식을 수반한다.

이 여러 특성들은 순전히 형식적인 것으로서, 놀이의 내용을 예측하게 하는 것이 아니다. 그렇지만 마지막의 두 특성―규칙과 허구―이 서로 거의 배타적인 것으로 나타난다는 사실에서 다음과 같은 사실이 밝혀진다. 즉, 앞서 말한 특성들을 통해 정의하려고 하는 전제들은, 그 내적인 성질로 인해 또다시 분류의 대상이 된다는 것을 의미하며, 또 그것을 요구한다는 사실이다. 이때의 그 새로운 분류는 놀이 전체를 다른 현실과 대립시키는 놀이의 특징을 고려해서 행해지는 것이 아니라, 정말로 다른 것으로 환원될 수 없는 독자성을 지닌 몇 개 그룹으로 놀이를 구분 짓게 하는 특징을 고려해서 행해질 것이다.

2
놀이의 분류

놀이는 그 수가 많고 수없이 다양하기 때문에, 놀이 전부를 명확한 소수의 범주로 나누도록 해주는 분류 원칙을 발견하는 것은 애초에 가능하지 않다고 생각된다. 게다가 놀이들은 실로 여러 가지 측면을 나타내고 있어 수많은 관점에서 볼 수 있다. 현재 쓰이고 있는 분류 용어는 얼마나 자신이 없어 주저하는지를 잘 보여준다. 사실 서로 경쟁하는 몇 개의 분류가 사용되고 있다. 카드놀이를 기교놀이와 대비시키는 것도 의미 없지만, 〔여럿이 하는〕 오락게임을 경기장놀이와 대비시키는 것 역시 의미 없다. 요컨대, 카드놀이의 경우에는 놀이 도구가 분류 기준이 되지만, 기교놀이의 경우에는 놀이가 요구하는 주요한 자질이 분류 기준이 된다. 오락게임의 경우에는 놀이하는 자의 수와 승부의 분위기가 그리고 경기장 놀이의 경우에는 경기가 행해지는 장소가 그 기준이 된다. 게다가 복잡하게도, 동일한 놀이이면서도 혼자서도 여럿이서도 할 수 있는 놀이가 있다. 어떤 놀이는 약간의 자질을 요구하지만, 아무 자질도 필요치 않은 놀이도 있다.

똑같은 장소에서 완전히 다른 놀이를 할 수도 있다. 목마도 디아볼로diabolo도 다같이 야외놀이이다. 그러나 목마의 회전에 몸을 맡기는 즐거움을 수동적으로 즐기는 아이의 정신 상태와 디아볼로를 잘 받으려고 최선을 다하는 아이의 정신 상태는 똑같지 않다. 또한 도구도 소도구도 없이 하는 놀이도 많다. 뿐만 아니라 동일한 소도구가 어떤 놀이냐에 따라서 전혀 다른 기능을 하는 수도 있다. 구슬은 일반적으로 기교놀이의 도구이지만, 놀이하는 자들 중의 한 사람이 상대방이 쥔 손의 구슬이 짝수인지 홀수인지를 알아맞히려고 하는 경우도 있다. 그때 구슬은 우연놀이의 도구가 된다.

그런데 우연놀이라는 이 표현에 주의해보자. 명확히 한정된 종류의 놀이가 지니고 있는 기본적인 성격이 처음으로 조금 암시되고 있다. 내기이건 복권이건 룰렛이건 바카라이건 간에 놀이하는 자는 분명하게 똑같은 태도를 취한다. 그는 아무것도 하지 않고, 운명의 결정을 기다린다. 이에 반해 권투 선수, 달리기 선수, 체스나 돌차기놀이를 하는 자는 이기기 위해 전력을 다한다. 육체적인 놀이이든 지적인 놀이이든 여기서는 차이가 없다. 놀이한 자의 태도는 똑같다. 자신과 똑같은 조건에 놓여 있는 경쟁자를 이기려고 하는 노력은 똑같은 것이다. 그렇게 생각해보면, 우연놀이와 경쟁놀이를 대비시키는 것은 옳은 것 같다. 그런데 이것에 못지않게 근본적인 다른 태도들이 발견될 수 없을까라고 생각해보고 싶을 것이다. 만일 발견된다면, 그것이 어쩌면 놀이의 이론적 분류의 항목이 될 수 있을 것이다.

―

여러 가지 가능성을 검토한 결과, 그 목적을 달성하기 위해 나는 여기서 경쟁, 우연, 모의模擬, 현기증이라는 네 개의 역할 중 어느 것이 우위를 차지하는가에 따라서 놀이를 네 개의 주요 항목으로 구분할 것을 제안하다. 나는 그 항목들을 각각 **아곤** Agôn〔그리스어로 시합, 경기를 뜻함〕, **알레아** Alea〔라틴어로 요행, 우연을 뜻함〕, **미미크리** Mimicry〔영어로 흉내, 모방, 의태擬態를 뜻함〕, **일링크스** Ilinx〔그리스어로 소용돌이를 뜻함〕로 이름을 붙인다. 이 넷은 모두 분명히 놀이의 영역에 속한다: 축구나 구슬치기 또는 체스를 하며 **논다**(아곤). 룰렛이나 제비뽑기(추첨)를 하며 **논다**(알레아). 해적놀이를 하거나, 네로나 햄릿을 흉내 내며 **논다**(미미크리). 회전이나 낙하 등의 빠른 운동을 통해 자신의 내부에 기관器官의 혼란과 착란의 상태를 일으키며 **논다**(일링크스). 그렇지만 이러한 명칭들은 아직도 놀이의 세계를 완전히 망라하는 것이 아니다. 그것들은 놀이의 세계를 각각의 독자적인 원리가 지배하는 4분원四分圓, quadrants으로 구분한다. 그것들은 같은 종류의 놀이를 하나로 묶는 부채꼴扇形의 경계를 정한다. 그러나 이들 부채꼴의 내부에서는 여러 놀이가 성질의 변화에 따라서 동일한 순서대로 늘어서 있다. 또한 동시에 모든 놀이를 두 개의 상반된 극極 사이에 배치할 수도 있다. 한쪽의 극에서는 기분전환, 소란, 자유로운 즉흥, 대범한 발산이라는 공통 원리가 거의 전적으로 지배하고 있다. 통제되지 않은 어떤 일시적인 기분이 표출되는 곳인데, 우리는 그 원리를 **파이디아** Paidia〔그리스어로서 일반적으로 놀이라는 뜻으로 사용되지만, 유희, 어린애 같음이라는 의미가 들어 있다〕라는 이름으로 부를 수 있다. 반대쪽의 극에서는 이 장난기 있고 충동적인 활기가 거의 완전히 약해지거나 적어도 순치되며, 대신에 다른 경향이 나타난다. 그 경향은 이 무질서하고 변덕스러운 성질과는 상호보완관계에 있는 것으로서, 모든 점에서 그 성질과 반대된다고는 말할 수 없지만 몇 가지 점에서는 반대되는 경향이다. 즉 바라는 결과에 도달하는 것을 점점 더 어렵게 만들기 위해 이 변덕스러운 성질을 자의적이지만 강제적이고 일부러 불편한 약속에 따르게 하고, 이 성질 앞에 더욱더 거추장스러운 장애물을 끊임없이 놓음으로써 그 성질을 구속하려는 욕구의 증대이다. 바라는 결과를 획득하는 데에는 노력, 인내, 재주나 솜씨의 끊임없는 증대가 요구되지만, 그 바라는 결과가 완전히 무용無用하다는 사실에는 변함이 없다. 나는 이 제2의 극極을 **루두스**ludus(라틴어로서 이것 역시 일반적으로 놀이라는 뜻으로 사용되지만, 투기鬪技, 시합, 경기 등이 그 의미의 기초이다)라고 부른다.

이러한 외국어 명칭에 의존한다고 해서, 현학적일 뿐 전혀 무의미한 어떤 신화 같은 것을 만들어 내고자 하는 것은 아니다. 다만 지금은 집단놀이의 표현을 하나의 이름표 밑에 모을 필요가 있어, 가능한 한 의미가 명확하고 포괄적인 용어를 적당한 외국어에서 빌려오는 것이 목적 달성에 가장 경제적인 방법이라는 생각이 들었기 때문이다. 한 그룹의 어떤 구성요소의 이름으로 그룹 전체를 지칭하고자 하면, 연구해야 할 그룹 전체가 그 대표자의 특별한 성질에 의해 획일적으로 영향받을지 모르지만, 앞에서처럼 하면 그런 위험을 피할 수 있다. 또한 나의 의도에는 구체적인 경험을 완전히 새로운 원리에 따라 구분하는 것도 포함되어 있는 이상, 구체적인 경험에 너무 밀착되지 않은 용어를 사용할 필요성이 있었다. 여기서 채용한 분류를 앞으로 확립해감에 따라서 독자들도 그 필요성을 납득하게 될 기회가 있을 것이다.

똑같은 취지에서 각각의 항목을 언뜻 보기에는 극히 상이한 놀이들로 채우려고 하였는데, 그 이유는 그 놀이들의 근본적인 유사성을 더욱 강조하기 위해서이다. 나는 육체놀이와 지능놀이를, (다시 말하면) 체력에 기초하는 놀이와 기교나 계산에 의지하는 놀이를 한데 섞었다. 또한 각각의 종류의 내부에서는 어린이놀이와 어른놀이를 구별하지 않았다. 또 가능한 한 항상, 동물의 세계에도 유사한 행동이 없는가를 조사해 보았다. 그렇게 한 것은 여기서 제안한 분류의 원리 자체를 강조하기 위해서였다. 만일 이 분류에 의해 확립되는 구분이 다른 것으로 환원될 수 없는 본질적인 충동에 대응한다는 것을 독자들이 명백하게 인식할 수 없게 된다면, 이 분류의 의의意義는 대수롭지 않은 것이 될 것이다.

1) 기본적인 범주

아곤 Agôn ─ 놀이의 어느 한 무리는 모두 경쟁이라는 형태를 취한다. 경쟁이란 이긴 자의 승리에 명확하고 이론의 여지가 없는 가치를 줄 수 있는 이상적인 조건하에서 경쟁자들이 서로 싸우도록 기회의 평등이 인위적으로 설정된 투쟁이다. 따라서 그것은 반드시 하나의 자질 (스피드, 인내력, 체력, 기억력, 재주, 솜씨 등등)만을 대상으로 하는 적대관계로서, 일정한 한계 내에서 외부 도움을 전혀 받지 않고 행해진다. 하지만 이 때문에 승자는 그 특정 종목의 경기에서는 가장 잘하는 자라는 모습을 나타낸다. 스포츠 경기의 규칙은 그러한 것이며, 또 스포츠에 많은 구분이 존재하는 이유도 거기에 있다. 개인 대 개인이나 팀 대 팀의 경기(폴로, 테니스, 축구, 권투, 펜싱 등등)이든 아니면 불특정 다수의 경쟁자들 간의 경기(모든 종류의 경주, 사격, 골프, 육상경기 등등)이든, 사정은 마찬가지이다. 그리고 경기자들이 처음에는 완전히 똑같은 가치와 똑같은 수의 요소를 갖는 놀이도 역시 그와 똑같은 종류에 속한다. 체커, 체스, 당구 등이 그 전형적인 예이다. 출발점에서 기회의 평등은 분명히 경쟁의 본질적인 원리이기 때문에, 급級이 다른 경기자들 사이에는

핸디캡handicap을 붙여서 그 평등을 확립할 정도이다. 즉, 처음에 설정된 기회의 평등 내에서 참가자 각각의 추정되는 힘에 비례해서 제2의 불평등을 적당하게 마련하는 것이다. 근육 성격의 아곤(스포츠 경기)에도, 고도로 두뇌적인 유형의 아곤(예를 들면, 체스. 약한 자에게는 폰pawn〔장기의 졸에 해당〕, 나이트knight〔장기의 마에 해당〕, 룩rook〔장기의 차에 해당〕에서 유리한 입장이 주어진다)에도, 그러한 관습이 있는 것은 흥미롭다.

그렇지만 제아무리 세심하게 배려한다 하더라도, 절대적인 평등이 완전하게는 실현될 수 없을 것이다. 체커나 체스의 경우처럼, 게임 할 때 먼저 시작한다는 사실이 이미 유리한 조건이 되는 경우도 있다. 우선권을 받은 사람이 중요한 곳을 차지하거나 자신의 작전을 상대방에게 강요할 수 있기 때문이다. 이에 반해 〔브리지처럼〕 입찰하는 놀이에서는 제일 마지막에 선언하는 자가 상대방이 먼저한 발표를 정보로 이용할 수 있다. 크로케croquet에서도 마지막에 나오는 것이 많은 이점을 갖는다. 스포츠 경기에서는 위치, 즉 태양을 향하느냐 아니면 등지느냐, 바람이 한쪽을 도와주느냐 방해하느냐, 원형트랙의 경주 때 커브의 안쪽이냐 바깥쪽이냐, 이것들은 경우에 따라서는 그 영향을 당연히 무시할 수 없는 이점이 되기도 하고 손해가 되기도 한다. 처음의 위치는 추첨으로 정하고 그 다음에는 좋은 위치를 반드시 교대로 차지하게 함으로써, 그 불가피한 불공평을 상쇄시키거나 아니면 완화시킨다.

놀이의 원동력은 어떠한 경쟁자에게 있어서도 그 주어진 분야에서 자신의 우수성을 인정받고 싶어하는 욕망이다. 그렇기 때문에 아곤의 실천은 지속적인 주의, 적절한 연습, 부지런한 노력, 그리고 승리에의 의지를 전제로 한다. 이 실천은 훈련과 인내도 요구한다. 선수는 자신의 힘에만 의지해서 그것을 최대한으로 활용하지만, 정해진 한계 내에서 그 힘을 공정하게 발휘하지 않으면 안 된다. 이 한계는 모든 이에게 평등하게 주어져 있기 때문에, 오히려 그것이 승리자의 우월성을 논란의 여지가 없는 것으로 만든다. 아곤은 개인 능력의 순수한 형태로 나타나며, 그 능력을 표현하는 데 도움이 된다.

놀이 밖에서도 아니면 놀이의 주변에서도 아곤의 정신이 보인다. 결투와 기마 시합, 소위 예절 바른 싸움에서 항상 볼 수 있는 주목할만한 몇몇 측면에서와 같이, 놀이와 똑같은 규정에 따르는 문화현상에서도 그 정신을 찾아볼 수 있다.

동물은 한계도 규칙도 생각해 내지 못하며, 싸울 때에는 무자비하게 난폭한 승리만을 추구하기 때문에, 원칙적으로 아곤을 틀림없이 모를 것이라고 생각할 것이다. 경마와 투계鬪鷄를 이때 내세울 수 없는 이유는 분명하다. 그것들은 인간들이 그들만에 의해 정해진 규범에 따라 훈련된 동물들을 싸우게 하는 경기이기 때문이다. 그렇지만 몇몇 사실을 고려해보면, 동물은 그들 나름대로 싸우고 충돌하는 것을 좋아하는 것 같다. 당연히 예상할 수 있는 바와 같이 규칙은 없지만, 적어도 어떤 한계가 암암리에 정해져 있으며, 또 그 한계가 자발적으로 지켜지고 있다. 특히 새끼 고양이, 강아지, 새끼 바다표범과 새끼 곰의 경우가 그러한데, 그것들은 상대방에게 상처를 입히지 않도록 매우 주의하면서 서로 쓰러뜨리기를 좋아한다.

머리를 숙이고 이마를 맞대면서 서로 상대방을 뒤로 물러나게 하려고 애쓰는 소과牛科 동물의 습성은 더욱 설득력 있는 예이다. 말馬은 이와 같은 종류의 정다운 싸움 이외에 다른 싸움도 행한다. 즉 뒷발로 서서 상대방을 덮치는 힘겨루기인데, 이때 몸 전체의 무게로 비스듬하게 세게 밀어 상대방이 균형을 잃게 한다. 또한, 수많은 추적追跡 놀이를 지적하는 관찰자들도 있다. 그런 놀이는 도전이나 꾐에 의해 행해진다. 동물은 따라잡혔다고 해서 승리자를 두려워하지 않는다. 이를 가장 잘 말해주는 것은 아마도 '전투자'라고 불리우는 작은 야생공작의 예일 것이다. 칼 그로스Karl Groos에 의하면,³ 그것들은 싸움 장소로 '약간 높고 항상 습하며 짧은 잔디가 난 직경 1.5m 내지 2m의 장소'를 택한다. 수컷들이 그곳에 매일 모인다. 제일 먼저 온 공작이 상대방을 기다린다. 그때부터 싸움이 시작된다. 투사들은 몸을 떨며 머리를 몇 번이고 숙인다. 깃털이 곤두선다. 그리고는 부리를 내밀고서 상대방에게 달려들어 쫀다. **시합을 위해 경계가 정해진 장소 밖에서는 추적이나 투쟁이 결코 없다.** 이 때문에, 이 예와 앞에서 든 예에 대해 아곤이라는 말을 사용해도 정당하다는 생각이 든다. 각각의 대적자에게 시합의 목적은 상대방에게 중대한 손상을 입히는 것이 아니라, 그 자신의 우월을 나타내는 것이라는 사실이 매우 분명하기 때문이다. 인간은 이러한 규칙을 세련시키고 정밀하게 한 것에 불과하다.

아이들의 경우에는 인격이 나타나기 시작하면서 또 규칙 있는 경쟁을 하기도 전에, 자신이 참을성이 더 많다는 것을 상대방에게 증명하려는 기묘한 결투가 행해지는 것을 종종 볼 수 있다. 누가 제일 오랫동안 태양을 쳐다보는가, 간지럼을 참아 내는가, 숨을 쉬지 않는가, 눈을 깜박거리지 않는가 등등을 놓고 아이들이 경쟁하는 것을 볼 수 있다. 때로는 내기가 좀 더 심각한 것이 되어서, 배고픔이나 아니면 매질, 꼬집기, 바늘로 찌르기, 화상 입히기 형태의 고통을 참는 것이 될 수도 있다. 이때 소위 이 참을성놀이jeux d'ascétisme는 엄한 시련의 시작이 된다. 그런 놀이는 성인식 때에 청년들이 참아 내지 않으면 안 되는 학대와 골탕먹이기를 앞질러 하는 것이다. 그러한 경향이 되면, 그만큼 아곤에서 멀어진다. 아곤은 엄밀한 의미에서 경쟁의 놀이 및 스포츠les jeux et sports de compétition나 아니면 능력의 놀이 및 스포츠les jeux et sports de prouesse(사냥, 등산, 크로스워드 퍼즐, 체스의 묘수풀이 등등)에서 곧바로 그 완전한 형태를 찾아볼 수 있다. 능력의 놀이 및 스포츠의 경우, 선수들은 직접 맞서지 않고 공간적으로나 시간적으로 크게 확산된 경쟁에 참가한다.

알레아 Alea — 이것은 라틴어로 주사위놀이를 의미한다. 아곤과는 정반대로, 놀이하는 자에게 달려 있지 않은 결정, 그가 전혀 영향력을 행사할 수 없는 결정에 기초하는 모든 놀이를 가리키기 위해 나는 이 말을 차용한다. 여기서는 결국 상대방을 이기기보다는 운명을 이기는 것이 문제이다. 좀 더 정확하게 말하면, 운명만이 승리를 만들어 내는 유일한 존재이며, 이때 승리란 상대가 있는 경우에는 승자가 패자보다 운으로부터 더 많은 혜택을 입었다는 것만을 의미한다. 이 범주의 놀이의 순수한 예는 주사위놀이, 룰렛, 앞이냐 뒤냐, 바카라, 제비뽑기 등이다. 여기서는 우연의 불공평을 없애려고 하지 않을 뿐만 아니라, 이 우연의 자의성恣意性 자체가 놀이의 유일한 원동력이 된다.

알레아는 운명의 은혜를 나타내고 드러낸다. 놀이하는 자는 그곳에서는 완전히 수동적이며, 자신의 자질이나 능력, 기량, 근육, 지능이라는 수단을 발휘하지 못한다. 기대와 두려움 속에서 운명의 판결을 기다릴 뿐이다. 그는 뭔가를 건다. 정의〔공평〕의 원리는 그가 무릅쓴 위험과 엄밀하게 비례해서 보상을 준다— 이 경우도 역시 방법만 다르게 정의가 추구되는 것인데, 정의는 여기에서도 이상적인 조건하에서 발휘되려고 한다. 아곤의 경우에서는 경쟁자들 간의 기회를 평등하게 하는 데 모든 주의를 기울인다면, 여기서는 위험과 이익의 균형을 빈틈없이 잡는 데 모든 주의를 기울인다.

아곤과는 반대로 알레아는 근면, 인내, 솜씨〔숙달〕, 자격을 부정한다. 그것은 전문적인 능력, 규칙성, 훈련을 배제한다. 그러한 것들에 의해 축적된 결과를 알레아는 순식간에 없애버린다. 알레아는 완전한 실총失寵이든가 절대적인 은총이든가 그 둘 중의 하나이다. 그것은 행운의 도박자에게는 노고와 규율 및 피로의 인생이 줄 수 있는 것보다 훨씬 더 많은 것을 가져다준다. 알레아는 노력의 성과에 대한 오만불손한 경멸인 것 같다. 그것은 놀이하는 자에게서, 그가 아곤에서 나타낸 것과는 정반대의 태도를 예상한다. 아곤의 경우 놀이하는 자는 자기에게만 의지한다. 알레아에서는 모든 것에 의지하며, 극히 사소한 징후에도 외부의 작은 사건에도 의지한다. 그는 그 징후를 곧바로 어떤 징조나 예고로 간주한다. 그는 또 눈에 들어오는 모든 이상야릇함에도 의지한다. 요컨대, 그는 자신을 제외한 모든 것에 의지한다.

아곤은 개인이 전적으로 책임을 지는 것이며, 알레아는 의지를 포기하고 운명에 몸을 맡기는 것이다. 도미노domino, 자케jacket와 같은 몇몇 놀이와 대부분의 카드놀이는 아곤과 알레아를 결합한 것이다. 우연이 각자의 '손에 든 패mains'의 구성을 지배하며, 이어서 각자는 눈먼 운명이 자신들에게 나누어준 운수를 최선을 다해서 또 자신들의 기량에 따라서 활용한다. 브리지 같은 놀이에서는 놀이하는 자의 지식과 추리가 그 자신의 방어에 도움을 주며, 아울러 분배된 카드를 최대한으로 이용할 수 있도록 해준다. 포커 같은 유형의 놀이에서는 [지식과 추리보다는] 오히려 심리적 통찰력과 성격이 그러한 역할을 한다.

일반적으로 돈의 역할은 우연의 몫이 커질수록 요컨대 놀이하는 자의 방어력이 작아질수록 더욱 커진다. 그 이유는 분명하다. 알레아의 임무는 가장 똑똑한 자에게 돈을 따게 해주는 것이 아니라, 완전히 반대로, 각자를 절대적으로 공평하게 운의 맹목적인 판결 앞에 놓이게 하기 위해 개인의 선천적이거나 후천적인 우월을 없애는 것이기 때문이다.

경쟁자들이 이길 가능성은 원칙적으로 가능한 한 균형이 잡혀 있기 때문에, 아곤의 결과는 필연적으로 불확실하며, 역설적이지만 순수한 우연의 결과에 가까이 간다. 그 때문에, 이상적인 규칙이 있는 경쟁이라는 성격을 지니는 모든 시합은 내기, 즉 알레아의 대상이 될 수 있다. 경마, 그레이하운드 경주greycing, 축구, 펠로타pelote basque, 투계가 그러하다. 내기에 거는 돈의 액수가 시합 중에 아곤의 급변에 따라 끊임없이 변하는 일마저 생겨난다.[4]

우연놀이는 특히 인간적인 놀이인 것 같다. 동물도 경쟁놀이, 모의模擬놀이, 현기증놀이를 알고 있다. 특히 칼 그로스는 이 놀이 범주들의 각각에 대하여 놀라운 예를 제시한다. 그 대신에, (우연이라는) 추상적이고 비감각적인 힘의 심판에 저항하지 않고 처음부터 장난삼아 복종한다는 것은, 직접적인 것에 너무 깊이 들어가 있고 자신의 충동에 너무나도 지배를 받는 동물로서는 상상도 할 수 없는 일일 것이다. 숙명의 결정을 수동적으로 또 고의적으로 기다리는 것, 잃을 확률에 비례해서 딸 확률도 있기 때문에 자신의 재산을 그 숙명의 결정에 거는 것은 예측과 상상 그리고 투기의 능력을 요구하는 태도인데, 이것은 객관적이고 수리數理에 밝은 숙고熟考에 의해서만 가능한 태도이다. 아마도 어린이는 동물에 가깝기 때문에 우연놀이가 어른의 경우에서만큼 중요성을 갖지 못할 것이다. 어린이에게 있어서 논다는 것은 행동하는 것이다. 게다가 경제적으로 독립해 있지 못하며 자신의 것이라고 할 수 있는 돈도 없기 때문에, 어린이는 우연놀이에서 무엇이 그 놀이의 주된 매력인지를 알지 못한다. 우연놀이는 어린이를 떨게 할 수 있는 힘이 없다. 물론 구슬은 어린이에게는 일종의 화폐이다. 그렇지만 그는 그것을 따기 위해서 행운에 의지하기보다는 자신의 솜씨에 의지한다.

―

　아곤과 알레아는 상반된, 말하자면 대칭적인 태도를 나타내지만, 양자 모두 동일한 규정에 따른다. 그것은 현실에는 없는 순수하게 평등한 조건을 놀이하는 자들 사이에 인위적으로 만들어 낸다는 규정이다. 왜냐하면, 실생활에서는 어떤 것도 명확하지 않기 때문이다. 정확하게 말하면, 행운이든 공적功績이든 모든 것이 출발점에서는 불명확하기 때문이다. 따라서 아곤이든 알레아든 놀이라는 것은 현실 생활의 정상적인 상태인 혼란을 완벽한 상황으로 대체하려는 시도이다. 완벽한 상황이란 공적이나 우연의 역할이 분명히 이론의 여지 없이 나타나는 그러한 상황이다. 그것은 또한 [아곤에서는] 모든 사람이 자신들의 역량을 나타낼 수 있는 가능성을 정확하게 똑같이 누리지 않으면 안 된다는 것, 그리고 다른 계열[알레아]에서는 행운을 얻을 수 있는 확률을 정확하게 똑같이 누려야 한다는 것을 의미한다. 어떻게 해서든지 사람은 **세계**를 다르게 만들어서 세계로부터 벗어난다. 또한 **자신**을 다르게 만들어서도 세계로부터 벗어날 수 있다. 이에 대응하는 것이 미미크리이다.

　미미크리 Mimicry ― 모든 놀이는 환상illusion이 말은 문자 그대로 놀이에 들어가는 것in-lusio을 뜻한다)이라고는 말할 수 없어도, 적어도 약속에 의해 정해지고 몇 가지 점에서는 허구적인 하나의 닫힌 세계를 일시적으로 받아들이는 것을 전제로 하고 있다. 여기서 말하는 놀이는 가공架空의 환경 속에서 활동을 전개하거나 운명에 복종하는 것이 아니라, 그 자신이 가공의 인물이 되어 그것에 어울리게 행동하는 것으로 성립한다. 따라서 다양한 표현을 하는 일련의 놀이를 우리는 여기서 직면하게 되는데, 그 표현들은 다음과 같은 사실에 근거를 두고 있다는 것이 그러한 놀이들의 공통된 특징이다. 즉, 사람이 자신을 자기가 아닌 다른 존재라고 믿거나, 자기나 타인에게 믿게 하면서 논다는 사실이다. 놀이하는 자가 자신의 인격을 일시적으로 잊고 바꾸며 버리고서는 다른 인격을 가장한다. 나는 이러한 표현을 행하는 놀이를 미미크리라는 말로 지칭하고 싶다. 이것은 의태擬態, mimétisme, 특히 곤충의 그것을 가리키는 영어인데, 내가 이 말을 선택한 이유는, 그런 표현들을 일으키는 충동의 본질적이고 기본적이며 거의 체질적이라고도 할 수 있는 성질을 강조하기 위해서이다.

곤충의 세계는 인간의 세계에 대해서, 자연계에서 가장 멀리 떨어진 곳에 있는 것 같다. 이 세계는 하나에서 열까지 인간의 세계와 반대이지만, 인간의 세계에 못지않게 정교하고 복잡하며 깜짝 놀랄 만하다. 그러므로 곤충들이 가장 충격적인 그 실례를 보여주고 있는 의태擬態 현상을 여기서 고찰하는 것은 정당하다고 생각한다. 사실 인간의 자유로운 행동, 변덕스럽고 제멋대로이며 불완전한 행동, 특히 외적인 결과를 생기게 하는 행동에 동물에게서, 좀 더 특별하게는 곤충에게서 대응하는 것은 고정적이며 절대적인 기관器官상의 변화이다. 이 변화는 그 종種을 특징지우며, 대대로 또 수십억의 개체에서도 무수히 정확하게 재현된다. 예를 들면, 〔인간 세계의〕 계급투쟁에 대응하는 개미와 흰개미의 카스트제도, 회화繪畫의 역사에 대응하는 나비의 날개 모양이 그것이다. 이러한 가설이 무모하다는 것은 나도 충분히 인정한다. 그러나 그 가설을 조금이라도 인정하기만 하면, 곤충의 불가해不可解한 의태는 곧바로 변장하고 가장假裝하며 가면을 쓰고 **어떤 인물을 연기하는** 인간의 취미와 대단히 비슷한 것처럼 보인다. 물론 곤충의 경우는 가면과 가장이 만들어진 부속품이 아니라 신체의 일부분을 이루고는 있다. 그러나 곤충의 경우든 인간의 경우든, 가면과 가장은 완전히 똑같은 목적에 도움이 된다. 즉 그것을 몸에 걸치는 자의 겉모습을 바꾸고 다른 자들에게 겁을 주는 데 도움이 된다.[5]

척추동물의 경우, 모방 경향은 우선 하품, 달리기, 절음발이 걸음, 미소, 특히 몸의 움직임 등의 전염과 비슷하게 거의 저항할 수 없는 완전히 육체적인 전염으로 나타난다. 허드슨Hudson은, 새끼 동물은 본능적으로 '멀어져가는 것을 따라가고, 근접하는 것으로부터는 도망친다'고 단정할 수 있다고 생각하였다. 예를 들면, 새끼양은 사람이나 개나 말이 멀어져가는 것을 보면 그 뒤를 바짝 따라가지만, 어미양이 뒤돌아서 자기 쪽으로 오면 어미라는 것을 알아보지 못한 채 소스라쳐 놀라고서는 달아날 정도이다. 전염과 〔이 정도의〕 모방은 아직 모의模擬, simulacre라고 할 수 없다. 그러나 그것들이 모의를 가능하게 하며, 〔더 나가면〕 흉내라는 관념과 그것을 좋아하는 취미도 생기게 한다. 새의 경우, 이 경향은 구애의 과시적 행위, 잘난 체하는 의식儀式 및 과시에 이른다. 경우에 따라서는 수컷이나 암컷이 이상할 정도로 열심히 또 보기에도 분명한 기쁨을 갖고서 그러한 것에 몰두한다. 자신들의 딱지甲殼에 닥치는 대로 해초海草나 폴립polype을 심는 거미게crabes oxyrhynques의 경우에도 그 변장 능력에는—이에 대해서는 여러 가지 설명이 있겠지만—의문의 여지가 없다.

이처럼 흉내와 가장은 이런 종류의 놀이의 상호보완적인 원동력이다. 어린이의 경우에는 우선 어른을 흉내 낸다. 어른들이 사용하는 공구, 도구, 무기, 기계를 본뜬 모형과 장난감 무기 등이 인기 있는 이유는 여기에 있다. 여자아이는 엄마, 요리사, 세탁부, 다림질하는 여자 등을 흉내 내는 놀이를 한다. 남자아이는 군인, 근위기병, 경찰, 해적, 카우보이, 화성인 등등인 체한다.[6] 그는 양팔을 벌리고 엔진 소리를 내면서 비행기가 된다. 그러나 미미크리의 행위는 어린이 세계를 훨씬 넘어서, 어른의 생활에도 침입한다. 이 행위는 가면을 쓰거나 가장해서 노는 즐거움 전부도 포괄하는데, 놀이하는 자가 가면을 쓰거나 가장하고 있다는 사실 자체와 그로 인해 일어나는 결과가 즐거움을 일으킨다. 요컨대, 연극의 상연과 연기가 당연히 이 그룹에 들어간다는 것은 분명하다.

다른 사람이 된다는 것 또는 다른 사람으로 여겨진다는 것은 즐거운 일이다. 그러나 놀이이기 때문에, 구경하는 사람을 속이는 것은 본질적인 문제가 아니다. 기차놀이를 하는 어린이는 기관차에 키스할 수 없다고 말하면서 아버지의 키스를 거부할 수 있지만, 그에게 자신이 진짜 기차라고 믿게 하려고 하지는 않는다. 카니발 때에 가면을 쓴다고 해서 자신을 진짜 후작侯爵, 진짜 투우사, 진짜 아메리카 인디언으로 믿게 하려는 것은 아니다. 가면을 쓰는 것은 사람들에게 겁을 주기 위해서이며, 또 가면을 통해 사회적 역할을 숨기고 실제의 인격을 해방시켜 그 결과로서 얻어지는 방종의 분위기를 이용하기 위해서이다. 배우도 역시 자신이 '진짜로' 리어왕이나 샤를 5세라고 사람들에게 믿게 하려고 하지는 않는다. 실제로 속이기 위해 변장하는 자는 스파이와 도망자이다. 왜냐하면, 그들은 놀이하는 것이 아니기 때문이다.

활동이고 상상이며 연기인 미미크리는 놀이하는 자에게 기대期待에 몸을 떨면서 움직이지 않는 상태를 요구하는 알레아와는 거의 관계가 없지만, 아곤과 결합되는 것이 불가능한 일은 아니다. 나는 가장콩쿠르를 말하는 것이 아니다. 가장콩쿠르에서 그 둘(미미크리와 아곤)의 결합은 완전히 외면적인 것이다. 좀 더 내면적인 결합은 쉽게 찾을 수 있다. 모든 아곤은 그것에 참가하지 않는 자에게는 하나의 구경거리이다. 단, 모의라는 요소를 배제한다는 점에서 가치 있는 구경거리이다. 그럼에도 불구하고 큰 스포츠 시합은 미미크리의 절호의 기회이다. 조금이라도 잊지 말아야 할 것은, 여기서는 모의가 행위자에서 관객으로 이전된다는 점이다. 즉 흉내 내는 것은 선수가 아니라 관객이라는 사실이다. 선수와 동일시는 이미 그것만으로도 미미크리를 구성한다. 이것은 독자가 소설의 주인공에게서 또 관객이 영화의 주인공에게서 자신을 발견하는 원인이 되는 미미크리와 같은 종류의 것이다. 이것을 이해하기 위해서는 챔피언(인기선수)과 스타가 행하는 기능이 완전히 대칭을 이루고 있다는 사실을 생각하는 것만으로도 충분하다(스타에 대해서는 나중에 보다 분명하게 설명할 기회가 있을 것이다). 아곤의 승리자인 챔피언은 스포츠 집회의 스타이다. 반대로 스타는 대중의 인기를 둘러싸고 벌이는 확산된 경쟁의 승리자이다. 그들은 모두 많은 팬레터를 받으며 탐욕스런 신문 잡지의 인터뷰에 응하고 사인을 한다.

사실 자전거경주, 권투나 레슬링, 축구, 테니스 및 폴로의 시합은 유니폼, 엄숙한 개회식, 적당한 의례, 규칙에 따른 진행 때문에 그 자체가 하나의 구경거리가 된다. 한마디로 말해서 그것들은 드라마이다. 그 여러 우여곡절이 관중의 손에 땀을 쥐게 하며, 결말은 한쪽을 기쁘게 하고 다른 한쪽은 실망시킨다. 이 구경거리들은 여전히 아곤의 성질을 갖고 있지만, 밖으로 나타나는 모습은 연극의 성격을 갖고 있다. 관중은 자기가 좋아하는 선수―경마장에서는 자신이 선택한 말―의 노력을 소리와 몸짓으로 응원하는 것만으로 만족하지 않는다. 일종의 육체적인 전염에 의하여, 관중은 선수나 말을 돕기 위해 그들과 똑같은 자세를 취하게 된다. 이것은 볼링을 하는 사람이 자신의 무거운 공이 코스의 끝에서 구르기를 바라는 방향으로 자기 몸을 조금씩 기울인다는, 익히 알려져 있는 사실과 비슷하다. 이러한 상황에서는 구경거리와는 별도로, 운동장이나 트랙에서의 진짜 아곤과 겹쳐지는 미미크리에 의

한 경쟁이 관중 속에서 생겨난다.

　단 하나의 요소를 제외하면, 미미크리는 놀이의 특징 모두를 갖추고 있다. 즉 자유, 약속, 현실의 중단, 공간적 및 시간적 한정. 그러나 강제적이며 명확한 규칙에의 지속적인 복종이라는 요소는 여기서 찾아볼 수 없다. 이미 본 바와 같이, 현실을 은폐하고 제2의 현실을 모의模擬하는 것이 그것을 대신하고 있다. 미미크리는 끊임없는 창작이다. 이 놀이의 규칙은 단 하나밖에 없다. 즉 연기자는 관객에게 환각幻覺, illusion〔속임수〕을 거부하도록 하는 잘못을 저지르지 않으면서 관객을 매혹하는 것이며, 관객은 배경과 가면 그리고 인위적인 장치를 처음부터 거부하지 않고 현실보다 더 실제적인 현실로서 일정한 시간 동안 그런 도구들을 믿고서는 환각〔속임수〕에 몸을 맡기는 것이다.

　일링크스 Ilinx — 마지막 종류의 놀이는 현기증의 추구를 기초로 하는 놀이로서, 일시적으로 지각知覺의 안정을 파괴하고 맑은 의식에 일종의 기분좋은 패닉panique〔공포〕 상태를 일으키려는 시도로 이루어져 있다. 어떠한 경우에도 이 놀이는 단번에 현실을 어리둥절하게 하는 일종의 경련〔가슴졸임〕, 실신상태〔흥분〕 또는 크게 놀라는 상태〔얼떨떨함〕에 들어가는 것을 의미한다.

　현기증을 일으키는 지각의 혼란은 그 자체로서 〔혼란을 위한 혼란으로서〕 꽤 널리 추구되어 왔다. 여기서는 빙글빙글 도는 이슬람교 수도승의 예배와 멕시코의 볼라도레스voladores의 그것만을 예로 인용하겠다. 나는 이 두 개를 의도적으로 선택하였다. 왜냐하면, 전자는 사용되는 기술면에서 몇몇 어린이놀이와 관련이 있는 반면에, 후자는 오히려 곡예와 공중서커스의 세련된 기술을 생각나게 하기 때문이다. 이처럼 그것들은 현기증놀이의 양극兩極에 위치하고 있다. 이슬람교 수도승은 점차 빨라지는 북소리에 맞춰 도는 것을 빨리하면서 황홀 상태 l'extase를 추구한다. 광란적인 회전이 주위사람들에게도 전염되어 그들을 끌어들여서 절정에 달하면, 의식意識은 패닉 상태와 최면 상태에 이른다.[7] 멕시코에서는 볼라도레스들—아즈텍 족(멕시코의 원주민으로 아즈텍 문명을 세운 민족. 1521년에 에스파냐에 의해 멸망)이나 토토나크 족(9세기 경, 멕시코만 연안에 살면서 다힌 문화를 일으킨 민족)—의 이 2, 30m의 높은 마스트 위로 기어오른다. 손목에 가짜 날개를 매달아 독수리로 변장한다. 허리를 밧줄의 한쪽으로 묶는다. 이어서 양팔을 벌린 채 거꾸로 완전히 떨어질 수 있도록 이 밧줄을 발가락에 맨다. 땅에 닿기 전에, 그들은 여러 번—토르크마다 Torquemada에 따르면 13번—의 완전한 회전을 하면서 점점 커지는 나선형을 그린다. 여러 번의 비행을 포함하는 이 의식은 정오에 시작되는데, 이것은 신격화된 죽음인 새들이 따라다니는 석양의 춤으로 곧잘 해석된다. 사고가 빈번히 일어났기 때문에, 멕시코 당국은 이 위험한 행사를 금지시켰다.[8]

하지만 이처럼 진기하고 놀라운 예를 내세울 필요도 없다. 어린이라면 누구나 몸을 빨리 빙빙 돌려 뒤로 쓰러지려고 하는 원심적遠心的인 상태에 도달하는 방법을 잘 알고 있다. 그렇게 하면 몸이 균형을 회복하고 지각이 그 명석함을 되찾기가 매우 힘들다. 어린이가 그러한 짓을 장난삼아 하며 그것을 즐긴다는 것은 의심할 여지가 없다. **팽이놀이** toton가 그 한 예인데, 이 놀이에서는 어린이는 발뒤꿈치를 축으로 해서 가능한 한 빨리 돈다. 이와 비슷한 하이티 섬의 **마이스 도르** maïs d'or (금옥수수라는 뜻) 놀이에서는 두 어린이가 마주 보고 팔을 쪽 펴서 손을 잡는다. 몸을 뻣뻣하게 해서 뒤로 젖히고 발끝을 서로 댄다. 이 자세로 숨이 차도록 돌다가 서면, 비틀거린다. 이 비틀거림을 즐기는 것이다. 목이 터져라고 외치는 것, 비탈길을 급히 내려가는 것, 돌면서 내려가는 미끄럼틀, 매우 빨리 도는 회전목마, 꽤 높이 올라가는 그네, 이런 것들도 비슷한 감각을 준다.

몸을 다양하게 움직여서 그런 감각을 일으킨다. 공중곡예, 넘어지기 또는 뛰어내리기, 급속한 회전, 미끄럼질, 뜀박질, 직선운동의 가속 또는 이것과 회전운동의 조합 등이 그것이다. 이와 병행해서 정신면에서의 현기증도 존재한다. 갑자기 사람을 사로잡는 황홀 상태가 그것이다. 이 현기증은 평상시에 억제되어 있는 혼란 및 파괴의 욕구와 쉽게 연결된다. 그것은 자기주장의 거칠고 난폭한 형태를 표현한다. 이것은 어린이들의 경우에는 특히 맹쇼드 main chaude(뜨거운 손이라는 뜻)놀이, 피종 볼 pigeon vole(비둘기가 난다라는 뜻), 개구리 뜀 saute-mouton 놀이에서 볼 수 있다. 이런 놀이들은 갑자기 고조되면서 단순한 싸움으로 변한다. 어른의 경우에는 초원의 키 큰 꽃을 가는 막대로 쓰러뜨리거나 지붕 위의 눈을 눈사태가 난 것처럼 떨어지게 할 때, 그들이 느끼는 기묘한 흥분은 이 영역에서 가장 재미있는 예이다. 또는 장날의 가건물에서, 예를 들면 산더미처럼 쌓아올린 못쓰는 식기류를 큰 소리를 내면서 때려부술 때의 도취감도 재미있는 예이다.

때로는 기관器官(육체)의 때로는 정신의 혼란이기도 한 이런 흥분 상태의 다양한 변종을 통틀어 일컫기 위해서 나는 일링크스라는 말을 사용할 것을 제안한다. 이것은 물의 소용돌이를 뜻하는 그리스어인데, 같은 그리스어인 현기증 ilingos이라는 말은 바로 이 말에서 파생된 것이다.

이 즐거움도 역시 인간만의 특권이 아니다. 먼저 몇몇 포유동물 특히 양의 **현도병**眩倒病을 생각하면 좋다. 이것은 병적인 현상이긴 하지만, 언급하지 않고 넘어가서는 안 되는 의미를 갖고 있다. 뿐만 아니라, 의심할 바 없이 놀이 성격을 지닌 예도 없지는 않다. 개는 자신의 꼬리를 잡으려고 쓰러질 때까지 빙빙 돈다. 또한 기진맥진할 때까지 달리는 열병이 나는 때도 있다. 영양羚羊, 가지뿔 영양, 야생마는 종종 무리 전체가 갑자기 공포에 사로잡히는데, 그러나 이 공포는 현실의 어떠한 위험도, 심지어 조그만 위험의 징조도 없을 때 일어난다. 이 공포는 오히려 어쩔 수 없는 전염과 전염되는 즉시 주위에 동조하려는 성질의 결과이다.[9] 물가에 사는 야생쥐는 물 흐름의 소용돌이에 휩쓸린 것처럼 데굴데굴 구르면서 논다. 샤무아 chamois [산악지대에 사는 야생 영양]의 경우는 더욱 주목할만하다. 칼 그로스에 따르면, 그것들은 눈이 쌓인 골짜기 위로 올라간다. 그곳에서 한 마리씩 차례로 뛰어올라 가파른 경사를 따라 미끄러져 내려온다. 그 동안에 다른 영양들은 그것을 쳐다본다.

긴팔원숭이는 탄력성이 있는 나뭇가지를 골라 자신의 체중으로 그것을 휜다. 나뭇가지가 다시 회복되면, 마침내 원숭이를 공중으로 날려보낸다. 원숭이는 힘껏 나뭇가지에 매달린다. 이 무익한 연습을 한없이 반복하는데, 이것은 내적인 유혹이라는 것 이외에는 달리 설명할 수 없다. 그러나 특히 현기증놀이를 좋아하는 것은 새이다. 새는 대단히 높은 곳에서 마치 돌처럼 떨어진다. 지상 수 미터에서 곧 땅에 부딪친다고 생각이 들 때야 비로소 날개를 편다. 그리고는 다시 날아올라 또다시 떨어진다. 새들은 교미기에 이 재주부리는 비행을 암컷을 유혹하는 데 이용한다. 오뒤봉 Audubon의 기술에 따르면, 아메리카의 쏙독새가 이 인상적인 곡예를 좋아하며, 또 그 명수名手라고 한다.[10]

어린 시절의 팽이놀이, 마이스 도르, 미끄럼질, 회전목마, 그네를 졸업한 어른은 우선 수많은 댄스의 도취 효과를 맛본다. 이 댄스에는 사교적인 경쾌함 뒤에 엉큼한 뜻을 숨기고 있는 왈츠의 회전에서 격렬하고 요란스러우며 경련하는 듯한 많은 몸짓에 이르기까지 여러 가지가 있다. 같은 종류의 즐거움은, 예를 들면, 스키, 오토바이, 스포츠카 등을 타고 맹렬한 속도로 달릴 때 유발되는 취한 기분으로부터도 얻어진다. 어른의 몸을 마비시킬 정도의 격렬함과 난폭함을 이러한 감각에 주기 위해서는 강력한 기계장치의 발명이 필요하였다. 따라서 현기증이 실제로 놀이의 한 범주가 되기 위해서는 많은 경우, 산업시대의 도래를 기다리지 않으면 안 되었다고 해도 놀랄 필요는 없다. 그 후, 장터와 유원지에 설치된 수많은 냉혹한 기계장치에 의해 현기증은 욕심 많은 군중들에게 골고루 주어지고 있다. 물론, 평형감각을 담당하는 내이기관(內耳器官)을 미칠 지경으로 만드는 것만이 문제였다면, 이 기계들은 분명히 그 목적을 넘어선다. 몸 전체가 그 무서운 취급을 받는 것인데, 그것은 만일 다른 사람들이 그러한 취급을 받으려고 서로 떼밀며 달려드는 모습을 보지 못했다면 누구라도 두려워 할 취급이다. 사실 이 현기증기계들의 출구는 관찰할 가치가 있다. 사람들은 창백하고 비틀거리며 멀미의 한계에 도달한다. 그들은 방금 전에 공포의 비명을 질렀고 숨을 멈추었으며 무시무시한 공격을 피할 때처럼 자신들 내부의 기관마저 무서워서 쪼그라들 정도로 오싹하는 인상을 느꼈다. 그럼에도 불구하고 대부분의 사람들은 진정되기도 전에, 똑같은 고문(拷問)을 다시 한 번 경험할 권리를 사기 위해 급히 매표소로 달려 간다. 그들은 이 고문으로부터 쾌감을 기대한다.

그러한 열광을 오락(distraction)이라고 말하기에는 좀 뭣하기 때문에, 쾌감(jouissance)이라고 해야 할 것이다. 그것은 오락보다도 경련(가슴졸임)에 가깝다. 한편 다음의 사실에도 주목할 필요가 있다. 즉 느끼는 충격은 대단히 강렬하기 때문에, 기계주인들은 극단적인 경우 이 인기 끄는 것을 무료로 타보라고 순진한 사람들을 유혹하는 일도 있다. 그들은 실은 계획적으로 그렇게 하는 것이지만, 거짓으로 '이번에도 역시' 무료라고 선전한다(사실은 언제나 무료이다). 그 대신에 구경꾼들에게 무시무시한 힘과 기괴한 변덕스러운 짓에 농락당하는 희생자들—각오한 자도 있고 그렇지 않은 자도 있다—의 고통을 관람석의 높은 곳에서 편안하게 바라볼 수 있는 특권을 돈을 내고 사게 하는 것이다. 이 기묘하고 잔혹한 역할 분배에 대하여 너무 명확한 결론을 이끌어 내는 것은 무모한 짓일 것이다. 이 역할 분배는 이 놀이만의 특징이 아니다. 그것은 권투, 프로레슬링, 고대 로마 검투사들의 싸움에서도 볼 수 있다. 여기서 본질적인 것은, 현기증이라는 말이 명확하게 나타내는 저 특이한 혼란 및 저 순간적인 패닉의 추구와 그리고 그것과 일체를 이루고 있는 명백한 놀이로서의 성격들—시련을 받거나 거부할 수 있는 자유, 엄격하며 불변적인 한계, 현실의 다른 부분들과의 분리—이다. 게다가 이 시련이 구경거리의 소재가 된다는 것은 놀이의 성질을 약화시키는 것이 아니라 오히려 강화시킨다.

2) 소란에서 규칙으로

놀이가 내가 제도적 존재라고 부르는 성질을 획득하면, 규칙과 놀이는 떼어놓을 수 없는 것이 된다. 이때부터 규칙은 놀이의 본질의 일부가 된다. 규칙이야말로 놀이를 창조력이 풍부하고 중요한 문화 수단으로 변화시킨다. 그러나 놀이의 원천에는 근본적인 자유가 있다. 이 자유란 쉬고 싶은 욕구이며, 아울러 기분전환 및 변덕스러움의 욕구이다. 이 자유가 놀이의 필수불가결한 원동력이다. 제아무리 복잡하고 엄밀하게 조직된 놀이의 형태에도 그 근원에는 이 자유가 남아 있다. 즉흥과 희열의 이러한 원초적인 힘(나는 이것을 파이디아 paidia라고 부른다)이 이유 없는 어려움을 추구하는 취향(나는 이것을 루두스 ludus라고 부를 것을 제안한다)과 결합해서 문명화시키는 위대한 힘이라 해도 과언이 아닐 여러 놀이를 만들어 내고 있다. 사실 놀이는 한 문화의 도덕적 및 지적 가치를 나타낸다. 게다가 그러한 가치를 좀 더 명확하게 만들고 발전시키는 데에도 기여한다.

내가 파이디아라는 말을 선택한 이유는 그것이 어린이를 나타내는 명사를 어근으로 하고 있기 때문이다. 또 부차적인 이유로는 만일 지구의 반대쪽에 있는 나라의 언어에서 용어를 빌릴 경우 독자의 주의를 쓸데없이 흐트릴까 봐 그것을 막기 위한 것도 있다. 그러나 산스크리트의 **크리다티**〔원서 본문에는 kredati로 되어 있는데, 이것은 kridati의 오식인 것 같다. 놀다, 장난하다의 뜻〕와 중국어의 **완**〔玩, wán: 놀다, 장난하다, 농담하다의 뜻〕 쪽이 그 부수적인 의미의 다양성과 성질에 의해 의미가 좀 더 풍부하고 동시에 시사하는 바가 더 많은 것 같다. 하긴 그 의미가 너무 풍부하기 때문에 부적당한 점도 있으며, 특히 어느 정도 혼란의 위험도 있는 것은 사실이다. **크리다티**는 어른, 어린이, 동물의 놀이를 가리킨다. 좀 더 특별하게는 도약, 즉 즐거움이나 힘이 넘쳐 일어나는 급작스럽고 제멋대로인 동작을 가리키는 데 쓰인다. 그것은 또한 불륜의 성관계, 파도의 왕복운동, 바람부는 대로 너울거리는 모든 것을 가리키는 데에도 쓰인다. **완**玩이라는 말의 경우는, 그것이 지시하는 바에 의한 것과 마찬가지로 그것이 배제하는 것에 의해서도, 앞의 경우보다 의미가 더 명확하다. 즉 그것은 기교놀이, 경쟁놀이, 모방놀이, 우연놀이를 배제한다. 그 대신 **완**玩에는 수많은 의미 확대가 있는데, 이에 대해서는 나중에 다시 서술할 기회가 있을 것이다.

이상과 같은 대조와 의미론에 입각한 배제에 비추어서 생각하면, 파이디아라는 용어의 외연과 의미는 어떤 것이 될 수 있는가? 나로서는 그것을 놀이 본능의 자발적인 나타남을 포함하는 말로 정의하고 싶다.

실뭉치에 얽힌 고양이, 킁킁거리며 몸을 흔드는 개, 딸랑이를 보고 웃는 젖먹이 아기 등은 이런 종류의 활동으로 인정할 수 있는 첫 번째 예를 나타낸다. 이런 활동은 직접적인 무질서한 흥분과 충동적이며 긴장이 풀린 그러면서도 기꺼이 도가 지나친 기분전환이 나타내는 행복의 충만함 속에서 일어난다. 이러한 표현의 즉흥적이며 무질서한 성격이 그 유일한 존재 이유는 아니어도 본질적인 존재 이유는 된다. 재주넘기에서 엉터리 그림에 이르기까지, 말다툼에서 소란에 이르기까지, 움직임, 색色 또는 시끄러운 소리에 대해 억제할 수 없는 그러한 욕망을 아주 명확하게 나타내주는 예는 얼마든지 있다.

흥분하고 소란 피우고 싶은 이 기본적인 욕구는 우선 아무거나 건드리고, 잡고, 맛보고, 냄새 맡고 싶은 충동으로 나타나며, 그 다음에는 손이 닿는 모든 것을 떨어뜨리고 싶은 충동으로 나타난다. 이 욕구는 파괴하거나 부수고 싶은 욕망으로 쉽게 변한다. 가위로 종이를 끝없이 자르는 즐거움, 천을 갈기갈기 찢는 즐거움, 쌓아올린 것을 무너뜨리는 즐거움, 대열隊列을 방해하는 즐거움, 다른 사람의 놀이나 일을 혼란시키는 즐거움 등등은 그러한 욕구로 설명된다. 곧이어 혀를 내밀거나 찌푸린 얼굴을 하거나 금지된 물건에 손을 대는 척하거나 그것을 던지는 척하여 사람을 속이거나 도전하고 싶은 욕망이 생긴다. 어린이는 이것을 통해 자기를 주장하고, 자신이 **원인**cause이라고 느끼며, 타인의 주의를 자기에게 향하도록 한다. 이러한 경우의 예로서 칼 그로스는 자기와 함께 사는 개가 잠든 모습을 보일 때마다 그 개의 꼬리를 잡아당기며 즐거워하는 원숭이의 경우를 들고 있다. 파괴하고 뒤엎는 소박한 즐거움에 대해서는, 특히 C. J. 로마니스Romanes의 누이가 매우 흥미로운 세부 사항까지 정확하게 관찰한 꼬리말이원숭이의 사례가 있다.[11]

어린이는 그 정도로 그치지 않는다. 어린이는, 예를 들면, 아픈 이를 혀로 시큰거리게 하면서, 자기 자신의 통증을 갖고 노는 것을 좋아한다. 그는 또 자기를 겁나게 하는 것도 좋아한다. 이처럼 어린이는 때로는 육체적 고통(단, 제한되고, 계획적이며, 그 자신이 원인이 되는 고통)을 추구하며, 때로는 정신불안(단, 자신에 의해 자극되고, 자신의 명령으로 끝나는 불안)을 추구한다. 여기에서 이미 자유의지에 기초하며, 약속에 따르고, 다른 것과 분리되고, 통제되는 활동이라는 놀이의 근본적인 모습을 다시 확인할 수 있다.

이윽고 규칙을 만들어 내서, 어떤 일이 있어도 집요하게 그것에 따르려는 욕망이 생긴다. 그렇게 되면 어린이는 자기 자신이나 친구들과 갖가지 종류의 내기를 거는데, 이미 본 바와 같이 내기는 아곤의 초보적인 형태이다. 어린이는 눈을 감은 채 한 발로 걷거나 뒷걸음질하기 또 누가 제일 오랫동안 태양을 쳐다보는가, 고통을 참는가, 힘든 자세로 있는가 등의 놀이를 한다.

일반적으로, 파이디아의 초기 단계에서 표현되는 놀이에는 이름이 없으며 이름 붙일 수도 없다. 왜냐하면, 그 놀이들은 확실한 안정성, 명확한 특징, 선명하게 다른 것과 구별되는 존재 등의 이전 단계에 있기 때문이다. 다른 것과 구별되는 존재가 되어야만 특별한 명칭으로 그 자율성을 인정받을 수 있다. 그러나 약속, 기술, 도구 등이 나타나면, 곧바로 특징을 지닌 최초의 놀이들이 출현한다. 개구리뜀, 숨바꼭질, 연날리기, 팽이놀이, 미끄럼질, 술래잡기, 인형놀이. 여기서부터 아곤, 알레아, 미미크리, 일링크스 각각의 상반된 길이 갈라지기 시작한다. 또한, 일부러 만들며 자의적으로 한정된 어려움―즉 그것을 끝까지 해냈다는 사실이 그것을 해결했다는 내면적 만족 이외에는 어떠한 다른 이익도 주지 않는 어려움―을 해결하면서 맛보는 즐거움도 이때부터 등장한다.

이러한 원동력—이것이 바로 루두스이다—역시 여러 범주의 놀이에서 발견될 수 있다(단, 운명의 순수한 결정에 완전히 의존하는 놀이는 제외한다). 그것은 파이디아의 보충 및 교육으로 나타난다. 즉 파이디아를 길들이며 풍부하게 한다. 그것은 훈련 기회를 주며, 보통은 이러저러한 기구를 다룸에 있어서나 아니면 순수하게 약속에 입각한 문제에 대해 만족스러운 대답을 발견하는 능력에 있어서 일정한 솜씨를 획득하게 하고 특별한 기량을 습득하게 한다.

아곤과는 달리 루두스에서는 놀이하는 자의 긴장과 재능이 명백한 경쟁심이나 적대감과는 무관하게 발휘된다. 그는 장애물과 싸우는 것이지, 한 사람이나 여러 사람의 경쟁자와 싸우는 것이 아니다. 손재주라는 면에서는 빌보케bilboquet, 디아볼로, 요요yoyo 같은 종류의 놀이를 예로 들 수 있다. 이 단순한 도구들은 초보적인 자연법칙을 잘 이용한다. 예를 들면, 직선적인 왕복운동을 연속적인 회전운동으로 바꾸는 요요의 경우에는 중력과 회전이다. 반대로 연날리기는 대기의 구체적인 조건의 이용에 근거를 둔다. 놀이하는 자는 연을 통해 멀리서 하늘을 소위 청진聽診한다. 그는 육체의 한계를 넘어서 자신의 존재를 투사한다. 마찬가지로, (눈가림) 술래잡기는 시력을 사용하지 않고 지각의 능력을 시험하는 기회를 준다.[12] 루두스의 가능성이 거의 무한하다는 것은 쉽게 알 수 있다.

솔리테르le solitaire나 바그노드baguenaude 같은 도구는 같은 종류이면서도 이미 다른 그룹의 놀이에 속한다. 이들 놀이는 계산과 조합의 능력에 끊임없이 호소하는 놀이이다. 마지막으로 크로스워드 퍼즐, 수학 퍼즐, 아나그람les anagrammes, 여러 종류의 올로림시詩vers olorimes와 로고그리프logogriphes, 탐정소설(범인을 알아맞히는 놀이로서의)에의 몰두, 체스

제1부 61

나 브리지의 묘수풀이 문제 등은 각각 도구 없이도 할 수 있는, 루두스의 가장 대중적이며 가장 순수한 여러 형태이다.

언제든지 확인할 수 있는 바와 같이, 최초의 상황이 무수히 반복되는데, 그럼에도 불구하고 그것에 기초해서 항상 새로운 조합이 만들어질 수 있다. 따라서 새로운 조합의 가능성은 놀이하는 자에게 그 자신과의 경쟁심을 불러일으킨다. 또한 새로운 조합은 그가 실력이 얼마나 늘었는가의 증거이기도 하다. 그는 이 실력 향상을 취미가 같은 사람들에게 뽐내면서 스스로 만족한다. 루두스와 아곤의 관계는 명백하다. 게다가 체스나 브리지의 묘수풀이 문제의 경우처럼, 똑같은 놀이가 어떤 때는 아곤으로 또 어떤 때는 루두스로 나타나는 일도 있다.

루두스와 아곤의 결합도 마찬가지로 빈번히 일어난다. 이 결합은 특히 트럼프로 점치기réussite의 조합과 슬롯머신(게임머신)에서 확인할 수 있다. 트럼프로 점치기에서는 카드를 다루는 솜씨의 능숙함 여부가 결과에 약간 영향을 주며, 슬롯머신에서는 놀이하는 자가 점수를 나타내는 알을 튕기는 힘을 조절하면서 그 코스를—미미한 정도이지만—조종할 수 있다. 이 두 예의 경우에서도 결국은 여전히 우연이 결정한다. 그렇지만 놀이하는 자가 완전히 무기력하지 않으며, 비록 사소하지만 자신의 기량이나 재능을 믿을 수 있다는 사실이 여기서는 루두스의 본질과 알레아의 본질을 결합시키기에 충분하다.[13]

마찬가지로 루두스는 미미크리와도 쉽게 결합한다. 가장 단순한 경우는 조립 놀이이다. 도곤 족(Dogons: 동아프리카 수단의 고지대에 사는 원주민)의 어린이들이 조의 줄기로 만든 동물이건, 메카노meccano(금속제의 장난감 조립부품)처럼 구멍을 뚫은 얇은 동판과 도르래를 연결시켜 조립하는 기중기나 자동차이건, 어른조차도 진지한 태도로 세심하게 쌓아올리는 비행기나 배의 모형이건, 조립 놀이는 항상 공상의 놀이이다. 그러나 본질적인 결합을 제시하는 것은 연극의 상연이다. 이것은 미미크리에 규율을 부여하여, 미미크리를 여러 다양한 약속, 세련된 기술, 정교하고 복잡한 수단이 많은 예술로까지 변화시킨다. 이 다행스런 결탁에 의해 놀이는 그 문화적 창조성을 완전히 발휘한다.

이에 반해 혼란 및 지나친 활기인 파이디아와 운명의 결정에 대한 수동적인 기다림이며 가만히 침묵하면서 몸을 떠는 것인 알레아의 결합이 있을 수 없는 것과 마찬가지로, 계산 및 조합인 루두스와 순수한 흥분(망아忘我)인 일링크스의 결합은 더욱이 있을 수 없다. 어려움을 정복하기 좋아하는 것은 일링크스에서도 발생하는데, 그것은 현기증과 싸우고, 현기증은 혼란이나 패닉이 되는 것을 막기 위한 것에 불과하다. 이 취향은 그 경우 자제自制의 훈련, 즉 냉정과 평형을 유지하기 위한 힘든 노력이 된다. 이 취향은 일링크스와 결합하는 것이 아니라, 등산과 공중곡예의 경우처럼 그 위험한 결과를 약화시키기에 적합한 훈련을 가져다준다.

―

루두스가 그 자체에 머무른다면, 그것은 불완전하고 지루함을 이겨내기 위한 일종의 임시변통에 불과할 것 같다. 더 좋은 것을 하고 싶지만, 놀이 상대가 올 때까지 하는 수 없이 루두스를 하는 사람이 많다. 놀이 상대가 오면, 그들은 이 반응 없는 즐거움을 버리고 승부가 걸린 놀이로 향한다. 그렇지만 타인의 참가를 거부하거나 달가워하지 않는 기교놀이나 조합놀이(트럼프로 점치기, 퍼즐, 크로스워드 퍼즐 등등)에서도 루두스는 놀이하는 자에게 전에는 실패했지만 다음번에는 성공할 것이라는 희망 또는 전번에 도달한 점수보다 더 놓은 점수를 얻을 것이라는 희망을 역시 품게 한다. 이런 식으로 아곤의 영향이 다시 나타난다. 사실 임의로 선택한 어려움을 해결해서 즐거움을 맛본다는 막연한 분위기에 색깔을 칠해주는 것은 아곤의 영향이다. 실제로 이들 놀이는 단 한 사람이 행하여서 원칙적으로는 경쟁의 원인이 될 리는 없지만, 이 놀이들을 콩쿠르(상금이 있건 없건)로 만드는 것은 언제든지 가능하다. 필요할 경우에는 신문사가 그 콩쿠르를 거리낌 없이 주최한다. 또한 슬롯머신(게임머신)이 카페, 즉 이용자가 자기 주위에 소수의 구경꾼을 모을 수 있는 장소에 놓여 있는 것도 우연이 아니다.

또한 루두스에는 (나의 생각으로는, 그것에 항상 붙어다니는 아곤의 그림자에 의해 설명되는) 하나의 성격이 있다. 그것은 루두스가 특히 유행에 의존하고 있다는 점이다. 요요, 빌보케, 디아볼로, 바그노드는 마법처럼 출현했다가는 사라졌다. 그런 놀이들은 열광적인 인기를 얻은 후, 아무 흔적도 남겨놓지 않은 채 사라지고는 곧이어 다른 놀이가 대신 나타났다. 지적인 성질의 오락은 좀 더 영속적이지만, 그 유행기간도 역시 한정되어 있다. 그림 수수께끼 rébus, 아나그람, 이합체離合體의 시 l'acrostiche, 문자 수수께끼 charade가 인기 있는 때가 있었다. 크로스워드 퍼즐과 탐정소설도 아마도 똑같은 운명을 겪을 것이다. 만일 루두스가 보이는 그대로의 개인적인 오락이라면, 그러한 현상은 이해할 수 없을 것이다. 실제로 루두스는 경쟁의 분위기에 싸여 있다. 몇몇 애호가의 열광이 루두스를 잠재적인 아곤으로 변모시키는 한에서만 루두스는 존속한다. 이 열광이 없다면, 루두스는 그 자체로서 존속할 수 있는 힘이 없다. 사실 루두스가 그나마 유지되는 것은 조직적인 경쟁심 때문이다. 그렇지만 이 경쟁심이 루두스에게는 본질적인 것이 아니다. 또한 루두스는 대중의 관심을 끌 수 있는 구경거리가 전혀 없다. 루두스는 확산되어 떠도는 상태에 있든지, 아니면 고독한 편집광의 고정관념이 될 위험이 있든지, 그 둘 중의 하나이다. 고독한 편집광의 경우는 그것에 절대적으로 몰두하며, 그것에 빠져 타인과의 관계를 점차 소홀히 한다.

산업문명은 루두스의 특수형태, 즉 즐거움을 얻기 위해 시작되고 지속되는 무상의 이차적 활동인 취미hobby를 탄생시켰다. 수집collection, 기예技藝, arts d'agrément〔특히 여자의 교양이나 취미로서의 음악, 미술, 자수 등을 말함〕, 집을 꾸미거나 수리하는 따위의 자질구레한 일을 하는 즐거움 또는 작은 발명의 즐거움 등, 한마디로 말하면 무엇보다도 기계적이고 세분화된 연속작업travail à la chaine에 의해 초래된 인격의 훼손〔단편화〕을 보상해주는 것으로 보이는 모든 일이 그것이다. 노동자는 기계의 제조에 종사하지만, 그가 하는 것은 동일 작업의 반복에 불과하다. 그 제조공정은 기량도 지능도 요구하지 않는다. 취미hobby는 잘 알려져 있는 바와 같이, 노동자가 다시 장인으로 돌아가서 축소판이지만 **완전한**complets 기계모형을 조립한다는 형태를 흔히 취한다. 이것은 분명히 현실에 대한 복수이다. 게다가 이것은 적극적이며 생산적이다. 이 행위는 놀이 본능의 가장 고도의 기능 중 하나에 대응하고 있다. 기술문명이 복수의 잔인한 양상에 대한 보상을 제공한다 할지라도 그 자체적인 발전에 기여한다는 것은 놀랄 일이 아니다. 취미란 그러한 복수의 발전을 가능하게 하는 자질을 드물게 반영한다.

일반적으로 말해, 루두스는 뛰어놀며 즐기고 싶은 원초적인 욕망에게 끝없이 새로운 임의의 장애물을 제공한다. 루두스는 쉬고 싶은 욕망을 만족시키는 동시에 인간이 벗어날 수 없다고 생각되는 욕구—고통, 피로, 공포나 도취에 저항하는 능력과 자제력 이외에도 그가 지니고 있는 지식, 노력, 기량, 지능을 완전히 헛되게 쓰고 싶은 욕구 —도 만족시키는 기회와 구조를 많이 만들어 낸다.

내가 루두스라고 부르는 것은 이상과 같은 이유 때문에 놀이 중에서 가장 인상적인 문화적 의의와 창조성을 지닌 요소이다. 그것은 아곤, 알레아, 미미크리나 일링크스처럼 명확한 심리적 태도를 나타내지 않지만, 파이디아에게 규율을 부여함으로써 놀이의 기본적인 범주들에게 그 순수성과 탁월성을 주는 데 전반적으로 작용한다.

―

그렇다고 해서 루두스가 파이디아의 상상할 수 있는 유일한 변화 형태는 아니다. 고전적인 중국 문명 같은 문명은 파이디아에게 다른 운명을 주었다. 사려 깊고 신중한 중국 문화는 단호한 혁신이라는 방향을 취하는 경우가 적다. 진보의 욕구와 모험심은 중국 문화에서는 흔히 결정적인 창조성이 없는 일종의 안달로 보였다. 이러한 상황 속에 있는 중국에서는 파이디아의 소란, 과잉의 에너지는 당연히 중국의 지고至高의 가치에 더 잘 어울리는 방향으로 향하였다. 여기서 다시 완玩이라는 말로 돌아갈 필요가 있다. 완玩은 어원적으로는, 한 덩어리의 경옥硬玉(비취)을 윤내기 위해 또는 그 부드러운 감촉을 느끼기 위해, 아니면 그에 따르는 몽상을 즐기기 위해, 그것을 끝없이 어루만지는 행위를 가리킨다는 설說이 있다. 이러한 어원 때문인지는 몰라도, 완玩은 파이디아의 또 하나의 운명을 명백하게 설명한다. 자유롭게 소란 피우는 것—이것이 파이디아의 최초의 정의였다—에 가해지는 제한은 이 경우에는 영웅적인 행위, 계산, 어려움의 정복이라는 쪽으로 향하는 것이 아니라, 평정, 인내, 공허한 몽상 쪽으로 향하는 것 같다. 실제로 완玩이라는 문자는 기본적으로는, 정신을 산만하게 하고 마음을 들뜨게 하는 반￫기계적인 갖가지 종류의 일을 가리킨다. 그중에는 완玩을 루두스와 연결시키는 몇몇 복잡한 놀이도 있지만, 동시에 무사태평한 명상, 느긋한 사색도 포함한다.

혼잡, 소란은 **열뇨**熱鬧: jeou-nao라는 표현으로 나타내는데, 이것은 문자 그대로 '번화하고 떠들썩함'을 의미한다. 이 **뇨**鬧라는 말과 결합하면, **완**玩은 쾌활하고 활기가 넘치는 모든 행위를 나타낸다〔요착완아鬧着玩兒, 장난치다, 희롱하다〕. 그러나 **완**玩 단독으로가 아니라, 반드시 이 **뇨**鬧와 결합해야 한다. **장**裝, tchouang (……인 체하다)과 결합하면 그것은 '……인 체하면서 즐긴다'는 의미가 된다〔裝玩〕. 이처럼 완玩이 파이디아의 여러 가능한 표현과 꽤 정확하게 일치하고 있음을 알 수 있다. 그러나 단독으로 쓰이는 한, 그것은 어떤 특별한 종류의 놀이를 가리키는 일이 없다. 완玩은 경쟁에 대해서도, 노름에 대해서도, 연극의 연기에 대해서도 사용되지 않는다. 말하자면, 그것은 내가 제도적institutionnel이라고 이름 붙인 놀이의 여러 범주와 양립하지 않는다.

제도적인 놀이를 가리키는 데에는 좀 더 특수한 말이 사용된다. 희戲, hsi라는 문자는 변장이나 모의의 놀이에 해당된다. 즉 연극 및 각종 무대예술 분야를 포괄한다. 그러나 요耍, choua라는 문자는 기교와 솜씨의 놀이를 가리킨다. 그것은 또한 농담과 야유의 말다툼에도 검술劍術에도 어려운 기술의 연마에도 쓰인다. 투鬪, teou라는 문자는 본래의 의미에서의 투쟁, 예를 들면, 투계鬪鷄와 결투決鬪를 나타낸다. 그렇지만 카드놀이에도 투鬪가 사용된다. 마지막으로, 도賭, tou라는 문자는 우연놀이, 위험, 내기, 신명재판〔神明裁判: 불이나 열탕 속에 손을 넣어도 다치지 않는 자를 무죄로 판결하는 재판〕을 가리킨다. 그렇지만 **도**賭가 어린이놀이에 적용되는 일은 어떤 경우에도 없을 것이다. 또 **도**賭는 모독적인 언사를

제1부 67

가리키는 말이기도 하다. 왜냐하면, 운運을 시험해보는 것은 〔신이 정한〕 운명에 거역하는 불경스런 내기로 간주되기 때문이다.[14]

완玩이라는 말의 폭넓은 의미 영역은 더욱 주목할 가치가 있는 것 같다. 우선 **완**玩은, 예를 들면, 장난치다, 시시덕거리다, 익살부리다 등의 동사에서 연상할 수 있는 어린애 같은 놀이와 천진스럽고 하찮은 갖가지 종류의 오락을 포함한다. 또한 완玩은 거침없고 비정상적이거나 이상한 성행위에 대해서도 쓰인다. 동시에 그것은 심사숙고를 요구하며 **성급함을 금하는** 놀이, 체스, 체커, 퍼즐Tai Kiao, 구연환九連環[15] 같은 놀이에도 사용된다. 또한 완玩은 요리의 맛이나 술의 향기를 맛보는 즐거움, 예술품을 수집하는 취미, 게다가 골동품을 감정하고 그 감촉을 즐기며 심지어는 그것을 만드는 취미도 포함한다. 이 점에서 완玩은 서구의 하비hobby라는 범주, 즉 수집이나 손수 만드는 것을 편집광적으로 좋아하는 것과 비슷하다. 마지막으로 그것은 달빛의 고요하고 은은한 감미로움, 맑은 호수에서 뱃놀이하는 즐거움, 시간가는 줄 모르며 폭포를 바라보는 것도 나타낸다.[16]

―

완玩이라는 말의 예만으로도 문화의 운명을 놀이 속에서 읽을 수 있음을 알 수 있다. 아곤, 알레아, 미미크리, 일링크스 중 그 어느 것을 특히 좋아하느냐는 한 문명의 장래를 결정하는 데 한몫 거든다. 마찬가지로, 파이디아가 나타내는 자유롭게 사용할 수 있는 에너지의 축적을 발명 쪽으로 방향을 바꾸게 하느냐 아니면 몽상 쪽으로 방향을 바꾸게 하느냐는 하나의 선택을 나타내는데, 이것은 아마도 은연중에 행해지는 선택이겠지만, 명백한 중요성을 지닌 근본적인 선택이다.

[표 1] 놀이의 분류

	아곤 (경쟁)	알레아 (운)	미미크리 (모의)	일링크스 (현기증)
파이디아 아단법석 소란 폭소	규칙없는 경주 규칙없는 격투기 등등 육상경기	술래 결정을 위한 셈 노래 앞이나 뒤로 놀이	어린이의 흉내 공상놀이 인형, 장난감의 무구 가면 가장복	어린이의 〈뱅뱅돌기〉 회전목마 그네 왈츠
연날리기 솔리테르 카드로 점치기 크로스위드 퍼즐	권투 팬싱 축구 체스 스포츠 전반	내기 룰렛 단식복권 복식복권 이월식복권	연극 공연예술 전반	볼라도레스 장대에서 타고 노는 장치 스키 등산 공중곡예
루두스				

세로로 들어간 각 단의 놀이배열은, 위에서 아래로 **파이디아** 요소가 감소하고, **루두스** 요소가 증가해가는 순서에 따른다.

제1부 69

3
놀이의 사회성

　놀이는 단지 개인적인 오락이 아니다. 개인적인 오락은 아마도 사람들이 상상하는 것보다 훨씬 적을 것이다. 물론 완전히 개인적인 솜씨가 두각을 나타내고, 혼자서 논다고 해서 누구도 깜짝 놀라지 않을 놀이가 특히 기교놀이 jeux d'adresse 속에 많이 있다. 그러나 기교놀이는 곧 솜씨를 겨루는 놀이로서 나타난다. 그 명백한 증거는 이러하다. 예를 들면, 연, 팽이, 요요, 디아볼로, 빌보케, 굴렁쇠 등 이러한 놀이도구들은 각 사람이 혼자 다루면서 노는 것이지만, 적어도 잠재적 경쟁자나 구경꾼이 없다면 사람은 그런 놀이에 곧 싫증을 느끼게 마련이다. 이 여러 놀이에 경쟁이라는 요소가 들어오면, 각자는 신기한 재주를 부리거나 한층 더한 어려움에 도전하거나 아니면 지속, 속도, 정확성, 높이 등에서 덧없는 기록을 세움으로써 눈에 보이지 않는 경쟁자나 그 현장에 없는 경쟁자를 경탄케 하려고 한다. 한마디로 말하면, 자기만의 기록이긴 하지만 다른 사람이 따라하기 힘든 기록을 달성해서 자랑하고 싶은 것이다. 일반적으로 팽이의 소유자는 빌보케에 심취한 사람들 사이에서는 별로 즐겁지 않을 것이며, 연날리기를 좋아하는 사람은 굴렁쇠놀이에 열중하는 집단 속에서는 별로 재미없을 것이다. 똑같은 놀이도구를 지닌 자들은 관습적으로 인정된 장소나 단순히 놀이하기에 적합한 장소에 모인다. 그곳에서 그들은 자신들의 솜씨를 겨룬다. 많은 경우 이것이 그들 즐거움의 핵심이다.

경쟁적인 경향은 은연중 자연발생적인 상태로 오래 있지 않는다. 이 경향은 결국 규칙을 명확하게 정비하게 되며, 이것이 만장일치로 받아들여진다. 가령, 스위스에는 정식 규정에 따른 연날리기 경기가 있다. 가장 높이 나는 연을 승자로 선언한다. 근동국가들에서는 특징적인 대항시합의 형태를 취한다. 연의 본체와 어느 정도 거리를 두고 연줄에 송진을 바르고 예리한 유리조각을 박는다. 놀이의 요점은 다른 연의 줄과 맞스치면서 그것을 능숙하게 끊는 것이다. 이것은 원칙적으로는 경쟁에 적합하지 않다고 생각되는 레크리에이션에서 뚜렷한 경쟁이 생겨난 예이다.

혼자 기분 풀이하는 것에서 경쟁의 즐거움, 심지어는 구경의 즐거움으로 이행하는 두드러진 예를 또 하나 들면, 그것은 빌보케의 경우이다. 에스키모인의 빌보케는 곰이나 물고기 같은 동물의 모습을 아주 대략적으로 나타낸다. 이것에는 많은 구멍이 뚫려 있다. 놀이하는 자는 손에 잡고 있는 방망이 끝으로 일정한 순서대로 그 구멍 전부를 끼우지 않으면 안 된다. 이것에 성공하고 나면, 그 방망이를 집게손가락만으로 잡고서 같은 순서를 다시 반복한다. 그 다음에는 팔꿈치에 끼고서, 마지막으로는 입으로 물고서 같은 순서를 반복한다. 그러는 동안에 빌보케의 나무공도 점점 복잡한 도형을 그리도록 던진다. 구멍을 끼우는 데 실패하면, 실패한 자는 상대방에게 도구를 넘겨주지 않으면 안 된다. 이번에는 그것을 받은 자가 같은 순서에 따라서 뒤처진 것을 만회하거나 상대방을 앞지르려고 한다. 공을 공중에 던져 다시 받는 동안에, 놀이하는 자는 모험담을 몸짓으로 표현하거나 어떤 행동을 자세하게 설명한다. 여행, 사냥, 전투를 말하며, 여자들의 담당인 노획물 해체작업의 여러 단계를 열거한다. 새로운 구멍을 끼울 때마다 그는 의기양양한 모습을 하면서 다음과 같이 말한다:

> 그녀는 다시 칼을 잡고
> 바다표범을 잘
> 가죽을 벗기고
> 창자를 꺼내고
> 가슴팍을 열어
> 내장을 꺼낸다
> 옆구리를 잘라
> 척추를 잘라내고
> 골반을 들어낸다
> 뒷다리를 자르고
> 머리를 자르고
> 비계를 들어낸다
> 가죽을 한 번 접어
> 오줌으로 적시고
> 햇빛에 말린다, 등등

때로는 놀이하는 자가 상대방을 공격 목표로 삼아 상상 속에서 그를 잘게 자르기 시작한다:

너를 때려서

죽인 다음

머리를 베고

한쪽 팔을 자르고

다시 한 팔을 자른다

한쪽 다리를 자르고

다시 한쪽 다리를 자른다

자른 것들을 개들에게 준다

개들이 먹는다……

이 경우 개뿐만이 아니라, 여우, 까마귀, 게 등 생각나는 대로 아무거나 말해도 된다. 상대방은 싸움을 다시 시작하기 전에, 우선 자신의 몸을 반대의 순서로 재조립하지 않으면 안 된다. 이 관념상의 추격 사이사이에, 결투의 에피소드를 열심히 지켜보는 구경꾼들이 환호를 보낸다.

이 단계가 되면, 기교놀이는 명백히 문화현상이다. 즉 북극 밤의 추위와 긴 어둠 속에서의 정서적인 일치 및 집단적인 즐거움의 표현 매체이다. 이것은 극단적인 경우이지만, 예외적인 것은 아니다. 오히려 그것에는 성질이나 목적이 극히 개인적인 놀이가 얼마나 손쉽게 가지각색으로 발전하고 내용을 풍부하게 하는가를 시사해주는 장점이 있다. 그런데 그러한 발전과 내용의 풍부해짐이란 경우에 따라서는 일종의 제도를 만들어 낸다는 것과 거리가 멀지 않다. 놀이 활동이 단순히 혼자 하는 것으로 끝난다면, 그것에는 뭔가가 결여되어 있다고 말할 수 있을 것이다.

일반적으로 놀이는 주위사람들도 끌어들이는 반향을 일으킬 때에야 비로소 절정에 달한다. 각각 따로 놀이를 해도 원칙적으로는 지장이 없는 경우에도 놀이는 곧 콩쿠르나 구경거리의 구실이 된다. 이것은 연날리기나 빌보케의 경우에서 이미 확인한 바 있다. 사실 대부분의 놀이는 질문과 대답, 도전과 반격, 선동과 전염, 흥분이나 긴장의 공유共有이다. 놀이에는 공감하면서 주의 깊게 바라보는 관중이 필요하다. 어떠한 범주의 놀이도 이 법칙에서 벗어나지 않을 것이다. 우연놀이조차도 혼잡함 속에서는 아니어도 군중 속에서 더 많은 매력을 갖는 것 같다. 도박자들이 내기에 건 돈을 전화로 보내거나 그들 중의 어느 한 사람 집의 은밀한 응접실에서 편안하게 돈을 거는 것을 막는 것은 하나도 없다. 그러나 그들은 그렇게 하지 않고, 가득찬 인파로 붐비는 경마장이나 카지노에서 하는 것을 더 좋아한다. 그래야 그들의 즐거움과 흥분도 다수의 미지의 사람들과 스릴을 함께 맛보는 것에 의해 그만큼 증대된다.

마찬가지로 공연장의 관객석에 혼자 있는 것은 난처한 일이다. 객석이 비어 있는 것을 고통스러워 할 배우들이 없는 영화관의 경우도 마찬가지이다. 한편 사람이 변장하고 가면을 쓰는 것은 분명히 다른 사람들을 위해서이다. 마지막으로 현기증놀이에 대해서도 똑같이 말할 수 있다. 그네, 회전목마, 회전미끄럼틀, 이것들은 어느 것이나 집단적인 흥분과 열광을 요구하는데, 이 흥분과 열광이 놀이가 주는 도취를 지속시키며 고취시킨다.

이처럼 놀이는 아곤(이 경우는 정의상 당연하지만), 알레아, 미미크리, 일링크스 등 그 범주는 달라도, 모두 혼자가 아니라 동료를 전제로 한다. 그렇지만 동료라고 해도, 대부분의 경우는 필연적으로 그 수가 한정된 무리이다. 한 사람 한 사람이 순서대로 놀고, 자신이 바라는 대로 또 규칙이 지시하는 대로 놀이를 이끌어나가지 않으면 안 되기 때문에, 놀이하는 자 전원이 조금이라도 적극적으로 참가한다면, 사람 수를 무한히 늘릴 수는 없을 것이다. 놀이에는 — 팀을 짜던 안 짜던 관계 없이 — 제한된 수의 사람밖에는 참가할 수 없다. 그러므로 놀이는 보통 작은 그룹의 꾼들initiés이나 좋아하는 사람들aficionados〔스페인어로 열애자, 팬을 뜻하지만, 주로 투우를 좋아하는 사람을 가리킨다〕이 따로 잠깐 동안 즐기는 일처럼 보인다. 그렇지만 미미크리를 지지하는 것은 이미 다수의 관중이다. 이와 완전히 마찬가지로 군중의 소란스러움은 일링크스를 자극하며, 또 반대로 일링크스에 의해 그 소란스러움이 유지된다.

어떤 상황에서는, 그 성질상 소수의 사람들에 의해 행해질 것으로 생각되었던 놀이마저도 이 한계를 뚫고 나가, 의심할 바 없이 여전히 놀이 분야에 속해 있으면서도 발전된 조직, 복잡한 장치, 상하관계가 있는 전문가를 요구하는 형태로 나타나기도 한다. 한마디로 말하면, 그러한 놀이들은 항구적이며 세련된 구조를 만들어 내는데, 그것이 놀이를 비공식적이며 사적이고 주변적인 때로는 비합법적인 성질을 지닌 제도로 만들어버린다. 그러나 그 제도의 규정은 두드러지게 견고하며 영속적이다.

이와 같이 놀이의 기본적인 범주 각각은 사회화된 측면을 나타내는데, 이 사회화된 측면은 그 내용의 풍부함과 안정성 때문에 집단생활 속에 들어갈 수 있는 권리를 획득하였다. 아곤의 경우 그 사회화된 형태는 무엇보다도 스포츠인데, 불순한 시합도 그것에 덧붙일 수 있다. 불순하다고 하는 이유는 실력과 운을 교묘하게 섞은 것이기 때문인데, 예를 들면, 라디오의 게임과 상업광고의 수단으로 쓰이는 콩쿠르 같은 것이다. 알레아의 경우 사회화된 형태는 카지노, 경마장, 정부가 발행한 복권, 유력한 도박기업이 경영하는 각종의 도박이다. 미미크리로는 오페라에서 인형극 및 귀뇰Guignol〔손가락으로 조종하는 인형극〕에 이르는 무대예술이 있으며, 이보다는 성격이 모호하지만 이미 현기증을 지향하는 형태로는 카니발과 가면무도회가 있다. 마지막으로, 일링크스로는 장터에서 벌어지는 흥행이 있으며, 또 서민들의 마을축제와 잔치처럼 매년의 정기적인 행사가 있다.

 놀이가 일상의 관습 속에 직접 자리를 잡고 있는 그러한 표현 형태들을 검토하는 데에는 놀이 연구의 한 장(章) 전부를 바치지 않으면 안 된다. 그 표현들은 여러 문화에게 한눈에 알아볼 수 있는 놀이의 몇몇 관례와 제도를 주는 데 사실상 한몫 거들고 있다.

4
놀이의 타락

앞에서 놀이를 규정하는 특징들을 열거했을 때, 놀이는 다음과 같은 활동으로 나타났다: ① 자유롭고, ② 분리되었으며, ③ 확정되지 않았고, ④ 비생산적이며, ⑤ 규칙이 있는, ⑥ 허구적인 활동. 단, 마지막의 두 특징은 서로를 배제하는 경향이 있다.

이 여섯 가지 특성은 순수하게 형식적인 것이기 때문에, 놀이를 지배하는 여러 심리적 태도에 대해서는 알려주는 것이 별로 없다. 그렇지만 적어도 이 특성들은 놀이의 세계를 현실의 세계와 강하게 대립시켜, 놀이가 본질적으로 **별개의** 활동 une activité à part이라는 것을 뚜렷하게 보여준다. 따라서 놀이가 일상생활에 의해 오염되면, 놀이의 성질 자체가 타락하고 손상될 위험이 있다는 것은 쉽게 예상할 수 있다.

그러므로 만일 일상생활의 장황하고 방심할 수 없는 법칙과 놀이의 관념적인 규칙을 분리하는 엄밀한 칸막이가 희미해질 경우, 놀이는 도대체 어떻게 되는가? 이것은 흥미로운 문제가 될 것이다. 물론 놀이는 지금 그대로의 모습으로는, 놀이를 위해 확보해 놓은 공간(체스 보드, 체커 보드, 투기장, 트랙, 스타디움, 무대)을 넘어서거나 놀이에게 주어진 시간—시간의 종료는 냉혹하게도 괄호를 닫는 것을 뜻한다—을 넘어설 수 없을 것이다. (만일 그렇지 않았다면) 놀이는 당연히 지금과는 상당히 다른 형태를 취했을 것이며, 때로는 의외의 형태를 취했을지도 모른다. 게다가 놀이에서는 엄격하고 절대적인 규약만이 놀이하는 자를 지배하며, 이 규약에 사전에 동의하는 것이 (놀이라고 하는) 고립되고 완전히 약속에 따르는 활동에 참가하는 조건 자체인 것 같다. 그러나 약속이 갑자기 약속으로 더 이상 받아들여지지 않거나 약속으로 느껴지지 않는다면, 어떻게 되는가? 고립이 더 이상 존중되지 않으면 어떻게 되는가? 놀이의 형태도 자유도 확실하게 존속할 수 없을 것이다. 단, 이런 놀이보다는 다른 놀이를 또는 다른 종류의 놀이를 선택하도록 충동질한 심리적 태도만이 강하고 절실하게 남을 것이다. 그 태도들은 모두 네 가지인데, 각각 서로 다르다는 것을 독자는 상기할 수 있을 것이다: 규칙이 있는 경쟁 속에서 자신의 능력만으로 승리를 얻고자 하는 야심(아곤), 의지를 포기하고 운명의 판결을 불안한 마음으로 가만히 기다리는 것(알레아), 다른 사람의 모습을 하는 것을 좋아하는 것(미미크리), 마지막으로 현기증의 추구(일링크스). 아곤에서는 놀이하는 자는 자신만을 의지하면서 노력하며 악착같이 한다. 알레아에서는 자신을 제외한 모든 것에 의지하며 자신이 통제하지 못하는 힘에 몸을 맡긴다. 미미크리에서는 자신을 다른 존재라고 상상하며 허구의 세계를 만들어 낸다. 일링크스에서는 자기 몸의 안정과 균형이 일시적으로 파괴되는 것을 보고 싶고, 지각의 지배로부터 벗어나고 싶으며, 또 의식의 혼란을 일으키고 싶은 욕망을 만족시킨다.

놀이가 이 강력한 본능들을 형식적이며, 관념적인, 일정한 한계 내에서 일상생활과 떨어져서 만족시키는 것이라면, 모든 약속이 파기되는 경우 놀이는 어떻게 되는가? 놀이의 세계가 밀폐되지 않는다면 어떻게 되는가? 현실세계와 서로 뒤섞여서 놀이 하나하나의 행동이 현실세계에 반드시 파문을 일으키는 경우, 어떻게 되는가? 그때에는 놀이의 기본 범주 각각에 특유한 부패가 일어나는데, 이러한 부패는 억제와 보호가 모두 없어지는 데서 생겨난다. 본능의 지배가 다시 절대적인 것이 되기 때문에, 놀이라고 하는 고립되고, 보호된, 말하자면 중화中化된 활동에 의해 간신히 달래왔던 성향이 일상생활 속에 퍼져 일상생활을 가능한 한 자신의 요구에 복종시키려고 한다. 즐거움이었던 것이 고정관념 idée fixe이 되고, 도피였던 것이 의무가 되고, 기분전환이었던 것이 집착, 강박관념이 되며, 또 불안의 원천이 된다.

  놀이의 원리가 부패한 것이다. 여기서 주의해야 하는 것은 놀이의 부패는 사기꾼이나 놀이의 프로 joueurs professionels에 의해 일어나는 것이 아니라 오로지 현실에 감염되어 일어난다는 점이다. 사실 놀이의 타락이라고 하는 것은 없고, 놀이를 지배하는 네 개의 원초적 충동 중 그 어느 하나의 과오와 일탈이 있다. 이러한 경우는 결코 예외적인 것이 아니다. 그것은 문제의 본능이 그 자신에게 대응하는 범주 속에서 자신을 붙들어매는 규율과 피난처를 찾지 못할 때에는 아니면 그 본능이 그러한 올가미로 만족하는 것을 거부할 때에는 언제든지 일어난다.

  사기꾼도 여전히 놀이의 세계 속에 머물러 있다. 놀이의 규칙을 교묘하게 피하긴 해도, 적어도 겉으로는 규칙을 존중하는 체한다. 그는 사람을 속이려고 한다. [이 점에서] 그는 부정직한 사람인데, 겉으로는 안 그런 척한다. 따라서 그는 자신이 위반하고 있는 약속의 유효성을 겉으로는 지킨다고 공언한다. 적어도 다른 사람들이 그 약속에 따르지 않으면, 곤란하기 때문이다. 속임수가 발각되면, 사람들은 그를 쫓아낸다. 놀이의 세계는 상처받지 않은 채 그대로 있다. 마찬가지로 놀이 활동을 직업으로 삼는 자도 놀이의 성질을 조금도 변화시키지 않는다. 물론 그는 놀이를 하는 것이 아니다. 그는 직업을 행한다. 운동선수나 배우는 즐거움만을 기대하는 아마추어가 아니라 보수를 대가로 놀이를 하는 프로라고 해도, 경쟁이나 공연의 성질은 거의 변하지 않는다. 〔프로와 아마추어의〕 차이는 단지 그것을 행하는 사람들하고만 관계있다.

프로의 권투 선수, 자전거 선수, 배우들에게는 아곤이나 미미크리가 피로를 풀기 위한 또는 힘겹고 고된 노동의 단조로움에서 기분전환하기 위한 오락이 되지 못한다. 그것은 생존에 필요한 노동 자체이며, 끈기와 주의注意를 요구하며 많은 난관과 문제를 포함하고 있는 활동이다. 따라서 그들은 당연히 자신들을 구속하지 않는 **놀이**를 함으로써 피로를 푼다.

배우에게도 역시 연극의 상연은 모의이다. 그는 화장을 하고, 의상을 갖추며, 연기하고, 대사를 읊는다. 그러나 막이 내리고 조명이 꺼지면, 그는 현실로 돌아온다. 두 세계의 분리는 여전히 절대적이다. 또한 자전거, 권투, 테니스, 축구의 직업선수에게도 경기, 시합, 경주가 여전히 규칙이 있는 정식 경쟁이라는 점에서는 변함이 없다. 그것이 끝나면, 관중은 출구로 급히 뛰어간다. 선수는 일상의 근심거리로 되돌아간다. 그는 자신의 이익을 지키고, 가장 안락한 미래를 보장해줄 수 있는 방도를 세워서 실행하지 않으면 안 된다. 방금 그는 지극히 인공적인 조건 속에서 자신의 가치를 겨루었지만, 그가 스타디움, 자전거 경기장, 링을 떠나자마자, 이 완전하고 정해진 적대관계 대신에 그보다 훨씬 더 무서운 경쟁이 나타난다. 이 경쟁은 음험하고, 끊임없고, 냉혹하며, 그의 인생 전체에 침투한다. 놀이의 엄격하고 근거 없으며 이의異議를 허용치 않는 규칙이 지배하는 폐쇄된 공간과 특권적인 시간 밖으로 나오면, 무대를 내려온 희극배우와 마찬가지로 선수도 일반 사람들과 같은 운명으로 되돌아간다.

―

　공이 울려 투기장 밖으로 나올 때, 아곤의 진정한 부패, 부패 중에서도 가장 널리 퍼져 있는 부패가 시작된다. 엄격한 놀이정신에 의해서는 더 이상 누그러지지 않는 대립이 있는 곳이면 어디서든지 이 부패가 나타난다. 그런데 절대적인 경쟁이란 결국 자연법칙 이외의 다른 것이 아니다. 〔따라서〕 도덕적, 사회적, 법률적인 구속(이것은 놀이의 구속과 똑같이 한계가 있으며 약속이다)의 그물에 틈이 보이면, 곧바로 그 경쟁의 선천적인 난폭성이 다시 사회 속에 나타난다. 따라서 어떤 분야에서든지 간에, 놀이와 페어플레이의 규칙을 존중하지 않는 광란적이며 강박관념 같은 야심은 결정적인 일탈로 고발되지 않으면 안 된다. 그러한 일탈은 특별한 경우에는 그처럼 〔자연법칙이라는〕 최초의 상황으로 복귀해 버린다. 하기야, 타고난 탐욕을 억제하는 습관이 붙도록 해주는 것만큼, 놀이의 교화적敎化的인 역할을 잘 보여주는 것은 없다. 널리 인정되고 있는 바와 같이, 멋진 플레이어란 부단히 노력한 결과가 실패로 돌아가도 또는 엄청난 돈을 내기에 걸었다가 잃어도, 적어도 표면적으로는 그것을 다른 사람의 일처럼 냉정하게 바라볼 줄 아는 사람이다. 심판의 판정이 설사 부당하다 해도, 원칙에 따라서 옳다고 인정한다. 아곤의 타락은 심판과 판정이 모두 무시되는 곳에서 시작된다.

　우연놀이에도 이상과 똑같은 원칙의 타락이 있는데, 이 타락은 놀이하는 자가 우연을 존중하기를 그만둘 때 시작된다. 즉 우연을 비인격적이며 중립적이고 감정도 기억도 없는 힘, 달리 말해서 운의 분배를 지배하는 법칙의 순수기계적인 결과로 생각하기를 그만둘 때이다. 알레아의 타락은 미신과 함께 생겨난다. 사실 운명에 몸을 맡기는 자는 그 판결을 미리 알거나 그 은혜를 받고 싶은 유혹을 느낀다. 놀이하는 자는 모든 종류의 현상, 우연의 일치, 경탄할 만한 사건에 전조前兆로서의 가치를 주어 그것이 자신의 행운이나 불행을 예시한다고 상상한다. 자신을 가장 잘 지켜주는 부적을 찾는다. 적어도 운명의 경고가 있다면, 놀이를 중지한다. 꿈, 전조나 예감으로 그것을 알기 때문이다. 마지막으로는, 불길한 운세를 물리치기 위해 필요한 푸닥거리를 행하거나 다른 사람에게 행하도록 한다.

게다가 그러한 태도는 우연놀이를 하면 할수록 한층 더 심해질 뿐이다. 그것이 심리상태로서는 극도로 널리 퍼져 있는 태도이다. 카지노와 경마장에 자주 출입하거나 복권을 사는 사람들만이 그런 것은 아니다. 신문과 잡지에 정기적으로 실리는 별점占星은 수많은 독자의 매일매일을 또 매주를 일종의 희망이나 위험이 있는 것으로 바꿔버린다. 하늘과 별의 신비한 힘이 그 결정권을 쥐고 있기 때문이다. 대부분의 경우 이 별점들은 황도대黃道帶의 여러 상징(사자자리, 백양궁 등)하에서 출생한 독자들을 위해 특히 그날의 좋은 숫자를 가르쳐준다. 각자는 그 숫자와 일치하는 복권을 사면 좋다. 그 숫자로 끝나는 복권, 그 숫자가 여러 번 나오는 복권, 아니면 각 자리의 숫자를 차례대로 더해 한 자리로 만들어서 그 숫자가 되는 복권, 즉 사실상은 거의 아무거나 좋은 것이다.[17] 미신이 이처럼 극히 대중적이고 솔직한 형태를 취하면서 우연놀이와 직접 결합되어 나타난다는 것은 흥미로운 일이다. 그러나 미신이 우연놀이만으로 끝나지 않는다는 것도 사실이다.

누구나 아침에 침대에서 나올 때는 그날 하루의 운불운運不運의 대체적인 확률을 결정하는 거대한 제비뽑기를 항상 하고 있다고 여겨진다. 이 제비는 근거 없는 것이지만 불가피하다. 그 운불운運不運의 확률은 그날의 행동거지에도 새로운 사업에도 연애문제에도 관계된다. 점성란 담당자는 별의 영향이 매우 가변적인 범위 내에서 작용한다고 신경 쓰면서 주의를 주기 때문에, 단순화된 예언이지만 완전히 틀리는 일이 거의 없다. 물론 대다수의 독자는 이 실없는 예언을 웃으면서 받아들일 뿐이다. 그러나 그들은 여하튼 그것을 읽는다. 아니, 그들은 그것을 읽고 싶어한다. 많은 사람들이, 그것도 믿지 않는다고 단언하는 사람들이 신문에서 점성란부터 읽기 시작할 정도이다. 발행 부수가 많은 간행물이 독자들에게서 이 만족감을 빼앗을 생각을 감히 하지 못하는데, 그 이유는 그 만족감의 중요성과 만연蔓延을 낮게 평가할 수 없기 때문인 것 같다.

너무나도 잘 믿는 사람들은 신문 잡지의 간략한 정보에 만족하지 않고, 전문적인 간행물에 의존한다. 파리에는 10만 부 이상의 발행 부수를 지닌 그런 종류의 간행물이 하나 있다. 정평 있는 예언자를 어느 정도 정기적으로 방문하는 사람도 많다. 여기서 몇 가지 참고할 만한 통계가 있다. 10만 명의 파리 시민이 매일 6천 명의 점쟁이, 예언자나 카드 점쟁이에게 운세를 묻고 있다. 국립통계연구소에 따르면, 매년 프랑스에서는 340억 프랑[18]이 점성가, 마술사와 그밖의 '요술쟁이'fakirs(점, 요술, 최면술 따위를 행하는 자)에게 지불되고 있다고 한다. 미국에서는 점성술만 해도 1953년의 조사에 의하면, 그것을 정식직업으로 삼는 자가 3만 명, 전문잡지가 20종이나 되며―그중의 하나는 발행 부수가 50만 부이다―점성란을 두고 있는 정기간행물은 2천 종에 이른다고 한다. 이 조사는 다른 방법에 의한 점과는 별도로, 별에 운수를 묻는 데에만 매년 쓰이는 돈이 2억 달러에 달한다고 추산하였다.

우연놀이와 점의 공모에 대해서는 많은 증거를 쉽게 찾을 수 있을 것이다. 가장 명백하면서도 가장 직접적인 예는 아마도, 운을 시험해 보는 놀이를 하는 자도 미래를 예언하는 여자 예언자도 똑같이 카드를 사용한다는 사실이다. 여자 예언자들이 특별한 카드를 사용하는 것은, 다만 위세를 더하기 위한 것에 불과하다. 어쨌든 그것은 소박한 전설, 표정이 풍부한 그림이나 전통적인 우의寓意 등이 나중에 보충된 보통의 카드에 불과하다. 타로카드tarot〔78장이 한 벌인 이탈리식 카드로 그림이 들어가 있으며 보통의 것보다 크다〕도 역시 옛날이나 지금이나 양쪽의 목적에 사용되고 있다. 아무튼 위험risque과 미신 사이에는 소위 자연스러운 이행移行이 있다.

운의 은혜를 열렬히 추구하는 현상을 오늘날 확인할 수 있는데, 그것은 아마도 현대의 생존경쟁이 요구하는 부단한 긴장의 보상일 것이다. 자기 자신의 능력에 절망한 자는 운명에 의존하게 된다. 지나치게 가혹한 경쟁은 소심한 자의 의욕을 꺾으며, 그로 하여금 외적인 힘에 몸을 맡기게 한다. 하늘이 그에게 만들어주는 행운을 인식하고 이용함으로써, 자신의 소질이나 악착 같은 노력 그리고 끈기 있는 근면으로는 획득할 수 없는 보상을 얻고자 한다. 힘만 들고 실속 없는 노고에 매달리기보다는 카드나 운명의 별이 사업이 잘 되는 시기를 알려주기를 그는 바란다.

미신은 이처럼 놀이의 변질로서, 즉 놀이 원리의 하나인 알레아―자신에게는 전혀 기대하지 않고 모든 것을 우연에 기대한다는 원리―의 현실에의 적용으로서 나타난다. 미미크리의 타락도 유사한 길을 따른다. 모의가 더 이상 모의로 여겨지지 않을 때, 가장假裝한 자가 자신이 연기하는 역役, 가장복, 가면을 현실이라고 믿을 때, 그 타락이 일어난다. 그는 자신이 분장한 이 **타자**他者를 더 이상 **연기하는** 것이 아니다. 그는 자신을 **타자**라고 믿고 그에 따라 행동하며, 진짜 자신을 잊어버린다. 마음 깊숙한 곳에서 자기 자신이 아니게 된다. 이러한 자아상실은 다른 사람의 인격을 빌리는 즐거움을 놀이의 범위 내에 한정시키지 않는 자에 대한 벌이다. 이것은 당연히 광기狂氣, l'aliénation〔타자가 된다는 뜻도 있다〕라고 할 만한 것이다. 여기에서도, 놀이가 위험을 막아준다. 배우의 역할은 무대 공간과 공연시간에 의해 엄격하게 한정되어 있다. 일단 마법의 공간을 떠나고, 환상의 구경거리가 끝나면, 제아무리 자부심이 강한 어릿광대라도, 제아무리 열렬한 배우라도 극장의 구조 자체에 의해 탈의실로 돌아가서 자신의 인격을 되찾지 않을 수 없다. 박수갈채는 단지 칭찬과 보상이 아니다. 그것은 환상과 놀이가 끝났음을 알리는 것이기도 하다. 마찬가지로 가면무도회는 새벽에 끝나며, 카니발도 일정한 시간 동안에만 하는 것이다. 의상은 창고나 옷장으로 되돌아가며, 각자는 이전의 자신을 되찾는다. 명확한 한계가 광기를 막는다. 광기는 사람 눈에 띄지 않는 계속적인 침식작용이 끝날 때 돌발한다. 꿈의 세계와 현실 사이에 명확한 구별이 없어졌을 때, 즉 그 인물이 공상적이며 침식해 들어오는 제2의 인격을 자기가 보기에도 서서히 지니게 되었다고 생각될 때, 광기가 발생한다. 이 제2의 인격은 당연히 현실과 양립되지 않지만, 현실에 대해서 당치않은 권리를 요구한다. 이윽고 광인狂人, l'aliéné ─ 타자他者가 된 자 ─ 이 너무나도 자기 뜻대로 안 되는 〔현실이라는〕 이 무대, 그로서는 이해할 수 없고 도발적인 이 무대를 부정하거나 굴복시키거나 아니면 파괴하려고 필사적으로 몸부림치는 때가 온다.

아곤, 알레아, 미미크리에서는 어떤 경우에도 놀이의 강렬함이 병적인 일탈의 원인이 아니라는 것을 주목해야 한다. 병적인 일탈은 항상 일상생활에 의한 오염에서 나온다. 놀이를 지배하는 본능이 절대적인 약속을 전제조건으로 하지 않고서 시간 및 장소의 엄격한 한계를 넘어설 때, 그러한 일탈이 일어난다. 좋아하는 만큼 진지하게 노는 것도, 있는 힘을 다해 애쓰는 것도, 자신의 전 재산 심지어는 생명까지도 거는 것도 모두 놀이하는 자의 자유이다. 그러나 처음부터 정해져 있는 한계에서 놀이를 멈추고서 일상의 조건—해방시키는 동시에 고립시키는 놀이의 규칙이 더 이상 통용되지 않는—으로 되돌아올 줄 알아야 한다.

경쟁은 일상생활의 하나의 법칙이다. 우연도 역시 현실과 모순되는 것은 아니다. 사기꾼, 스파이, 도망자에게서 볼 수 있는 것처럼, 모의도 현실 속에서 그 역할을 하고 있다. 이에 반해 직업인으로서의 가치가 현기증을 지배(극복)하는 데 있는 몇몇 희귀한 직업을 제외하면, 현기증은 현실에서 사실상 추방되고 있다. 게다가 현기증은 거의 직접적으로 죽음의 위험을 초래한다. 현기증을 인공적으로 일으키는 장터의 기계 장치에 대해서는 어떠한 사고도 일어나지 않도록 엄격한 예방조치가 취해진다. 그럼에도 불구하고 이용자에게 완벽한 안전을 보증할 수 있도록 설계되고 제작된 기계, 더구나 세밀한 정기점검을 받고 있는 기계에서도 사고는 일어나는 경우가 있다. 극한의 상태이며 그것을 느끼는 사람에게서 일체의 방어수단을 빼앗아버리는 육체적인 현기증은 그것을 만들어 내기도 어렵지만 또 그것을 경험하는 것 역시 위험하다. 그런 이유에서 의식의 착란과 지각의 혼란의 추구가 일상생활 속에 퍼지기 위해서는, 폐쇄되고 보호된 놀이세계 속에서 현기증을 만들어 내기 위해 고안된 회전, 스피드, 낙하, 추진 등의 장치에서 볼 수 있는 것과는 매우 다른 형태를 취하지 않으면 안 된다.

값이 비싸며 장소를 차지하는 이 복잡한 설비들은 거의 대도시 유원지에만 있거나 아니면 장터에 정기적으로 설치된다. 이미 그 분위기에 의해 그 설비들은 놀이 세계에 속한다. 게다가 그것들이 주는 진동의 성질은 놀이의 성질과 완전히 일치한다. 계속되는 게임이나 대항시합처럼, 그 진동은 짧고 간헐적이며 계획적이고 불연속적이다. 이 진동은 요컨대 현실세계와는 독립되어 있다. 그 작용은 그 자신의 지속시간에 한정된다. 진동은 기계의 정지와 함께 끝나며, 그것을 탄 사람이 일상의 균형 상태를 회복할 때까지 잠깐 동안의 현기증을 남기는 것에 불과하다.

현기증을 일상생활 속에 이식하기 위해서는 물리적인 힘에 의한 빠른 효과 대신에 모호하면서 불명료한 화학적인 힘에 의존할 필요가 있다. 장터의 기계장치가 난폭하고 급격한 방법으로 나눠주는 대망待望의 흥분이나 기분좋은 패닉을 이번에는 마약이나 알코올에서 구하는 것이다. 그런데 이번의 경우에는, 정신을 어지럽히는 움직임이 더이상 현실 밖에 있지 않으며 또 현실과 분리되어 있지도 않다. 그것은 현실 속에 자리잡으며, 그곳에서 발전한다. 이런 종류의 심한 흥분과 행복감은 육체적인 현기증과 마찬가지로, 일시적으로 시각의 안정성과 운동의 조정작용을 파괴하고, 기억의 부담감, 책임의 고통 그리고 세간世間의 압력으로부터 사람을 벗어나게 해줄 수 있지만, 그렇다고 해서 그것들의 영향은 발작이 끝난다고 해서 멈추는 것이 아니다. 그러한 심한 흥분과 행복감은 서서히 그러나 지속적으로 신체 조직을 변화시킨다. 그것들은 상습적인 욕구와 견딜 수 없는 불안을 일으키는 경향이 있다. 이것은 항상 우발적이며 무상의 활동인 놀이와는 정반대의 위치에 있다. 취함ivresse과 중독에 의해 현기증의 추구는 현실 속에 점점 더 크게 침입해서 습관을 만들어 냄에 따라 그러한 침입은 점점 더 확대되고 점점 더 유해한 것이 된다. 그리고 이 습관 때문에, 추구된 혼란을 맛볼 수 있는 역〔Seuil, 심리학에서, 자극에 의해 감각이나 반응이 일어나는 경계의 값〕이 끊임없이 뒤로 밀려나는 것이다.

이 점에서도 곤충의 예는 참고가 된다. 곤충 중에도 현기증놀이를 좋아하는 것이 있다. 불꽃의 주위를 날아다니는 나방은 빼놓더라도, 물매암이gyrins가 빙빙 도는 습성을 보더라도 그것은 분명하다. 물매암이는 아주 작은 웅덩이의 수면도 은빛의 소용돌이로 변화시켜버린다. 그런데 곤충 특히 군거群居하는 곤충에게는 인간과 마찬가지로, 불행한 결과를 초래하는 취함ivresse이라는 형태의 '현기증의 타락corruption du vertige'이 있다.

가령, 가장 널리 분포해 있는 개미의 일종인 포르미카 상귀네아Formica Sanguinea는 끈적끈적한 에테르로 이루어진 냄새나는 분비물을 열심히 핥는데, 이 분비물은 로케무사 스트루모사lochemusa strumosa라는 이름의 작은 초시류鞘翅類 곤충의 복부선腹部腺에서 분비된다. 개미는 이 로케무사의 유충을 자기 집에 운반해서, 자신의 유충은 내버려둔 채 정성을 다해 그것을 키운다. 얼마 안 있어 로케무사의 유충은 개미알을 먹어버린다. 여왕개미는 빈틈없는 보살핌을 받지 못해, 번식력이 없는 암개미만 낳게 된다. 개미집은 쇠퇴하고 소멸해버린다. 포르미카 푸스카formica fusca는 포르미카 상귀네아로부터 자유로울 때에는 로케무사를 죽이지만, 상귀네아의 노예가 되었을 때에는 로케무사를 살려준다. 이 포르미카 푸스카도 마찬가지로 향기롭고 끈적거리는 것을 좋아하기 때문에, 아테멜레스 에마르기나투스atemeles emarginatus를 자기 집에서 키운다. 이 아테멜레스도 역시 포르미카 푸스카를 파멸에 이르게 한다. 그러나 포르미카 푸스카는 포르미카 루파formica rufa(개미의 일종)의 노예가 되었을 때에는 아테멜레스를 죽여버린다. 루파가 이 기생충 아테멜레스를 용납하지 않기 때문이다. 따라서 이러한 습성은 억제할 수 없는 유혹이 아니라, 상황에 따라서는 없어질 수 있는 일종의 못된 버릇이다. 특히 (다른 개미의) 노예가 되면, 때로는 그러한 못된 버릇이 조장

되며 때로는 반대로 억제된다. 주인이 자신의 습성을 포로들에게 강요하는 것이다.[19]

이러한 자발적인 중독의 예는 다른 것에도 있다. 개미의 또 다른 종류인 퀸즈랜드Queensland[오스트레일리아 동북부의 주]의 이리도미르멕스 상귀네우스iridomyrmex sanguineus는 회색의 자벌레나방의 애벌레를 찾는데, 그 이유는 그 애벌레들이 분비하는 취하게 하는 액체를 마시기 위해서이다. 그 개미들은 애벌레의 물기 많은 몸을 큰 턱으로 눌러 그 속에 들어 있는 액이 나오게 한다. 한 마리의 애벌레를 다 짜내면, 다른 애벌레 한테 간다. 불행한 것은 자벌레나방의 애벌레들이 이리도미르멕스의 알을 먹어치운다는 점이다. 때로는, 냄새나는 분비물을 내는 곤충 쪽에서 자신의 힘을 잘 '알고' 있어 개미의 나쁜 버릇을 자극시키는 일도 있다. 채프만Chapman과 프로혹Frohawk이 연구한 리카에나 아리온lycæna arion의 애벌레는 꿀 주머니를 갖고 있다. 이 애벌레는 미르미카 라에비노디스myrmica lævinodis 종의 일개미를 만나면 앞부분의 체절體節을 들어올려, 개미가 자기를 그의 집으로 옮기도록 이끈다. 그런데 그 애벌레는 미르미카의 애벌레를 먹고 산다. 미르미카는 그 벌레가 꿀을 만들어 내지 않는 기간에는 그것에 어떠한 관심도 갖지 않는다. 마지막으로 자바에 있는 반시류半翅類 곤충인 프틸로케루스 오크라케우스ptilocerus ochraceus는, 커캘디Kirkaldy와 제이콥슨Jacobson의 기술記述에 의하면, 복부 중앙에 중독성의 액체를 담은 선線이 있다. 그 액체를 개미들에게 내준다. 개미들은 그것을 무척 좋아하기 때문에, 곧바로 몰려 와서 핥는다. 〔그런데〕이 액체는 개미를 마비시킨다. 개미는 이렇게 해서 간단히 프틸로케루스의 먹이가 된다.[20]

개미들의 이상한 행동은 사람들이 말해온 바와 같이 종족에게 유해한 본능의 존재를 나타내는 것은 아닐 것이다. 그것은 오히려 마비

작용을 일으키는 물질에 대한 억누를 수 없는 기호가 가장 강력한 본능—특히 개체에게 자신의 안전에 주의하며 자손을 지키고 양육하도록 하는 보존본능—을 약하게 한다는 점을 증명하는 것이다. 개미들은 마약 때문에 모든 것을 '잊어버린다'고 말할 수 있을 것이다. 개미들은 가장 해로운 행동을 채택해서 적에게 자신을 넘겨주거나 아니면 자신의 알과 애벌레를 적에게 내놓는다.

알코올에 의한 정신의 마비, 취함, 중독은 이것과 이상할 정도로 비슷하게 사람을 음험하고 되돌이킬 수 없는 자멸의 길로 이끈다. 결국 독을 원하는 것 이외에는 어떠한 자유도 빼앗기며, 물리적인 현기증보다 훨씬 더 위험한 계속적인 감각기관의 혼란에 사로잡히게 된다. 물리적인 현기증은 정신이 멍하고 어질어질한 것에 저항하는 능력을 어쨌든 일시적으로만 해치는 것에 불과하다.

―

놀이의 범주가 노는 태도를 나타내는 루두스와 파이디아에 대해 말하면, 그것들은 변함없는 대조를 지닌 채 일상생활 속에 들어간다. 소음과 교향곡, 알아보기 힘들게 그린 그림과 원근법을 능숙하게 적용한 그림을 대립시키는 차이는 변함이 없다. 이러한 대립이 계속 생기는 이유는 이용가능한 다양한 수단을 가장 유효하게 사용하는 신중한 기도企圖[루두스]와 그 자신의 절정만을 추구하는 무질서한 흥분 자체[파이디아] 사이에는 어떠한 공통점도 없기 때문이다.

검토하지 않으면 안 되는 것은 놀이 원리의 타락이었다. 달리 말하면, 난간[한계]도 규약도 무시한 채 놀이 원리의 제멋대로의 확장이다. 이미 본 바와 같이, 이 타락은 모두 똑같은 모습으로 발생한다. 이 타락은 여러 결과를 낳는다. 그 결과들의 경중에는 두드러진 차이가 있는 듯이 보이지만, 그것은 아마도 겉보기에만 그러할 것이다. 놀이본능 중의 하나가 돌이킬 수 없는 불행을 일으키지 않고서 개화할 수 있는 영역 밖으로 넘쳐 흘렀을 뿐인데, 광기나 중독을 일으킨다는 것은 처벌치고는 너무 지나친 것 같다. 이에 반해 알레아의 일탈에 의해 야기되는 미신은(별로서는) 너무 가벼운 것 같다. 게다가 경쟁의 정신이 균형과 공명정대함의 규칙을 무시하고 무제한적인 야심에 이르는 경우, 미신에 과감하게 몸을 맡기는 쪽이 유리하다고 생각될 때도 종종 있다. 그렇지만 이해할 수 없는 힘과 전조의 마력에 인생의 운영을 맡기고 (별점 같은) 허구의 대응체계를 기계적으로 적용하고 싶은 마음은 자신의 본질적인 특권을 최대한으로 활용하고자 하는 용기를 인간에게서 빼앗는다. 그러한 마음은 사람을 숙명론으로 이끈다. 아울러 사람으로 하여금 현상 간의 관계를 예리하게 통찰할 수 없게 한다. 따라서 그러한 마음은 역경을 참아내고 성공을 향해 노력할 의욕을 꺾어버린다.

아곤이 현실 속으로 옮겨지면, 그것은 성공만을 목적으로 삼게 된다. 공정한 경쟁의 규칙은 잊히고 경시된다. 규칙은 거추장스럽고 위선적인 약속에 불과한 것으로 보여진다. 가혹한 경쟁이 이루어진다. 비열한 공격도 이기면 정당화된다. 개인은 그래도 재판소나 여론을 두려워해서 행동을 억제하지만, 국가가 무제한의 무자비한 공격을 행하는 것은 물론 찬양할 만한 것은 아니지만 허용되는 것 같다. 폭력에 가해지는 여러 제한은 효력을 잃는다. 군사작전은 더 이상 국경지대, 요새, 군인에게만 한정되지 않는다. 작전도 더 이상 전쟁 자체를 종종 놀이와 비슷하게 만드는 전략에 따라 수행되지 않는다. 따라서 전쟁은 기마시합이나 결투, 한마디로 말해 폐쇄된 장에서의 규칙 있는 싸움과는 멀어지고 대규모 파괴와 주민의 대량 학살 속에서 그 전체 모습을 드러낸다.

놀이 원리의 타락은 모두 불안정하고 애매한 약속의 파기로 나타난다. 그러한 약속을 부정하는 것은 유익하다고는 말할 수 없어도 항상 〔놀이하는 자의〕 자유이다. 그러나 어려움이 있어도 약속을 받아들이는 것이 문명의 진로를 연다. 놀이의 원리들은 사실 강력한 본능(경쟁, 행운의 추구, 모의, 현기증)에 대응하고 있다. 그러나 쉽게 이해할 수 있는 바와 같이, 이 본능들이 적극적이고 창조적으로 만족될 수 있는 것은 오로지 이상적이고 한정된 조건—놀이의 규칙이 각각의 경우마다 지시하는 조건—속에서만이다. 이 기본적인 충동들은 자기멋대로 내버려 두면, 모든 본능과 마찬가지로 격렬하고 파괴적인 것이 되며, 거의 치명적인 결과를 가져올 것이다. 놀이는 본능을 억제하며 그것에게 제도적인 존재를 받아들이게 한다. 놀이는 본능에게 형식적이고 한정된 만족을 주면서 본능을 훈련시키고 기름지게 하며, 아울러 본능의 독성으로부터 혼을 지키는 예방주사를 놓는 것이다. 동시에 본능은 놀이 덕분에, 문화의 여러 양식을 풍부하게 하고 정착시키는 데 유익한 공헌을 할 수 있게 된다.

[표 2]

	사회기구의 가장자리에 있는 문화적 형태	사회생활에 편입된 제도적 형태	타락
아곤 (경쟁)	스포츠	사업상의 (기업 간의) 경쟁, 시험, 콩쿠르	폭력, 권력의지, 술책
알레아 (운)	복권, 카지노 경마장 경마도박	주식투기	미신, 점성술 등.
미미크리 (모의)	카니발 연극 영화 스타숭배	재복, 예의범절, 의식, 표현에 종사하는 직업	광기(소외), 이중인격
일링크스 (현기증)	등산 스키, 공중서커스 스피드에의 심취	그 활동이 현기증의 지배(극복)를 못하는 직업	알코올 중독과 마약

제1부 93

5
놀이를 출발점으로 하는
사회학을 위하여

　오랫동안 놀이의 연구는 거의 장난감의 역사에 불과하였다. 놀이의 성질, 특징, 규칙, 놀이의 전제가 되는 본능, 놀이가 주는 만족감의 종류, 이런 것들에 대해 주의하기보다는 놀이의 도구나 소도구에 대해 훨씬 더 많은 주의를 기울였다. 일반적으로 놀이는 단순하고 무의미한, 어린애 같은 기분풀이로 간주되었다. 따라서 놀이에 조금이라도 문화적 가치가 있는가에 대해서는 여태까지 생각해본 적이 없었다. 놀이와 장난감의 기원에 대한 조사는, 장난감이란 도구류道具類에 불과하며, 놀이란 어른이 더 좋은 것을 찾았을 때는 어린이에게 넘겨주는 재미있지만 내용이 없는 행동이라는 그 첫인상을 확증시켰을 뿐이다. 그러므로 쓸모없게 된 무기류—활, 방패, 취시통(吹矢筒: 입으로 불어서 화살을 쏘게 만든 통), 고무총—는 장난감이 된다. 빌보케와 팽이는 처음에는 주술의 도구였다. 마찬가지로, 이미 사라진 신앙에 근거를 두거나 아니면 본래의 의미를 잃어버린 의식을 형태만 재현하는 놀이도 많다. 원무圓舞와 어린이들의 셈노래comptine(놀이에서 빼어버릴 사람이나 술래(또는 순번)를 정할 때,

어린이들이 부르는 노래Am, stram, gram, piké, Kollégram 따위))도 마찬가지로 지금은 사용되지 않는 옛 주문呪文이다.

'모두 질이 떨어져서 놀이가 된다.' 히른, 그로스, 곰 부인, 캐링턴 볼튼, 그밖의 많은 저술가들의 책을 읽으면 그렇게 결론짓게 된다.[21]

그렇지만 호이징가는 1938년 그의 주저 《호모 루덴스》에서 이것과는 정반대의 주장을 내세웠다. 문화야말로 놀이에서 생겨난다. 놀이는 자유인 동시에 창의이며, 변덕인 동시에 규율이다. 중요한 문화현상은 모두 놀이를 본떠서 만들어졌다. 그것들은 놀이가 일으키고 유지하는 탐구정신, 규칙의 존중, 초연한 태도에 의지하고 있다. 법률의 규칙〔법규〕, 운율법, 대위법 및 원근법의 규칙, 극劇의 연출법, 예배식의 규칙, 군사전술의 규칙, 철학 논쟁의 규칙 등은 몇 가지 점에서 보면 놀이의 규칙과 같다. 그것들은 존중해야 할 약속이다. 그것들의 치밀한 망網이 바로 문명을 세운다.

《호모 루덴스》를 읽은 사람은 그 책을 덮으면서 "진짜 모든 것이 놀이에서 생겨났을까?"라고 자문할 것이다. 이상의 두 주장은 거의 완전히 서로 모순된다. 그 두 주장 중 어느 하나에 판정을 내리기 위해서건 아니면 그 둘을 서로 연결시키기 위해서건 간에, 그 두 주장을 대비해본 사람은 아직 없었던 것 같다. 그 두 주장이 그리 쉽게 절충될 것 같지 않다는 사실은 인정할 수밖에 없다. 한쪽의 주장에서는 놀이가 시종일관 어른의 활동 중에서 진지함을 잃어버려 대수롭지 않은 오락 수준으로 떨어진 타락한 활동 형태라는 식으로 제시되고 있다. 다른 한쪽의 주장에서는 놀이정신이야말로 문화발전을 가능하게 하는 풍부한 창조력을 지닌 약속의 원천으로 여겨지고 있다. 놀이정신은 연구심, 세련, 창의력을 자극한다. 동시에 그것은 적을 대할 때의 성실함〔공정함〕을 가르치며, 시합이 끝나면 적대관계도 끝나는 경쟁의 모범을 권한다. 놀이라는 수단을 통해서 인간은 자연의 단조로움, 결정론, 맹목성과 난폭함에 저항할 수 있게 된다. 또 질서를 만들어 내고 구성(유기적인 연계)을 생각해 내며 공정성을 확립하는 것을 배우게 된다.

그렇지만 나로서는 이 이율배반의 해결이 불가능하다고는 생각하지 않는다. 놀이정신이 문화에 본질적인 것이지만, 그러나 놀이와 장난감이 역사의 흐름 속에 있는 문화의 잔재라는 것도 사실이다. 이젠 그 의미를 이해할 수 없게 된 전대前代의 유물로서이건 아니면 외국문화로부터 차용하였지만 그것을 도입한 사회에서는 본래의 의미가 상실된 것이건 간에, 여하튼 놀이와 장난감은 그 해당 사회의 기능과는 관계가 없다. 놀이와 장난감은 지금은 (그 존재를) 너그러이 봐주는 것에 불과하지만, 이전의 시대나 그것들이 발생한 사회에서는 그 사회의 세속적이거나 종교적인 기본제도의 필수불가결한 부분이었다. 물론 당시에 그것들은 사람들이 현재 말하는 어린이놀이라는 의미의 놀이는 아니었지만, 그러나 호이징가가 올바르게 정의하는 바와 같은 놀이의 본질은 이미 띠고 있었다. 변한 것은 그것들의 사회적 기능이지 성질이 아니다. 그것들의 기능이 이전되고 격하되었기 때문에, 그 정치적 또는 종교적 의미가 박탈되어버렸다. 그러나 이러한 권위 실추에 의해 놀이는 고립되었으며, 그 속에 들어 있던 놀이구조 자체가 명료하게 떠오른 것이다.

예를 들어볼 때이다. 가면은 확실히 가장 주목할 만한 대표적인 예이다. 이것은 세계에 널리 퍼져 있는 성스러운 사물인데, 이 가면이 장난감의 처지로 이행한 것은 아마도 문명사에 있어서 중대한 변화를 나타낼 것이다. 그러나 이러한 이동을 증명하는 예는 다른 것에도 있다. 보물따먹기 기둥 mât de cocagne은 하늘 정복의 신화와 관련 있으며, 축구는 적대하는 두 포족胞族〔부족의 하부조직〕간의 태양 쟁탈과 관련이 있다. 어떤 끈놀이는 그 끝에 대응하는 계절의 길흉과 사회집단의 성쇠를 점치는 데 쓰였다. 연은 유럽에서는 18세기 말 경에 장난감이 되었지만, 극동에서는 지상에 있는 그 소유자의 몸 밖으로 나온 혼을 상징적으로 나타냈다. 이 혼은 마법에 의해(실제로는 연을 묶고 있는 끈에 의해) 바람부는 대로 나는 종이의 약한 틀(연)과 연결되어 있다고 생각되었다. 한국에서는, 연은 죄를 지은 마을을 재난으로부터 구해주는 희생양의 역할을 하였다. 중국에서는 거리를 측정하는 데 쓰였다. 그것은 간단한 메시지를 전하는 초보적인 통신기로도 이용되었으며, 또한 강 건너편에 줄을 연결시켜 선교船橋를 놓는 수단으로도 쓰였다. 뉴기니에서는 작은 배를 끌고가는 데 사용하였다. 돌차기놀이marelle는 아마도 성인식의 입문자가 처음에 길을 잃은 미로를 나타냈을 것이다. 샤페르셰chat perché 놀이는 겉보기에는 유치한 순진함과 흥분을 나타내지만, 그 속에는 속죄의 희생물을 정하는 무서운 선택이 숨겨져 있었다. 희생자는 어린이들의 셈노래comptine의 크게 울리고 무의미한 음절에 의해 정해지기보다는 운명의 선고에 의해 정해진다. 희생자가 다른 사람을 쫓아가 손으로 쳐서 자신의 더러움을 옮기면, 그는 그 더러움으로부터 벗어날 수 있었다(어쨌든 그렇게 간주된다).

파라오시대의 이집트에는 묘지 속에 체커놀이판이 종종 묘사되어 있다. 오른쪽 밑 다섯 개의 눈에는 행운을 가져다주는 상형문자로 장식되어 있다. 게임하는 자의 머리 위에는 오시리스Osiris〔저승을 지배한 고대 이집트의 신〕가 주재하는 사자재판死者裁判의 판결문을 나타내는 비명碑名이 보인다. 사자死者는 내세來世에서의 운명을 걸고서 영원의 지복至福을 따거나 잃는다. 베다시대의 인도에서는 제물을 바치는 자가 그네를 굴러서 태양이 하늘에 떠오르는 것을 돕는다. 그네의 왕복이 하늘과 땅을 연결시켜 주는 것으로 간주되고 있다. 그것은 하늘과 땅의 또 하나의 끈인 무지개에 비유된다. 그네는 보통 비, 풍부한 수확, 자연의 부활이라는 관념과 연결되어 있다. 봄에는 사랑의 신인 카마Kama와 양떼의 수호신인 크리슈나Krishna를 그네에 태워 흔드는 의식을 엄숙하게 행한다.

장대한 규모의 그네가 우주를 흔들어 영원의 왕복운동을 하게 해서, 생물과 천체도 그것에 따른다고 한다.

그리스에서 행해진 정기적인 경기에는 제물과 종교적 행렬이 뒤따랐다. 경기는 그 자체가 신에게 바쳐지는 하나의 공물, 즉 노력, 기량, 우아함의 공물이었다. 이 스포츠 경기는 무엇보다도 일종의 제사이며, 경건한 예배의식이었다.

일반적으로 우연놀이는 항상 점과 관련이 있었으며, 마찬가지로 힘이나 기교의 놀이 또는 수수께끼 대회는 어떤 임무나 중요한 직책을 맡기는 취임식에서의 자격 증명의 가치를 갖고 있었다. 현재의 놀이도 그 성스러운 〔종교적〕 기원에서 완전히 벗어나지 못한 것이 많다. 에스키모인은 춘분 때에만 빌보케놀이를 한다. 게다가 그 다음날에는 사냥 나가서는 안 된다는 조건이 있다. 이 정결기간淨潔期間은, 빌보케놀이를 하는 것이 처음에는 단순한 오락 이상이었다고 생각하지 않으면 설명되지 않을 것이다. 사실 빌보케놀이는 기억술을 통해 갖가지를 암송하는 기회이기도 하다. 영국에서는 팽이놀이를 하는 특정한 날이 지금도 계속되고 있는데, 그 밖의 날에 돌리는 팽이는 빼앗아도 정당한 것으로 되어 있다. 전에는 마을, 소교구, 도시에 거대한 팽이가 있어, 몇몇 축제 때에 신도단信徒團의 사람들이 의식으로서 그것을 돌렸다는 것은 잘 알려져 있다. 이 예를 보아도, 어린이놀이가 옛날에 생겨났을 때는 의미가 있었던 것 같다.

한편, 원무와 무언극은 지금은 잊힌 의식의 흔적이거나 분신인 것 같다. 프랑스에서는, 〈탑이 망본다La Tour prends garde〉, 〈북쪽 다리Le Pont du Nord〉나 〈야경기사Les Chevaliers du guet〉가 그러하며, 영국에서는 〈제니 존스Jenny Jones〉나 〈올드 로저스Old Rogers〉가 그러하다. 〔이상은 모두 어린이들이 서로 손을 잡고 빙빙 돌면서 부르는 노래이다.〕

이 오락들의 시나리오 속에서 약탈결혼, 여러 가지 터부, 장례식과 지금은 잊힌 많은 관습의 흔적을 찾아 내기란 결코 어렵지 않았다.

결국 전문역사가들이 보기에는, 거의 모든 놀이가 개인이나 공동체의 번영 또는 운명을 좌우한 엄숙하고 중요한 활동이 서서히 그 권위를 잃어버린 최후의 단계이다. 그렇지만 모든 놀이를 진지한 활동이 천해져서 최종적으로 변형된 것으로 간주하는 이러한 학설은 근본적으로 틀린 것이 아닌지, 한마디로 잘라 말해서 문제를 전혀 해결하지 못하는 단순한 착각이 아닌지 의심스럽다.

사실 활, 고무총, 취시통吹矢筒은 좀 더 강력한 무기가 그것들을 대신한 지금에는 장난감으로 존속되고 있다. 그러나 연발권총과 총은 어른들 사이에서도 사용되지 않고 있음에도 불구하고, 어린이들은 물총이나 종이화약의 연발총, 공기총으로 놀기도 한다. 그들은 또한 작은 모형의 탱크, 잠수함 그리고 모조 원자폭탄을 떨어뜨리는 비행기를 갖고 놀기도 한다. 신무기 중에서 곧바로 장난감으로 만들어지지 않은 것은 없다. 반대로 선사시대에 어른들이 임시변통의 활, 총과 취시통을—매우 시사적인 아이들의 표현에 따르면—'정말로' 또는 '진짜' 사용했을 때, 어린이들이 당시에는 그것들을 갖고 놀지 않았다고는 단언할 수

없다. 자동차의 발명이 없었으면 합승 마차놀이가 없었을지는 의심스럽다. 모노폴리 Monopoly 게임은 자본주의의 움직임을 재현하는 것이지만, 자본주의에 뒤이어 나타난 것이 아니다.

이상의 고찰은 세속적인 것 le profane 에 못지않게 성스러운 것 le sacré 에 대해서도 통용된다. 카치나 Katchinas 는 뉴멕시코 주의 푸에블로 인디언들의 주요한 신앙 대상인 반신半神이다. 그들은 카치나를 숭배하고 가면을 쓰고 춤을 추면서 이 카치나의 역을 연기한다. 그럼에도 불구하고 이 어른들이 카치나를 본뜬 인형을 만들어서 자식들에게 장난감으로 준다. 이와 마찬가지로 카톨릭 국가에서는 어린이들이 흔히 미사놀이, 견진성사堅振聖事놀이〔카톨릭의 칠성사七聖事의 하나. 영세한 신자에 대해 사교司敎가 그 이마에 성유聖油를 바르고 성신聖神의 은총을 주는 성사〕, 결혼식놀이, 장례식놀이를 한다. 부모들도 적어도 모방이 경건하게 행해지는 한 내버려둔다. 검은 아프리카에서는, 어린이들도 어른과 비슷하게 가면과 롬브rhombe〔마름모꼴의 판에 실을 꿴 것으로, 휘두르면 붕붕 소리를 낸다. 아프리카, 오스트레일리아의 원주민들이 종교의례 때 사용한다〕를 만들어 노는데, 이 모방이 정도를 넘어서 너무 우스꽝스럽거나 불경스러운 성격을 갖게 되면, 바로 그러한 이유 때문에 벌을 받는다.

한마디로 말하면, 종교활동의 도구, 상징 및 의례와 군사활동의 동작 및 몸짓은 어린이들이 흔히 흉내 내는 것이다. 어린이들은 어른처럼 행동해서 일시적으로 어른인 체하는 것이 즐거운 것이다. 따라서 모든 의식, 좀 더 일반적으로 말해서 규칙이 있는 모든 활동이 조금이라도 인상적이고 엄숙하다면, 특히 제식 집행자가 특별한 옷을 입고 제식을 집전한다면, 그것들은 형태만 재현하는 놀이의 소재로 보통 쓰인다. 장난감무기와 무구장식武具裝飾의 성공 원인은 여기에 있다. 그것들은 몇몇 특징적인 소도구와 유치한 가장복假裝服 덕분에, 어린이가 장교, 경찰,

경마기수, 비행사, 수병水兵, 카우보이, 버스차장, 그밖에 그의 주의를 끄는 그 어떤 주목할 만한 인물로도 모습을 바꿀 수 있도록 해주기 때문이다. 인형의 경우도 마찬가지이다. 세계의 어느 곳에서도 인형은 어린 여자아이에게 엄마를 흉내 내고 엄마가 되는 것을 가능하게 해준다.

진지한 활동이 어린이의 오락으로 타락한 것이 아니라, 오히려 두 개의 다른 영역이 동시에 존재하는 것이 아닌가라고 생각하지 않을 수 없다. 인도의 어린이는 제식 집행자가 보석과 꽃으로 호화롭게 장식한 예전용禮典用의 그네에 카마Kama나 크리슈나Krishna를 태워서 경건하게 흔들어 움직였을 때에도 이미 그네놀이를 즐기고 있었다. 오늘날의 어린이들이 병정놀이를 하고 있지만, 군대가 없어진 것은 아니다. 그렇다면 인형놀이가 언젠가는 사라질 것이라고 어떻게 상상할 수 있겠는가?

―

어른들이 하는 것으로 화제를 옮기면, 기마 시합은 놀이이지만 전쟁은 놀이가 아니다. 전쟁에서는 시대에 따라 많거나 적은 사람이 죽는다. 물론 기마 시합에서도 사람이 죽을 수는 있다. 그러나 그것은 자동차 경주, 권투 시합이나 펜싱 시합의 경우처럼 우발사고이다. 왜냐하면, 기마 시합은 전쟁보다 훨씬 더 규칙에 얽매여 있고, 현실생활과 분리되어 있으며, 명확한 한계가 정해져 있는 것이기 때문이다. 게다가 기마시합은 본래 투기장 밖에서는 어떤 중요성도 없다. 신기록이 이전의 기록을 지워버리는 것과 똑같이, 그것은 다음번의 위업偉業에 의해 잊히는, 눈부신 수훈을 세울 수 있는 하나의 기회에 불과하다. 마찬가지로 룰렛은 놀이이지만, 이에 못지않게 위험이 있는 투기는 놀이가 아니다. 차이는 다음과 같은 점에 있다. 즉 룰렛에서는 운명에 영향을 미치는 것을 피하려고 하는데 반해, 투기에서는 사회의 비난이나 감옥을 두려워 하는 것 이외에는 어떤 다른 한계가 없이 최종 결정에 영향을 미치려고 노력하는 것이다.

이상에서 알 수 있는 바와 같이, 어른의 행위 자체가 시대에 뒤졌을 때 경우에 따라서는 그 모의〔模擬: 흉내〕가 놀이에 의해 지속되긴 하지만, 놀이는 그 목적이 바뀐 어른 행위의 하찮은 잔재가 결코 아니다. 놀이는 무엇보다도 〔어른의 행위와〕 평행을 이루는 독립된 활동이라는 인상을 준다. 이 활동은 놀이에 고유하고 놀이를 놀이답게 만드는 독특한 성격에 의해 일상생활의 행동 및 결정과 대립한다. 이 독특한 성격이야말로 내가 제일 먼저 정의하고 분석하려고 한 것이다.

이처럼 어린이놀이는 부분적으로는 매우 당연히 어른을 흉내 낸다. 그것은 교육의 목적이 아이들을 때가 되면 실제의 책임—'그만둔다'고 말하면 없어지는 가공架空의 책임이 더 이상 아닌—을 지닌 어른이 되도록 준비시키는 것과 같다. 그런데 진짜 문제는 여기서 시작한다. 왜냐하면, 어른이 되어도 어른 나름대로 놀이를 계속한다는 것을 잊어서는 안 되기 때문이다. 어른의 놀이는 복잡하고 다양하며 때로는 위험하지만, 여하튼 놀이라는 사실에는 변함이 없다. 왜냐하면, 그것들은 놀이로서 느껴지기 때문이다. 재산과 생명을 소위 진지한 활동에 못지않게 또 그 이상으로 놀이에 거는 일이 있을 수 있지만, 그럼에도 불구하고 놀이와 진지한 활동은 즉각적으로 구분된다. 진지한 활동이 놀이 하는 자에게 그를 열광시키는 놀이보다 덜 중요한 것처럼 보일 때에도 그러하다. 사실 놀이는 어디까지나 분리되고 폐쇄된 것으로서, 영속적이며 견고한 집단생활 및 제도에 대해서는 원칙적으로 중대한 영향을 미치지 못한다. 많은 논자들은 놀이 속에서 특히 어린이놀이 속에서 전에는 의미를 지녔으며 결정적인 것으로 생각되었던 활동이 타락해서 재미는 있지만 의미 없게 된 것을 찾고자 애썼는데, 그들은 놀이와 일상생활이 언제 어디서나 대립적이면서 동시적인 영역이라는 사실에는 충분히 주목하지 못하였다. 그렇지만 이러한 잘못된 시각에도 귀중한 교훈이 없는 것은 아니다. 그 오류가 확실하게 보여주는 것은 다음과 같다. 놀이의 종적縱的인 역사, 즉 시대의 흐름 속의 놀이의 형태 변화—예전禮典이 원무圓舞로 끝나는 운명, 마술의 도구나 숭배의 대상물이 장난감이 되는 운명—가 그 끈기 있고 파란만장한 계보를 발견한 박식가博識家들이 상상한 것만큼은 놀이의 본질에 대해 가르쳐주는 바가 없다는 것이다. 그 대신 그 계보는 놀이가 문화와 동질적인 것이라는 사실을 간접적으로 확증한다. 즉 문화의 가장 주목할만 하고 가장 복잡한 표현은 놀이 구조와 밀접하게 연관되어 있거나 그렇지 않으면 놀이 구조가 진지하게 받아들여져서 제도, 법률로까지 승격되어, 절대적이고 구속력을 지니며 다른 것으로 대치될 수 없는 구조가 된 것, 한마디로 말하면 사회적인 놀이〔작용〕의 규칙, 놀이 이상의 놀이〔작용〕의 규범이 된 것이라는 사실을 확증한다.

결국 놀이와 진지한 구조 중 어느 것이 먼저인가라는 문제는 별로 의미 없다고 생각된다. 놀이를 법률, 관습, 예배식으로 설명하거나 반대로 법률, 예배식 그리고 전략 및 삼단논법이나 미학의 규칙을 놀이정신으로 설명하는 것은 서로 배타적이지 않은 한, 똑같이 생산성이 있는 상호보완적인 작업이다. 놀이의 구조와 실용의 구조가 같은 경우가 많다. 그러나 그것들이 질서를 바로잡는 각각의 활동은 일정한 때와 장소에서는 서로 환원될 수 없다. 그 활동들은 어쨌든 양립되지 않는 영역에서 〔별개로〕 행해지기 때문이다.

그렇지만 놀이에서 표현되는 것은 문화가 표현하는 것과 다르지 않다. 양자의 원동력이 되는 것은 일치한다. 물론 시간과 더불어 문화가 발전해감에 따라, 제도였던 것이 타락할 수는 있을 것이다. 예전에는 본질적이었던 어떤 계약은 단지 형식적인 관습이 되어버린다. 그것에 복종하는 것은 이젠 사치스럽고 불필요한 염려이며 해당 사회의 현재 기능에 대해 어떠한 영향도 못 미치는 위세 과시용의 유물이기 때문에, 그것을 존중하거나 무시하는 것은 당사자의 자유이다. 이 낡아빠진 존경은 조금씩 단순한 놀이 규칙의 수준으로 하락한다. 그러나 놀이 속에서 사회적 메커니즘의 옛날의 중요한 요소를 인식할 수 있다는 사실만으로도 두 영역 간에 특별한 묵계와 놀랄 만한 교류 가능성이 있다는 것을 보여준다.

모든 제도는 부분적으로는 놀이로서 기능한다. 따라서 제도는 새로운 원리에 근거해서 창시되어 옛 놀이를 추방해야 하는 〔새로운〕 놀이로 나타나기도 한다. 이 완전히 새로운 놀이는 〔옛 놀이의 그것과는〕 다른 욕구에 부응하며 〔지금까지와는〕 다른 규범 및 법을 존중하고 다른 힘〔미덕〕과 재능을 요구한다. 이 관점에서 보면, 혁명이란 놀이 규칙의 변경이다. 예를 들면, 전에는 출생의 우연에 의해 각자에게 부여된 특권이나 책임이 이제는 경쟁이나 시험을 통해 능력에 의해서 획득되지 않으면 안 된다. 달리 말하면, 여러 가지 종류의 놀이를 지배하는 원리들—우연이나 기량, 운이나 증명된 우월성—이 놀이의 폐쇄된 세계 밖에서도 역시 나타난다는 것이다. 그러나 그 원리들은 놀이의 세계를 절대적으로, 저항 없이 그리고 말하자면 물질도 중력도 없는 가공의 세계로서 지배하지만, 이에 반해 현실의 인간관계가 뒤얽힌 혼란된 세계에서는 그 원리들의 작용이 결코 고립되어 있지 않으며 지고至高의 권위가 있는 것도 아니고 또 처음부터 한계가 정해져 있지도 않다는 것을 잘 명심할 필요가 있다. 그 작용은 피할 수 없는 결과들을 가져온다. 그것은 좋건 나쁘건 타고난 번식력을 갖고 있다.

그렇지만 그 둘의 경우(놀이와 현실) 원동력은 똑같다. 이 사실을 다음과 같이 확인해 볼 수 있다:

> 자기주장의 욕구, 자신을 가장 뛰어난 자로 나타내고자 하는 야심.
>
> 도전하기를 좋아하는 것, 기록을 세우고 싶은 욕구 아니면 단순히 어려움을 극복하는 것을 좋아하는 것.
>
> 운명의 은혜에의 기대, 그것을 추구하는 것.
>
> 비밀을 갖고, 위장하고, 변장하는 즐거움.
>
> 놀라는 즐거움 또는 놀라게 하는 즐거움.
>
> 반복과 대칭 symétrie 을 추구하는 것 또는 반대로 해답을 즉흥적으로 만들어 내거나, 찾아 내거나, 무한히 변화시키는 즐거움.
>
> 비밀과 수수께끼를 푸는 즐거움.
>
> 모든 조합기술을 통해 얻어지는 만족.
>
> 힘, 기교, 스피드, 인내력, 평형감각, 재치 등의 경기에서 겨루고자 하는 욕망.
>
> 규칙과 법률의 수정, 그것들을 존중하는 의무, 그것들을 교묘하게 피하고 싶은 유혹.
>
> 마지막으로 도취와 명정 酩酊, 황홀에의 동경, 관능적인 쾌감을 자극하는 패닉에의 욕망.

이상과 같은 태도나 충동 중에는 양립되지 않는 것이 많은데, 그 거의 모든 것은 놀이라는 주변적이고 추상적인 세계에서도 또 행위가 보통 상응하는 결과를 가져오는 사회생활이라는 보호받지 못하는 세계에서도 똑같이 찾아 낼 수 있다. 그러나 그 태도나 충동은 이 두 세계에서 똑같은 필연성을 갖고 있는 것이 아니며, 똑같은 역할을 하고 있는 것도 아니고, 또 똑같은 신용을 얻고 있는 것도 아니다.

 게다가 그 태도들 사이에서 엄밀한 균형을 취하기도 불가능하다. 대부분의 경우 그것들은 서로 배척한다. 한쪽이 존중되는 곳에서는, 다른 쪽은 필연적으로 평판이 나쁘다. 경우에 따라서 사람은 법률학자에 따르기도 하고, 미치광이의 말을 듣기도 한다. 계산을 믿기도 하고, 영감을 믿기도 한다. 폭력을 중시하기도 하고, 외교 수완을 중시하기도 한다. 또한 능력을 선택하기도 하고 아니면 경험을 선택하기도 하며, 식견을 선택하기도 하고 아니면 신으로부터 오는 것으로 간주되는 그 어떤 증명할 수 없는(따라서 논란의 여지가 없는) 지혜를 택하기도 한다. 이처럼 각각의 문화에는 사회적 유효성을 인정받는 가치와 그렇지 못한 가치가 은연중에 분포되어 있는데, 이 분포는 똑같지 않으며 불완전하다. 따라서 사회적 유효성을 인정받지 못하는 가치들은 그것들이 내맡겨져 있는 제2차적인 영역—즉 놀이 영역이 중요한 위치를 차지하고 있는 영역—에서 꽃을 피운다. 그러므로 문화의 다양성, 즉 각각의 문화에게 독특한 모습을 주는 특징들은 그곳에서는 성행하지만 다른 곳에서는 그만큼의 인기가 없는 일정한 종류의 놀이와 관계있는 것이 아닐까라고 생각해볼 수 있다.

 어떤 문화를 놀이만으로 정의하려고 하는 것은 무모하며 십중팔구 기만적인 작업이 될 것이라는 사실은 말할 필요도 없다. 사실 각각의 문화는 여러 종류의 수많은 놀이를 알고 있으며, 또 동시에 행하고 있다. 특히 먼저 예비적인 분석을 하지 않고서는, 어떤 놀이가 제도적인 가치들과 일치하고 그것들을 확인시켜 주며 강화하는지 아니면 반대로 어떤 놀이가 그 가치들과 모순되고 그것들을 우롱하면서 해당 사회에서 보상작용이나 안전판 역할을 하는지를 단정할 수 없다. 예를 하나 들면, 고대 그리스에서 경기장의 시합이 도시국가의 이상을 빛내고 그 실현에 기여하는 데 반해서, 많은 현대국가에서의 국영복권과 경마도박은 공공연하게 내건 이상에 위배된다는 것이 분명하다. 그럼에도 불구하고 국영복권과 경마도박은, 원칙적으로 노력과 능력만이 가져다주어야 하는 보답에 대해서 요행적인 성질의 보완물을 제공하는 한, 의미 있고 어쩌면 없어서는 안 되는 역할을 다하고 있다.

여하튼 놀이는 그 내용이 변하기 쉽고 때로는 일상생활의 내용과도 교환 가능한 고유의 영역을 차지하고 있기 때문에, 어린이의 속성으로 간주되면서도 다른 형태로 어른도 여전히 유혹하는 이 놀이라는 활동의 특수한 성격을 우선 가능한 한 정확하게 규명할 필요가 있었다. 이것이 나의 첫 번째 관심사였다.

동시에 소위 이 휴식인 것이 어른이 그것에 몰두할 때 직업 활동에 못지않게 그를 열중시킨다는 사실도 나는 확인하지 않을 수 없었다. 그것이 직업활동보다 더 많이 그의 관심을 끌 때도 많다. 때로는 이 휴식이 직업 활동보다 더 많은 에너지, 기교, 지능, 주의력을 그에게서 요구한다. 이러한 자유, 이러한 강렬함 그리고 그것들에 의해 자극되는 행위가 그 어떤 치명적인 결과도 낳지 않고서 분리된 공상의 세계에서 전개된다는 사실, 이것들은 놀이의 풍부한 문화적 창조성을 설명해줄 뿐만 아니라 또한 놀이의 선택이 어떻게 해서 각각의 사회의 얼굴, 스타일, 가치를 그 나름대로 보여주는지도 이해하게 해준다고 나는 생각한다.

그러므로 놀이, 관습, 제도 사이에는 보완작용이나 묵인의 밀접한 관계가 반드시 존재한다고 나는 확신한다. 따라서 문화의 운명 자체,

그 성공의 가능성, 그 정체의 위험은 그 문화들이 내가 놀이를 분류할 수 있다고 생각한 기본적인 범주들—이것들이 모두 똑같은 창조성을 갖고 있는 것은 아니다—중의 어느 것을 선택하는가에 따라 정해지는 것이 아닐까라고 생각하지만, 이 문제의 규명이 합리적인 추측의 한계를 넘어선다고는 보지 않는다. 달리 말하면, 나는 단지 놀이의 사회학만을 착수하는 것이 아니다. 놀이를 **출발점으로 하는** 사회학의 기초를 놓고자 한다.

제 2 부

6
놀이의 확대 이론

놀이를 지배하는 기본적인 태도들—경쟁, 운, 모의, 현기증—이 항상 따로따로 떨어져서 나타나는 것은 아니다. 여러 번 확인한 바와 같이, 그것들의 매력은 서로 조합되어 나타나기 쉽다. 서로 결합하는 능력이 있기에 비로소 성립하는 놀이도 많다. 그렇지만 이처럼 확연하게 구분된 원리들이 가리지 않고 서로 어울리는 것은 아니다. 두 개씩 짝지으면, 네 개의 기본적 태도는 이론상으로 여섯 개의 조합을 똑같이 가능하게 하며, 또 여섯 개의 조합만을 만든다. 각각의 태도가 다른 세 개의 태도와 차례대로 조합되면, 다음과 같이 된다:

경쟁=운(아곤=알레아)

경쟁=모의(아곤=미미크리)

경쟁=현기증(아곤=일링크스)

운=모의(알레아=미미크리)

운=현기증(알레아=일링크스)

모의=현기증(미미크리=일링크스)

　　물론, 세 개씩 조합하는 것도 예상할 수는 있을 것이다. 그러나 분명히 그러한 조합은 거의 항상 그 놀이의 성격에 대해서 어떠한 영향도 주지 못하는 우연한 조합에 불과하다. 가령, 경마는 기수에게는 전형적인 아곤이지만, 동시에 〔관객에게는〕 구경거리이기도 하다. 이런 의미에서는 미미크리에 속한다. 또한 도박〔내기〕의 기회가 되기 때문에 경쟁이 알레아의 받침대가 된다. 그렇지만 이 세 영역은 여전히 각각 자율적인 상태에 있다. 말에 내기를 건다고 해서 경주의 원리가 바뀌지 않는다. 세 개의 영역은 결합하는 것이 아니라 단지 만나는 것이다. 게다가 이 만남은 결코 우연에 의한 것이 아니라 놀이 원리의 성질 자체에 의해 설명될 수 있는 그러한 만남이다.

　　놀이 원리들은 두 개씩 짝짓는 경우에도 똑같이 손쉽게 결합되지 않는다. 그 원리들의 내용 때문에, 이론적으로 가능한 여섯 개의 조합이 갖는 개연성과 유효성의 정도는 매우 상이하다. 어떤 경우에는 그 내용의 성질 때문에 결합이 처음부터 생각할 수도 없는 것이거나 아니면 놀이 세계에서 그 결합을 배제해버리는 것이 있다. 그밖의 몇몇 결합은 사항의 성질상 금지된 것은 아니지만, 완전히 우연적인 것에 머무른다. 그것들은 절대적인 친화력에 의한 것이 아니다. 결국 놀이 종류의 다양성과 대조를 이루는 커다란 몇몇 경향 사이에 체질적인 연대가 우연히 나타나는 수가 있다. 뜻밖에 결정적인 공모가 밝혀진다.

　　이상과 같은 이유에서, 놀이 원리들 간에 예상될 수 있는 여섯 개의 조합 중 조사해보면 두 개는 부자연스러워 보이며, 다른 두 개는 간신히 통용되는 것처럼 보이지만, 마지막의 두 개는 본질적인 묵계를 반영하고 있다.

이러한 구성syntaxe〔조합관계〕이 어떻게 연결되어 있는지를 좀 더 자세하게 검토할 필요가 있다.

있을 수 없는 조합

우선 분명한 것은 현기증은 규칙이 있는 경쟁과 결합되지 않는다는 점이다. 현기증은 규칙이 있는 경쟁을 곧바로 변질시키기 때문이다. 현기증이 일으키는 마비는 그것이 다른 경우에 조장하는 맹목적인 열광과 마찬가지로, 자제심과는 정반대의 것이다. 그것들〔마비와 맹목적인 열광〕은 아곤을 규정하는 조건들을 파괴해버린다. 기교, 힘, 계산에 효과적으로 의존하는 것, 자제, 규칙의 존중, 똑같은 무기를 갖고서 겨루고자 하는 욕망, 심판의 판정에 복종한다는 전제, 싸움을 약속된 한계 내에 한정시킨다는 의무를 사전에 인정하는 것, 등등. 아곤의 조건은 하나도 살아남지 못한다.

규칙과 현기증은 결코 양립하지 않는다. 게다가 모의와 운 사이에도 어떠한 묵계도 없는 것 같다. 사실 속임수는 운명의 소리를 듣는 것을 부질없는 짓으로 만든다. 우연〔운〕을 속이려고 하는 것은 의미가 없다. 놀이하는 자는 운명의 무조건적인 은혜를 보장해주는 판결을 요구한다. 그가 운명의 판결을 간절히 원하는 순간에는, 그는 다른 사람을 흉내 낼 수도 없고 자신이 자기가 아닌 다른 어떤 사람이라고 믿을 수도 없으며 〔다른 사람들에게〕 그렇게 믿게 할 수도 없다. 더욱이, 어떠한 모의도 정의상定義上 운명을 속일 수 없다. 알레아는 운의 의지〔뜻〕에 완전히 자신을 내맡기는 것, 즉 가장이나 기만술책과는 모순되는 포기를 전제로 한다. 그렇지 않으면, 사람은 주술의 영역에 들어가게 된다. 그것은 운명에게 강요하는 것이다. 조금 전에 아곤의 원리가 현기증에 의해 파괴된 것처럼, 지금은 알레아의 원리도 파괴된다. 그러므로 더 이상 본래 의미의 놀이는 없게 된다.

우발적인 조합

이에 반해서 알레아는 현기증과 그리고 경쟁은 미미크리와 무리 없이 결합한다. 우연놀이에서는 사실 잘 알려져 있는 바와 같이, 운이 유리하게 작용하는 경기자에게도 또 불운이 따라다니는 경기자에게도 다 같이 어떤 특별한 현기증이 엄습한다. 그들은 더 이상 피로를 느끼지 않으며, 주위에서 일어나는 것에 대해 거의 의식이 없다. 그들은 구슬이 어디에서 멈출 것인가 아니면 어떤 카드가 나올 것인가에 정신이 팔려 있다. 냉정함을 완전히 잃고서, 때로는 자신들이 갖고 있는 돈의 한계를 넘어서 도박을 한다. 카지노에 전해내려오는 이야기 중에는, 이런 점에서 의미 있는 일화가 많다. 그러나 여기서 언급할 필요가 있는 것은, 아곤을 파괴하는 일링크스가 결코 알레아를 불가능하게 만들지는 않는다는 점이다. 일링크스는 놀이하는 자를 마비시키고 황홀하게 하며 미칠 지경으로 만들지만, 결코 그로 하여금 놀이의 규칙을 어기도록 하지는 않는다. 오히려 그것은 놀이하는 자를 한층 더 운명의 결정에 복종시키며 더욱 완전하게 그것에 몸을 내맡기게 한다고 단언해도 좋다. 알레아는 의지의 포기를 전제로 하기 때문에, 그것이 황홀, 홀림, 도취 상태를 일으키거나 조장해도 이해할 만하다. 바로 이 점에서 〔일링크스와 알레아라는〕 두 경향의 합성이 진실로 행해진다.

이와 비슷한 합성이 아곤과 미미크리 사이에도 있다. 나는 이미 앞에서 다음과 같은 것을 강조한 바 있다: 모든 경쟁〔경기〕은 그 자체가 구경거리이다. 그것은 구경거리와 마찬가지로 대단원의 막을 기다리면서 구경거리와 똑같은 규칙에 따라서 전개된다. 구경거리가 극장과 영화관의 매표소 창구에 관객이 몰려드는 것을 필요로 하는 바와 같이,

경쟁(경기)은 경기장이나 경륜장의 매표소 창구에 몰려드는 관중의 존재를 필요로 한다. 선수들은 점수를 얻을 때마다 박수갈채를 받는다. 그들의 싸움에는 드라마의 여러 막이나 에피소드에 상당하는 우여곡절이 있다. 또한 여기서 주의를 환기시키고 싶은 것은, 경기의 챔피언과 드라마의 인기배우가 서로 맞바꿀 수 있는 인물이라는 점이다. 여기에서도 두 경향의 조합이 있다. 미미크리는 아곤의 원리를 훼손하지 않을 뿐만 아니라 아곤을 강화시킨다. 왜냐하면, 경기자는 자신들에게 박수갈채를 보내고 자신들의 일거수일투족을 바라보는 관중을 실망시켜서는 안 되기 때문이다. 그는 자신이 연기하고 있다는 느낌이 들기 때문에, 최선을 다해 좋은 시합을 하지 않으면 안 된다. 즉 한편에서는 아주 예의 바르게 연기하며, 또 다른 한편에서는 승리하기 위해 극도로 노력한다.

근원적인 조합

마지막으로 놀이 원리들 간의 본질적인 묵계가 확인될 수 있는 경우를 검토하지 않으면 안 된다. 이 점에서는 아곤의 성질과 알레아의 성질 사이에 나타나는 정확한 대칭만큼 주목할 만한 것이 없다. 그 성질들은 유사하며 상호보완한다. 그 어느 것도 절대적인 공정함, 적어도 완벽한 엄밀함에 가능한 한 접근하는 수학적으로 평등한 기회를 요구한다. 감탄할 만큼 정확한 규칙, 자세한 조처, 교묘한 계산이 어디에나 있다. 그런데 승자 결정 방식이 이 두 종류의 놀이에서는 완전히 반대이다. 이미 본 바와 같이 아곤의 경우는 놀이하는 자가 자기밖에 믿을 것이 없으며, 알레아의 경우에는 자기를 제외한 모든 것에 의존한다. 개인의 능력 모두를 발휘하는 것은 그 능력의 사용을 의도로 거부하는 것과 대조를 이룬다. 그러나, 예를 들어, 체스와 주사위놀이, 축구와 복권이 나타내는 양 극단의 사이에는 두 태도를 다양한 비율로 결합하는 수많은 놀이가 놓여 있다. 순수한 우연놀이라고는 할 수 없는 카드놀이, 도미노놀이, 골프 그리고 놀이하는 자가 자신이 만들어 내지 않은 상황이나 자기로서는 부분적으로밖에 좌우할 수 없는 사태의 급변을 최대한으로 잘 이용하는 데서 즐거움을 얻는 그밖의 많은 놀이들. 운은 놀이하는 자의 힘이나 기교, 지식에 대해 자연히 외부세계나 신의 의지가 반대하는 저항을 나타낸다. 놀이는 인생의 이미지 자체인 것 같다. 단, 질서정연하고 격리되고 한정된 것으로서 허구적이며 관념적인 이미지이다. 이것이 놀이의 불변적인 성격이기 때문에, 놀이는 달리 어떻게 될 수가 없다.

아곤과 알레아는 이 세계에서는 규칙의 영역을 차지하고 있다. 규칙이 없다면 경쟁도 우연놀이도 없다. 또 한쪽의 극極에서는 미미크리와 일링크스가 똑같이 규칙 없는 세계를 전제로 하고 있다. 이 세계에서는, 놀이하는 자가 솟구치는 변덕이나 절대적인 영감에 몸을 맡기면서 끊임없이 즉흥적으로 꾸며댄다. 미미크리도 일링크스도 법규 code 라는 것을 인정하지 않는다. 방금 전에 아곤에서는 놀이하는 자가 자신의 의지를 믿었지만, 알레아에서는 그것을 포기하였다. 지금의 경우 미미크리는 그것을 행하는 자가 위장과 모의를 의식하는 것을 전제로 하고 있으며, 이에 반해 현기증과 황홀의 속성은 일체의 의식을 없앤다.

달리 말하면, 모의 행위에서는 연기자의 의식이 본래의 인격과 연기하는 역할 사이에서 소위 이중화(분열)가 있다. 이와 반대로 현기증에서는 의식이 완전히 소멸하는 것은 아니지만 혼란과 패닉 상태가 있다. 그러나 모의는 그 자체가 현기증을 일으키며, 인격의 이중화는 패닉의 원천이라는 사실에 의해 치명적인 상황이 생겨난다. 다른 사람인 체한다는 것은 자신을 포기하는 것이며, 양도하는 것이다. 가면을 쓰는 것은 사람을 의기양양하게 하며, 해방시킨다. 따라서 지각이 혼란스러워지는 이 위험한 영역에서는 가면과 흥분의 결합이 그중에서도 특히 무섭다. 그 결합은 환각에 홀린 자의 의식 속에서 현실세계가 일시적으로 없어질 정도로 격렬한 발작과 경련을 일으킨다.

알레아와 아곤의 조합은 자의적으로 설정한 장애를 자발적으로 받아들여 그 장애를 극복할 때 느끼는 만족감을 기초로 하는 의지의 자유로운 작용이다. 미미크리와 일링크스의 결합은 억누를 수 없는 완전한 흥분으로의 문을 여는 것이지만, 이 흥분이 극도로 명료한 형태를 취하게 되면 그것은 놀이와 반대되는 것으로, 말하자면, 생활 조건의 무어라 설명할 수 없는 변형으로 나타난다. 이렇게 해서 유발된 발작 상태는 기준이라는 것을 생각하지 못하기 때문에, 권위, 가치, 강도의 면에서 현실세계보다 훨씬 우세한 것 같다. 이것은 마치 현실세계가 형식적이고 법률적이며 처음부터 보호된 활동—즉 아곤과 알레아의 상호보완적인 규칙에 따르며 완전히 기준을 갖춘 놀이가 만들어 내는 활동—보다 우세한 것과 똑같다. 모의와 현기증의 결합은 다시 떼놓을 수 없을 정도로 강력하기 때문에, 당연히 이것은 성스러움의 세계에 속한다. 아마도 그것은 성스러움을 규정하는 공포와 매력의 혼합 mélange d'épouvante et de fascination 의 주요한 원동력 중 하나일 것이다.

그러한 마법의 힘은 물리칠 수 없는 것 같다. 인간이 그 환영에서 해방되는 데 수천 년이나 필요로 했다는 사실은 놀랄 일이 아니다. 인간은 간신히 일반적으로 문명이라고 불리우는 것에 도달하였다. 문명의 도래는 장소마다 다른 조건 속에서 감행되어왔지만 어디서나 거의 비슷한 도박의 결과라고 나는 생각한다. 이 책 제2부에서는 이 결정적인 혁명의 큰 윤곽을 추측해보려고 노력할 것이다. 현기증과 모의의 공모는 아무리 봐도 확고부동한 것처럼 생각되어 왔지만, 그 공모를 몰래

뒤흔드는 이반離反, 균열이 어떻게 생겨났는가를 나는 마지막으로 또 의외의 측면에서 규명하려고 시도할 것이다.

―

그렇지만 가면과 황홀의 세계에서 능력과 운의 세계로 넘어가는 중요한 전환을 검토하기에 앞서서 또 하나의 다른 대칭을 이 서두에서 간단하게 지적할 필요가 있다. 알레아가 아곤과 그리고 미미크리가 일링크스와 매우 잘 결합한다는 것은 이미 보았다. 그러나 동시에 주목해야 하는 것은, 결합의 내부에서, 구성요소의 한쪽이 언제나 능동적이고 생산적이라면 다른 쪽은 수동적이고 파괴적이라는 점이다.

경쟁과 모의는 교육 가치나 미적 가치가 기꺼이 인정될 수 있는 문화 형태를 만들어 낼 수 있으며, 또 실제로 만들어 내고 있다. 그곳에서 안정되고 위세 높은 제도들이 거의 필연적으로 생겨나는 경우가 많다. 사실 규칙이 있는 경쟁이란 스포츠 이외의 다른 것이 아니며, 놀이로서의 모의란 연극 이외의 다른 것이 아니다. 반면에 운의 추구와 현기증의 추구는 드문 예를 제외하면 어떠한 성과도 낳지 못하며, 또 발전하거나 확립될 수 있는 그 어떤 것도 만들어 내지 못한다. 오히려 운과 현기증은 우리의 정신을 마비시키고 방해하며 동요시키는 정열(격정)을 일으키는 경우가 많다.

이러한 불균형의 원인을 발견하는 것은 그리 어려워 보이지 않는다. 규칙의 세계를 지배하는 첫 번째 결합의 경우, 알레아와 아곤은 의지에 대해서 완전히 정반대의 태도를 나타낸다. 아곤 즉 승리에의 욕망과 승리를 얻고자 하는 노력은 선수가 그 자신의 능력에 의존하는 것을 예상케 한다. 그는 승리를 원하며 자신의 탁월성을 증명하고자 한다. 이러한 야심만큼 생산적인 것은 없다. 반대로 알레아는 운명의 결정을 미리 무조건적으로 받아들인다. 이 자기 포기는, 놀이하는 자가 주사위 던지기에 일체를 맡기는 것이다. 그는 주사위를 던져 나오는 결과를 읽는 것 이외에는 그 어떤 일도 하지 않는다. 여기서의 규칙은 운명의 결정을 왜곡하거나 거역하지 않도록 행동을 삼가는 것이다.

물론, 아곤도 알레아도 다같이 경기자의 완전한 균형과 절대적인 공평을 확보한다는 점에서는 일치하는 방법이다. 그러나 전자는 외적인 장애에 대항하는 의지의 투쟁이지만, 후자는 징조라고 생각되는 것 앞에서 의지를 포기하는 것이다. 그러므로 경쟁이 인간의 능력과 힘을 지속적으로 행사하고 효과적으로 훈련시키는 것인데 반해, 숙명론은 근본적인 게으름이다. 앞의 태도는 개인의 탁월한 자질을 모두 발달시키도록 요구하지만, 뒤의 태도는 완전히 외적인 상벌을 가만히 말없이 기다리는 것을 요구한다. 이러한 상태에서는 지식과 기술이 아곤을 돕고 아곤에게 보답하는 반면에, 주술과 미신 그리고 기적 및 우연의 일치에 대한 연구가 알레아의 불확실성을 반드시 따라다니는 것은 놀랄 일이 아니다.[1]

모의와 현기증의 혼돈스러운 세계에서도 역시 똑같은 양극성이 확인될 수 있다. 미미크리란 고의적으로 어떤 인물로 분장하는 것인데, 이것은 곧잘 예술, 계산, 교활함의 작업이 된다. 배우는 자신의 역할을 꾸며내고 극적 환상을 만들어 내지 않으면 안 된다. 경쟁하는 자와 똑같이, 그는 주의 깊지 않으면 안 되며 끊임없이 긴장해야 한다. 반대로 일링크스에는 이 점에서는 알레아와 똑같이 포기가 있다. 단, 이번에는 의지의 포기만이 아니라 의식의 포기도 있다. 현기증을 참는 사람은 의식을 되어가는 대로 내버려두며, 의식이 이상한 힘에 이끌리고 지배되며 사로잡히는 것을 느끼면서 도취한다. 이 상태에 도달하기 위해서는 자신을 내버려두기만 하면 된다. 이것은 어떤 특별한 능력을 요구하지도 행사하지도 않기 때문이다.

우연놀이에서의 위험이 내깃돈을 제한할 수 없는 데 있는 것과 같이, 여기서의 위험은 일단 받아들여진 혼란을 끝낼 수 없다는 데 있다. 이러한 부정적인 놀이를 계속하면, 적어도 일정한 매혹에 대해서 저항하는 능력이 증대할 것 같다. 그러나 사실은 그 반대이다. 왜냐하면, 이 능력은 끈질긴 유혹과 관련해서만 의미를 지니므로, 끊임없이 시련을 당하고 마치 천성적으로 혼란에 이르기 때문이다. 이 능력은 단련시킬 수 없다. 그 능력이 죽을 때까지, 그것을 유혹에 직면하도록 할 뿐이다. 모의놀이는 한 문화의 표현이자 증명인 구경거리예술arts du spectacle〔공연예술〕에 이른다. 〔그렇지만〕 흥분과 내심의 공포의 추구는 인간에게서 분별력을 잃게 하며 의지력을 빼앗아버린다. 그것은 인간을 몽롱하고 열광케 하는 황홀 상태의 포로로 만들며, 인간은 그 속에서 자신이 신이 된 듯한 느낌이 들지만, 그 상태는 인간에게 인간임을 잊게 하는 것이며, 그를 어리둥절하게 하는 것이다. 그러므로 두 개의 큰 결합의 내부에서 진실로 창조적인 것은 한 범주의 놀이뿐이다. 가면과 현기증의 결합에서는 미미크리가, 규칙이 있는 경쟁과 운의 결합에서는 아곤이 그것이다. 그밖의 범주들은 곧 황폐하게 하는 것이 된다. 그것들이 나타내는 것은 과도하며 비인간적이고 고칠 도리가 없는 유혹, 일종의 무섭고 불길한 유인誘引이다. 그 유혹의 힘을 약화시킬 필요가 있다. 모의와 최면이 지배하는 사회에서는, 구경거리가 황홀 상태를 이길 때, 말하자면 마법사의 가면이 연극의 가면이 될 때, 그 해결책이 종종 보인다. 능력과 운의 조합에 기초를 둔 사회에서도 마찬가지로 우연의 역할을 희생시키고 공정함justice〔정의〕의 역할을 증대시키려는 끊임없는 노력—그 성공도와 속도에는 차이가 있지만—이 존재한다. 이 노력을 사람들은 진보라고 부른다.

　이제는 민족지학과 역사학이 오늘날 보여주는 바와 같이 인류의 모험이 거쳐왔을 우여곡절을 따라서, 두 개씩 조합된 놀이(한쪽은 모의와 현기증, 다른쪽은 운과 능력)를 검토할 때이다.

7
모의와 현기증

놀이의 안정성은 주목할 만하다. 제국帝國과 제도는 소멸해도, 놀이는 똑같은 규칙을 갖고서 때로는 똑같은 도구를 갖고서 지속된다. 그것은 우선 놀이가 중요하지 않기 때문이며, 그리고 무의미한 것이 지닌 영속성을 놀이가 갖고 있기 때문이다. 여기에 첫 번째의 불가사의가 있다. 왜냐하면, 놀이는 유동적인 동시에 끈질긴 그런 종류의 연속성을 누리지만, 계절이 바뀔 때마다 시들어 떨어지면서도 언제나 똑같은 것으로서 계속되는 나뭇잎과는 비슷하지 않기 때문이다. 또한 놀이는 세대에서 세대로 아무 변화 없이 전해지는 동물의 털, 나비 날개의 모양, 조개의 나선형 곡선 등이 지니는 영속성도 갖고 있지 않기 때문이다. 놀이는 그러한 유전적 동일성을 갖고 있지 않다. 놀이는 헤아릴 수 없이 많으며, 또 변화하기 쉽다. 그것은 식물의 품종처럼 각각 다른 무수한 형태를 띤다. 그렇지만 놀이는 식물보다 새 풍토에 훨씬 더 잘 길들여질 수 있으며, 또 놀랄 만큼 빠르고 손쉽게 이주하고 적응한다. 일정한 분포지역에만 배타적으로 오래 머무르는 놀이는 별로 없다. 확실히 서구의 것인 팽이놀이와 18세기까지는 유럽에 알려지지 않은 것 같은 연을 제외하면, 그밖에 무엇이 있는가? 다른 놀이들은 고대부터 어떠한 형태로든 전세계에 퍼져 있었다. 이것은 인간성이 동일하다는 것을 증명한다. 놀이의 발생지역을 찾아 내는 것은 때때로 가능해도, 그 전파 지역의 경계를 긋는 것은 포기하지 않으면 안 되었다. 각각의 놀이가 모든 곳에서 사람을 유혹하고 있다. 놀이의 원리, 규칙, 도구, 솜씨 등의 특이한 보편성을 인정하지 않을 수 없다.

1) 놀이와 문화의 상호의존

안정성과 보편성은 서로 보충한다. 놀이는 그것이 실제로 행해지는 문화에 크게 의존하는 만큼, 그것들〔안정성과 보편성〕은 더욱더 의미 있는 것처럼 보인다. 놀이는 문화의 선호를 두드러지게 나타내며, 그 관습을 오래 지속시키고, 그 신앙을 반영한다. 고대에는 마렐marelle〔돌차기〕이 돌—즉, 혼—을 출구 쪽으로 밀어내는 하나의 미로였다. 기독교와 함께 미로의 도형은 길어지고 단순화되었다. 그것은 바실리카 회당會堂〔basilique: 재판을 하고 상품을 거래하던 장방형의 건물〕풍의 평면도를 낳는다. 돌을 밀고 가는 것, 즉 혼을 하늘, 천국, 왕관 또는 영광에까지 도달하게 하는 것인데, 이 경우 영광이란 땅 위에 일련의 장방형長方形으로 간략하게 그려진 교회의 주제단主祭壇과 일치한다. 인도의 체스에는 킹이 네 개나 있었다. 이 놀이는 중세의 서양에 전해졌다. 성모聖母 신앙과 궁정풍 연애의 이중의 영향을 받아 킹 중의 하나는 렌Reine이나 담Dame〔둘 다 모두 퀸을 뜻함〕으로 변하였으며, 이것이 가장 강한 말이 되었다. 이에 반해 킹은 게임에서〔승부가 걸려 있는〕최고의 획득 대상이지만, 거의 수동적인 역할에 한정되어 있다. 그렇지만 중요한 것은 이러한 변천이 마렐이라는 놀이나 체스라는 놀이의 본질적인 연속성을 해치지 않았다는 점이다.

한 걸음 더 나아가 또 한편으로는 사회와 그곳에서 특히 좋아하며 행해지는 놀이 사이에 진정한 유대가 있다는 것도 지적할 수 있다. 놀이의 규칙과 집단구성원에게서 보통 보이는 장점 및 단점 사이에는 실로 증대될 수밖에 없는 친화성이 있다. 특히 좋아하며 널리 보급되어 있는 놀이는 한편으로는 사람들의 성향과 취향, 가장 공통된 사고방식을 나타내며, 또 동시에 놀이하는 자들이 갖고 있던 미덕이나 결점을 단련시키고 훈련시키면서 그들의 습관이나 선호를 은밀히 강화시킨다. 따라서 한 국민 사이에서 인기 있는 놀이는 그 국민의 도덕적, 지적 성격들 중의 몇몇을 규정하는 데 도움이 되고 그 성격 묘사의 올바름의 증거가 될 수 있는 동시에, 그 놀이에 홀딱 빠진 사람들에게 그 성격들을 강화시켜줌으로써 그 묘사된 성격을 더욱 사실인 것으로 만드는 데 한몫 거든다.

특히 인기 있는 놀이를 통해서 한 문명에 대해 진단을 시도하는 것은 어리석은 짓이 아니다. 사실 놀이가 문화의 구성요소이며 그 이미지라면, 결과적으로 한 문명—또는 한 문명 내부의 한 시기—은 어느 정도 그 놀이를 통해 특징지을 수 있다. 놀이는 필연적으로 문화의 일반적인 특징을 반영하며, 어느 주어진 사회의 발전의 이러저러한 순간에 있어서 그 사회의 선호, 약점 및 힘에 대해 유용한 지표를 제공한다. 어쩌면 무한한 지능의 소유자라면 또 맥스웰Maxwell이 상상한 악마라면, 씨름놀이의 군사적인 엄격함 속에서 스파르타의 운명을, 소피스트들의 아포리아aporie(통로나 수단이 없다는 뜻으로 해결의 방도를 찾을 수 없는 데서 생기는 난관, 또는 내버려둘 수 없는 논리적인 난점難點) 속에서 아테네의 운명을, 검투사들의 싸움 속에서 로마의 몰락을, 경마장의 경쟁 속에서 비잔틴의 쇠퇴를 읽어 냈을지도 모른다. 놀이는 습관을 주고 반사작용을 만들어 낸다. 놀이는 일정한 유형의 반응을 기대하게 하며, 그 결과 그와 반대되는 반응을 야만스럽다거나 음험하다거나 도발적이라거나 불성실하다고 생각하도록 한다. 인접한 국민들 사이에서 좋아하는 놀이들을 대비하는 것이 물론, 심리적 불화의 원인을 규명할 수 있는 가장 확실한 방법은 아니다. 그러나 그러한 대비는 나중에 그 불화의 매우 인상적인 예증例證을 제시할 수 있다.

예를 하나 들면, 가장 앵글로색슨적인 스포츠가 골프라는 사실은 아무래도 좋은 것이 아니다. 즉, 골프에서는 누구나 언제라도 자기 마음대로 손쉽게 속일 수 있는 여지가 있지만, 속임수가 행해지는 순간부터 골프는 완전히 재미를 상실하게 된다. 그리고 이것이 같은 나라에서 국고國庫에 대한 납세자의, 국가에 대한 시민의 〔성실한〕 태도와 관련 있다고 말해도 놀랄 것까지는 없다. 이에 못지않게 도움이 되는 예는 트루코truco라는 아르헨티나의 카드놀이이다. 이 놀이에서는 모든 것이 계략이며, 보기에 따라서는 속임수도 있다. 그러나 그 속이는 것 자체가 규칙으로 정해져 있고 규정에 따르며 또 의무적이다. 포커나 마니유manille와 비슷한 이 놀이에서 제일 중요한 것은 각각의 플레이어가 손에 들고 있는 카드와 그 조합을 적은 모르게 하면서 파트너에게만 살짝 알리는 것이다. 카드를 알려주기 위해서는 표정의 움직임을 이용한다. 입을 삐쭉거리거나 얼굴을 찌푸리거나 눈을 깜빡거린다. 이러한 일련의 표정들은 항상 일정하며, 각각의 표정이 각각의 좋은 패에 해당된다. 적에게는 눈치채지 못하게 하면서 자기편에게 정보를 주는 이러한 사인은 놀이 규칙의 일부를 이룬다. 뛰어난 플레이어는 적이 되는 상대편의 작은 부주의도 신속하고 은밀하게 이용한다. 눈에 띄지 않을 몸짓으로 파트너에게 알린다. 패의 조합에는, 예를 들면, 꽃fleur이라는 식의 이름이 있는데, 실제로 꽃이라고 입으로 말하지 않고, 가능한 한 간접적으로 또 파트너만이 눈치챌 수 있도록 암시를 주어, 그 패의 이름을 파트너의 머리 속에 떠올리게 하는 것에 바로 이 놀이를 잘 하느냐 못하느냐가 달려 있는 것이다. 아주 널리 퍼져 있으며 소위 국민적인 놀이라고 할만 한 놀이에 그러한 구성요소〔속임수〕가 있는 것은 매우 드문 일인데, 여하튼 그것은 일상생활에(공공생활에게는 아니더라도) 독특한 성격을 주는 일정한 정신적 습관을 일으키고 유지하며 표현하지 않는 것도 아니다. 그 독특한 성격이란, 교묘한 암시에 의지하는 것, 자기편들 간의 강한 연대감, 반은 익살 맞고 반은 진지하게 속이는 성향—더욱이 이것이 인정되고 잘 받아들여지지만, 그러나 적으로부터도 그 대가를 받지 않을 수 없다—그리고 마지막으로 핵심어를 찾아내기 어려운—따라서 그것을 찾아 내는 능력을 훈련시키는—능란한 말솜씨 등이다.

 중국인은 음악, 서예, 그림과 함께 바둑과 장기를 문관文官이라면 마땅히 익혀야 하는 네 개의 기예〔琴棋書畫〕 속에 넣고 있다. 이 놀이들은 또한 정신으로 하여금 항상 새로운 상황에서 매 순간 생기는 조합과 뜻밖의 수 그리고 이에 따른 무수한 대응을 즐기는 것에 익숙해지도록 한다고 중국인은 평가하고 있다. 공격성은 이런 놀이에 의해 가라앉으며, 또 한편으로 혼은 평정과 조화 그리고 가능성을 숙고하는 즐거움에 대해서 훈련을 받는 것이다. 의심할 바 없이 여기에는 문명의 하나의 특징이 있다.

 그렇지만 이런 식의 진단이 대단히 미묘한 것이라는 사실은 분명하다. 아무리 자명한 것처럼 보이는 진단이라도, 다른 자료에 비추어서 엄밀하게 검증할 필요가 있다. 게다가 일반적으로 말해서 동일 문화권에서 동시에 좋아하는 놀이의 수는 많고 그 종류도 다양하기 때문에, 그러한 진단은 처음부터 아무 의미도 없는 것이 된다. 또한 법이나 여론이 배척하고 단죄하는 위법적인 성향에 대해서 놀이가 대수롭지 않은 보상, 즐겁고 허구적인 출구를 가져다 주는 경우도 있다. 보통 동화적이고 우아한, 실로 조종하는 인형극과는 대조적으로, 손으로 조종하는 인형극은 흔히 (히른이 이미 지적한 바와 같이)[2] 신성모독까지는 아니더라도 추악하고 부도덕한 쪽으로 기울어지는 세련되지 못하고 냉소적인 인물들을 표현한다. 펀치와 주디 Punch and Judy〔영국의 익살스러운 인형극〕라는 전설적인 이야기도 그러하다. 펀치는 자기 아내와 자식을 죽이고 거지에게 동냥을 주지 않으면서 그를 심하게 때리며, 갖가지 종류의 죄를 저지르고 사신死神과 악마를 죽인다. 그리고 마침내는, 자기에게 벌 주러 온 사형집행인을 자신의 교수대에 매단다. 영국의 관객이 그토록 많은 끔찍한 짓에 박수를 보낸다고 해서, 그 고의적인 풍자 속에서 그들의 이상상理想像을 찾는 것은 확실히 잘못일 것이다. 관객이 그 끔찍한 짓들을 칭찬하는 것은 결코 아니다. 그러나 요란스럽고 악의 없는 즐거움이 그들의 마음을 풀어준다. 파렴치하고 의기양양한 꼭두각시에게 환호를 보내는 것은 현실에서 도덕이 자신들에게 가하고 있는 무수한 구속과 금지에 대해 별로 큰 돈 들이지 않고 복수하는 것이다.

집단적인 가치의 표현이든 아니면 그 배출구이든, 놀이는 여러 문화의 양식 및 성향과 반드시 관련이 있는 것 같다. 그 연관이 느슨하든 밀접하든, 그 비례관계가 분명하든 애매하든 간에, 관계는 반드시 있다. 그러므로 단순히 에피소드적인 상호연관의 탐구보다 더 폭넓고 겉보기에는 더 무모하지만, 아마도 우연성은 더 적은 연구를 구상할 수 있는 길이 열리는 것 같다. 〔즉〕 놀이를 지배하고 그 분류를 가능하게 하는 원리들이 놀이에 할당된 덕분에 놀이가 놀이인 상태에 있는 영역—정의상定義上 격리되고 규칙이 있으며 허구적인 영역—밖에도 영향을 줄 것이라고 추측할 수 있다.

경쟁의 애호, 운의 추구, 모의의 즐거움, 현기증의 매력은 물론 놀이의 주된 원동력이지만, 그것들의 작용은 사회생활 전체에 반드시 침투한다. 놀이는 보편적이지만, 어디에서나 똑같은 놀이가 똑같은 정도로 행해지는 것은 아니다. 여기서는 야구를 더 많이 하는가 하면, 저기서는 체스를 더 많이 한다. 이와 마찬가지로 놀이의 원리(아곤, 알레아, 미미크리, 일링크스)도 역시 놀이 이외의 영역에서 여러 사회에 불균등하게 분포되어 있는 것은 아닌가라고 생각해 볼 필요가 있다. [놀이를 하는] 이유들은 매우 일반적이지만, 그 이유들의 배합에서 두드러진 차이가 있기 때문에, 국민들의 집단생활—제도적인 생활에서는 아니더라도—에서 중요한 대조적인 차이가 일어나는 것이 아닐까라고 생각해 볼 수 있다.

국민들의 집단생활과 그들의 다양한 제도가 그 역시 아곤, 알레아, 미미크리와 일링크스에 의해 지배되는 놀이의 일종이라고 말하고 싶은 생각은 나로서는 전혀 없다. 오히려 나는 반대로 놀이의 영역은, 요컨대, 계산된 경쟁, 한정된 위험[손해], 심각한 결과를 초래하지 않는 위장僞裝, 위험하지 않은 패닉을 위해서 인위적으로 설정된 일종의 작은 외딴 섬에 불과하다고 주장한다. 그러나 또한 나는 인간활동의 끈질기고 널리 퍼져 있는 원동력인 놀이의 원리들—매우 끈질기고 널리 퍼져있기 때문에, 그것들은 항구적이고 불변적인 것처럼 보이는데—이 사회의 유형에 깊은 흔적을 남기지 않을까라고 생각한다. 심지어는 사회규범이 그 네 개의 원리 중 어느 하나에만 배타적으로 유리하게 작용하고 다른 세 개를 희생시키는 일이 조금이라도 일어난다면, 이번에는 놀이의 원리가 사회의 유형을 분류하는 데 도움이 될 수 있지 않을

까라고 나는 생각한다. 덧붙여 말할 필요도 없지만, 문제는 어느 사회에나 야심가, 숙명론자, 흉내 내는 사람, 열광하는 사람이 있다는 사실과 각각의 사회가 그러한 사람들에게 성공이나 만족에서 불평등한 기회를 준다는 사실을 발견하는 것이 아니다. 그러한 것은 사람들이 아주 잘 알고 있다. 문제는 가지각색의 사회가 경쟁, 우연, 몸짓 표현〔모의〕이나 최면 상태에 얼마만큼의 몫을 나눠주는가를 규명하는 것이다.

그러므로 사회의 궁극적인 메커니즘과 극히 희미하고 불분명한 그 암묵적인 공준公準을 명확히 하려는 이 계획이 극단적이라는 것은 누구나 알아차릴 수 있을 것이다. 〔놀이의〕 이 기본적인 원동력들의 성질과 중요성은 당연히 〔어디에서나〕 변함이 없기 때문에, 그 영향을 밝혀 낸다 해도 연구 대상으로 삼은 사회의 구조에 대한 섬세한 기술記述에 덧붙여줄 것은 거의 아무것도 없을 것이다. 그것은 기껏해야 사회를 지시하기 위한 라벨 및 종속명種屬名의 새로운 선택을 제안하는 것이 될 것이다. 그렇지만 채용된 분류 명칭이 기본적인 대립과 일치한다고 인정된다면, 그것은 바로 그러한 사정에서, 예를 들어, 식물이라면 포자식물〔꽃이 피지 않고 포자로 번식하는 식물. 균류菌類, 조류藻類, 양치식물 등이 이에 속함〕과 종자식물〔꽃이 피어 암술의 밑씨가 수술의 꽃가루를 받아 종자를 만들어 번식하는 식물〕로, 동물이라면 척추동물과 무척추동물로 나누는 것과 똑같이 근본적인 이분법을 사회 분류를 위해 세우는 것이 될 것이다.

사람들이 습관적으로 원시적이라고 부르는 사회와 발전되고 복잡한 국가의 모습을 나타내고 있는 사회 사이에는 명백한 대조적인 차이가 있다. 후자의 사회에서 과학, 기술, 산업의 발달, 행정, 법률, 문서 등이 행하는 역할, 수학의 이론, 응용 및 사용, 도시 생활 및 거대 국가의 구조에 따른 수많은 결과, 이에 못지않게 그 결과가 골치 아프고 해결할 수 없는 그밖의 많은 〔원시사회와의〕 차이점 등등을 열거한다 해도 〔두 사회 간의〕 대조적인 차이를 남김없이 규명하지는 못한다. 그 모든 것은 이 두 유형의 집단생활 사이에 다른 차원의 근본적인 대립antagonisme — 즉, 아마도 다른 모든 대립들의 근원에 있으면서, 그것들을 요약하고 키워주고 설명해주는 대립 — 이 있지 않을까라고 생각하게 한다.

나로서는 이 대립을 다음과 같이 기술하고자 한다. 원시사회 — 나는 오히려 **혼돈의 사회** sociétés à tohu-bohu〔성서에 나오는 천지창조 전의 혼돈 미분 상태〕라고 이름 붙이고 싶다 — 는 오스트레일리아 사회든, 아메리카 사회든, 아프리카 사회든 모두 가면과 홀림 즉 미미크리와 일링크스가 지배하는 사회이다. 이에 반해서 잉카, 앗시리아, 중국, 로마는 관청, 직업, 법규, 계산법, 관리된 계급적 특권 등을 지닌 질서 있는 사회 sociétés ordonnées이다. 이러한 사회에서는 아곤과 알레아가, 즉 여기서는 능력과 출생〔가문〕이 사회적 활동 jeu의 가장 중요한 게다가 상호보완적인 요소가 되고 있다. 이런 사회는 앞에서 말한 사회와는 달리 **회계**會計 **의 사회** sociétés à comptabilité이다. 첫 번째 종류의 사회에서는 모의와 현기증 — 또는 무언극 pantomime과 황홀 extase이라고 말해도 좋다 — 이 집단생활의 강도를 따라서 그 응집력을 굳건히 해주는 데 반해서, 두 번째 종류의 사회에서는 사회계약이 일종의 우연인 **유전** hérédité 〔세습〕과 비교 및 경쟁을 전제로 하는 **능력** capacité 간의 타협, 은연중의 상쇄相殺로 이루어져 있는 것 같다.

2) 가면과 영매 상태

민족지학상의 주요한 불가사의 중 하나는 분명히 원시사회에서는 가면이 일반적으로 사용되고 있다는 것이다. 어디에서나 이 변신의 도구에는 극도의 종교적인 중요성이 부여되고 있다. 가면은 축제, 즉 현기증, 흥분 및 유동성流動性이라는 권위의 공백기에 나타난다. 축제 때에는 세계의 질서 있는 모든 것이 다시 생기를 얻어 나타나기 위해서 일시적으로 파괴된다. 가면은 항상 비밀리에 만들어지고 사용한 다음에는 파괴되거나 숨겨지는데, 이 가면을 쓰고 제식을 집행하는 자는 신, 정령, 조상으로서의 동물, 무시무시하고 풍요로움을 주는 갖가지 종류의 초자연력으로 변신한다.

무제한의 난리법석과 소란이 제멋대로 커지고 정도가 지나치다는 것 자체에 그 가치가 있는 때(축제)에, 가면의 효능은 자연과 사회 모두를 다시 활기차게 해주고 젊어지게 하며 소생시켜주는 것으로 여겨진다. 이런 망령亡靈의 갑작스런 출현은 인간이 두려워하며 또 인간으로서는 지배할 수 없다고 느껴지는 힘의 갑작스런 출현이다. 그러므로 그는 일시적으로 무서운 힘의 화신이 되어, 그것을 흉내 내고 그것과 자신을 동일시한다. 그렇지만 곧 망상에 사로잡혀 광란하게 되어, 자신이 진실로 처음에는 교묘하거나 유치한 변장을 통해 그 겉모습만을 빌린 신 자체가 되었다고 믿는다. 상황이 다시 바뀐다. 무섭게 하는 것은 자기 자신이며, 자신이야말로 무시무시한 비인간적인 힘이다. 그러나 이렇게 되기 위해 그가 한 짓이라고는, 자신이 만든 가면을 얼굴에 쓰고 자신이 숭배하고 두려워하는 존재와 비슷하게 만든 복장을 입고서 비밀의 악기인 롬브—그는 성인식을 거친 후에야 비로소 이것이 있다는 사실과 그 모양을 알았으며, 다루는 법과 기능도 배웠다—를 사용해서 불가사의한 소리를 낸 것밖에 없다. 이 악기가 해롭지 않고 평범한 것이며 완전히 인간적인 것이라는 사실을 알게 되는 것은, 그것을 양손에 잡고서 이번에는 자신이 사람들을 무섭게 하는 데에 사용할 때이다. 이렇게 해서 위장偽裝이 승리하였다. 모의행위는 홀림이 되었다. 이 홀림은 결코 흉내가 아니다. 홀림이 일으키는 착란과 열광이 끝나면, 연기자는 다시 의식을 찾는다. 그렇지만 그는, 자기 내부에서 자기도 모르는 사이에 일어난 것에 대해 희미하고 멍한 기억밖에 남지 않는 몽롱함과 탈진의 상태에 있다.

집단 전체가 이 간질, 이 신성한 발작의 공범이다. 축제 때에는 춤도 의식도 몸짓 표현도 서론에 불과하다. 서곡에 의해 흥분이 시작되며, 그 다음에는 흥분이 커질 뿐이다. 이때에는 모의를 대신해서 현기증이 등장한다. 강신술降神術이 알려주는 바와 같이, 유령인 척하면 진짜 유령이 된다. 아이들과 여자들은 가면과 의식용의 변장복 그리고 나중에 자신들을 겁나게 하는 데 쓰이는 여러 도구들의 제작을 구경하는 것이 금지되어 있는데, 이를 어기면 사형당한다. 그러나 그들이라고 해서, 거기에 있는 것은 자신들의 친족이 몸을 숨기는 가장 및 환영에 불과하다는 것을 왜 모르겠는가? 그렇지만 그들은 그것을 적극적으로 받아들인다. 그것을 받아들이는 데서 사회의 법규가 성립하기 때문이다. 더욱이 그들은 그것을 진지하게 받아들인다. 왜냐하면 ─ 더욱이 제식을 집행하는 자들도 역시 그렇게 생각하는 바와 같이 ─ 그들은 바로 그 제식을 집행하는 자들이 그들 자신의 몸 속에 자리 잡고 있는 힘에 사로잡혀, 모습이 달라지고 정신을 빼앗겼다고 생각하기 때문이다. 자신들의 신앙 속에만 존재하는 정령에 몸을 맡기기 위해서는 또 격렬한 홀림을 갑작스럽게 체험하기 위해서는, 연기자들이 정령을 불러내고 부추겨서 정령의 이상한 간섭을 초래할 수 있는 패닉 상태에 도달할 때까지 **자신을** 몰고 가지 않으면 안 된다. 이를 위해서 그들은 자기들로서는 조금도 의심치 않는 많은 기교를 사용한다. 단식, 마약, 최면술, 단조롭거나 날카로운 소리의 음악, 시끄러운 소리, 소음과 흥분의 절정 등이 그것이다. 요컨대 도취, 환호, 격렬한 동작의 조합이다.

축제 때에는, 축제와 축제 사이의 오랜 기간에 걸쳐 축적한 재화를 탕진하며 법규를 무시하는 것이 법규가 되고 모든 규범은 전염된 가면의 힘에 의해 전복되는데, 이러한 모든 것에 의해 현기증의 공유가 집단생활의 절정 및 유대가 된다. 그것은 별로 견고하지 않은 상태에 있는 사회의 최후의 기초로서 나타난다. 그것은 허약한 응집력을 강화시켜 주는 것인데, 만일 이러한 주기적인 폭발이 없다면, 활기도 없고 그 범위도 멀리 미치지 못하는 응집력은 유지되기 어려울 것이다. 그러한 폭발에 의해, 다른 때에는 가사家事와 거의 전적으로 사적인 관심사에 몰두하는 개인들이 결합하고 모여서 정신적으로 일체가 된다. 분업이 거의 알려져 있지 않으며 따라서 각 가정이 거의 완전에 가까운 자율성을 갖고서 자신의 생존을 확보하는 데 익숙해 있는 초보적인 결사체〔원시사회〕에 대해서는, 그런 일상적인 관심사는 직접적인 영향력이 거의 없다. 가면Masques이 진정한 사회적 유대이다.

그 유령들의 갑작스런 출현, 그것들이 전파하는 영매 상태와 열광, 스스로 무서워하거나 사람들을 무섭게 하는 도취경陶醉境 등은 축제 때에 완전히 성공하지만, 그렇다고 해서 그러한 것들이 일상생활에도 전혀 없는 것은 아니다. 정치나 종교의 제도들은 빈번히 그 역시 사람을 아연실색케 하는 환영이 일으키는 위세에 근거를 두고 있다. 성인식을 받는 자는 꿈, 환각, 경련을 통해 자신의 수호령守護靈으로부터 계시를 얻기 위해 가혹한 궁핍을 겪고 혹독한 고통을 참아내며 고된 시련을 자신에게 가한다. 그들은 그것으로부터 소멸되지 않는 성사聖事를 받다. 이제부터는 수호령의 가호加護를 기대할 수 있다는 자신감이 생기는데, 그 가호는 과오를 범하지 않고 초자연적이며, 그것을 모독하는 자에게는 불치不治의 마비가 일어난다고 본인도 주위 사람도 믿는다. 세부에 걸쳐서 보면, 신앙은 아마도 무한히 다양할 것이다. 신앙이 상상도 할 수 없을 정도로 무수하다는 것은 확인되고 있다. 그렇지만 거의 모든 신앙은 정도의 차이가 있기는 하지만, 모의와 현기증의 놀랄 만한 똑같은 공모, 즉 전자가〔사람을〕후자로 이끈다는 공모를 나타내고 있다. 의심할 바 없이, 그것이야말로 다양한 신화, 의식, 전설, 예배식에서 작용하는 동일한 원동력이다. 조금이라도 자세하게 관찰해보면, 〔어디에서나〕 천편일률적인 공모가 꾸준히 나타난다.

그 인상적인 하나의 예증은 샤머니즘이라는 이름으로 일괄되는 사실들을 통해 제시될 수 있다. 잘 알고 있는 바와 같이, 샤머니즘이라는 말은 복잡하지만 명확하고 쉽게 식별할 수 있는 한 현상을 가리키는데, 그 가장 특징적인 표현은 시베리아에서, 일반적으로는 북극의 주변부에서 확인된다. 그것은 또한 태평양 연안, 특히 북서아메리카 해안, 아로카니 족〔남미 칠레의 중부지방에 거주〕과 인도네시아에서도 발견된다.[3] 지역에 따른 차이가 있긴 하지만, 샤머니즘은 항상 샤먼이 격렬한 발작을 하면서 일시적으로 의식을 잃는 것으로 이루어지는데, 이 과정에서 샤먼은 하나나 몇몇의 정령의 집합소가 된다. 이때 샤먼은 내세로의 주술적인 여행을 마치고는, 그 여행을 말하고 몸짓으로 표현한다. 경우에 따라서는 마취제, 환각을 일으키는 버섯(느타리버섯),[4] 노래와 경련적인 동작, 큰 북, 증기욕蒸氣浴, 향이나 대마大麻의 연기, 심지어는 어지러워질 때까지 화롯불을 응시하는 자기최면 등을 통해 황홀 상태에 들어간다.

또한 샤먼은 대부분 정신병적 기질에 의해 선택된다. 유전이나 기질 아니면 어떤 기적에 의해 지명된 샤먼 후보자는 고독하고 원시적인 생활을 보낸다. 퉁구스 족의 샤먼 지원자는 자기 이빨로 동물을 잡아 그것을 먹고 살아야 했다고 한다. 지원자를 샤먼이 되게 하는 계시는 일종의 간질 발작에 뒤이어 불시에 나타나는데, 이 발작이 말하자면 다른 발작들을 경험하는 것을 허가하며, 아울러 그 다른 발작들의 초자연적 성격을 보증하는 것이다. 이 발작들은 의식적인 시위처럼 보이는데, 정당하게도 '직업적인 히스테리'라고 이름 붙여진 것이 거의 자유자재로 일어난다. 이 히스테리는 의식儀式을 위한 특별한 것으로서 의식에는 절대로 필요하다.

입문식 때에 정령은 샤먼의 신체를 해체한 다음, 새로운 뼈와 내장으로 신체를 재구성한다. 그래야 그 인물이 곧 내세를 돌아다닐 수 있는 자격을 얻는다. 그의 껍질이 의식을 잃고서 누워 있는 동안에, 그는 천상의 세계와 지하의 세계를 방문한다. 신들과 악마들을 만난다. 신과 악마를 만나서 그는 주술 능력과 신기한 투시력을 얻어 갖고 돌아온다. 의식 때마다 그 여행을 되풀이한다. 일링크스에 관해 말하면, 그를 사로잡고 있는 영매 상태가 진짜 강경증強硬症으로까지 진행되는 경우도 종종 있다. 미미크리의 경우, 그것은 홀린 자(샤먼)가 행하는 무언극으로 나타난다. 그는 초자연적인 동물들의 우는 소리와 동작을 흉내 내는데, 그가 그 동물들의 화신이다. 뱀처럼 땅을 기며, 호랑이처럼 포효하고 네 발로 달리며, 오리의 잠수潛水를 흉내 내거나, 새가 날갯짓하는 것처럼 양팔을 흔든다. 그의 의상이 변신의 표시이다. 동물 가면을 쓰는 경우는 매우 드물지만, 독수리나 올빼미의 깃털과 머리를 몸에 걸친다. 이것들이 그를 하늘까지 날게 하는 주술적인 힘을 준다. 이때 쇠로 된 장식으로 수를 놓아 그 옷의 무게가 15킬로그램이나 되는 데도 불구하고, 매우 높이 나는 것을 보여주기 위해 공중으로 뛴다. 그는 대지의 대부분이 보인다고 소리 지른다. 그는 내세에서 겪은 모험들을 말하며 연기로 표현한다. 악령과 싸우는 몸짓을 한다. 지하의 지옥은 매우 추워 몸이 떨린다. 그가 어머니 정령에게 외투를 달라고 하면, 조수가 그것을 그에게 던져준다. 그밖의 구경꾼들은 부싯돌을 부딪쳐서 불꽃을 낸다. 그 불꽃은 지옥의 어둠 속에서 주술여행가(샤먼)를 인도하는 빛을 만들어 낸다. 아니, 빛 자체**이다.**

제식 집행자와 조수의 이러한 협력은 샤머니즘에서는 항상 볼 수 있다. 그러나 그것은 샤머니즘에게만 고유한 것이 아니다. 부두교vaudou〔서인도제도 및 미국 남부 흑인 사이에 행해지는 가톨릭 교리와 주술적 교리가 합쳐진 신앙〕와 황홀경에 빠지는 거의 모든 의식에서도 그것이 보인다. 게다가 그러한 협력은 거의 필수적이다. 왜냐하면, 광란 상태에 빠진 자(샤먼)의 우발적인 폭력으로부터 구경꾼들을 보호해야 하며, 샤먼 역시 그 자신의 실수, 무의식 상태 및 발작으로 인한 사고로부터 보호해야 하고 또한 샤먼이 역할을 정확하게 행하도록 도와주어야 하기 때문이다. 실론 섬의 베다 족에게는 이 점에 관해서 매우 의미 깊은 일종의 샤머니즘이 있다. 샤먼은 의식을 잃어버릴 한계에 이르면 항상 구토와 현기증을 느낀다. 발 아래로 땅이 꺼져들어가는 것 같다. 제식 집행자는 감수성이 예민하고 격앙된 상태를 유지한다. 셀리그만 부부는 다음과 같이 지적한다: '이것에 의해서, 그는 깊이 생각하지도 않고서 거의 자동적으로 확실하게 전통적인 춤 연기를 정해진 순서에 따라서 행한다. 게다가 조수는 춤추는 자의 움직임을 주의 깊게 바라보면서 그가 넘어지면 붙잡아줄 준비를 하고 있기 때문에, 의식적인 또는 무의식적인 암시를 통해서 복잡한 몸짓이 올바르게 행해지도록 본질적으로 기여를 한다.'[5]

모든 것이 연기이다. 또한 모든 것이 현기증, 황홀, 영매 상태, 경련인데, 제식 집행자로서는 의식상실이며 궁극적으로는 기억상실이다. 왜냐하면, 그는 당연히 자기에게 무엇이 일어났는지 또는 발작하는 동안에 자기가 뭐라고 울부짖었는지를 모르기 때문이다. 시베리아에서는 샤머니즘 의식은 보통 병자의 치료를 목적으로 한다. 샤먼은 악령에 의해 착란상태에 빠졌거나 도둑맞은 아니면 악령에 사로잡힌 (병자의) 혼을 구하러 떠난다. 강탈당한 생명의 근원을 다시 찾은 우여곡절을 이야기하며 연기한다. 마침내 그는 생명의 근원을 본래의 소유자에게 돌려주면서 승리를 자랑한다. 샤먼의 또 하나의 기술은 환자 몸에서 병을 빨아내는 것이다. 샤먼이 병자에게 다가가 영매 상태에서, 정령이 병의 감염 장소라고 가르쳐준 곳에 입술을 댄다. 곧 그는 병원균을 빨아 낸다—즉 작은 돌, 벌레, 곤충, 깃털, 희거나 검은 실밥 등을 갑자기 꺼내서 좌중座衆에게 보여주고, 그것을 저주하며 발로 차버리거나 구멍에 묻어버린다. 샤먼이 치료하기 전에 미리 입속에 그 물건을 숨기고는 그것을 병자의 신체에서 끌어 내는 척하는 것이라는 사실을 참석자들이 잘 알고 있는 경우도 있다. 그러나 그들은 그러한 물건이 독毒을 잡고 독을 고정시키기 위한 덫이나 보조수단에 불과한 것이라고 말하면서, 그러한 속임수를 받아들인다. 주술사도 그러한 믿음을 갖고 있다고는 확실하게 말할 수는 없지만, 그것은 있을 수 있는 이야기이다.

어쨌든 경신輕信(고지식함)과 모의 행위는 다른 곳에서와 마찬가지로 여기에서도 기묘하게 결합되어 나타난다. 에스키모의 샤먼들은 자신의 몸을 끈으로 묶는다. 그 이유는 **정신으로**en esprit만 여행하기 위해서인데, 그렇게 하지 않으면 자신들의 몸도 바람에 날아가버려 다시는 돌아오지 못하고 사라질 것이라고 그들은 말한다. 그들이 진실로 그렇게 믿는 것인가 아니면 그렇게 믿도록 하기 위한 교묘한 연출인가? 하여튼 주술적인 비행飛行을 끝낸 그들이 누구의 도움도 받지 않고 순식간에 끈에서 탈출하는 것은 사실이다. 이것은 찬장 속에 들어간 대븐포트 형제(19세기 미국의 기묘한 재주꾼들)의 기묘한 재주와 똑같이 불가사의한 일이다.[6] 이 사실은 프란츠 보아스 Franz Boas 같은 노련한 민족지학자民族誌學者에 의해서 입증된다.[7] 보고라스 Bogoras도 같은 생각에서 추케 족 tchouktches(베링해협 근처에 거주)의 샤먼들의 '분리된 목소리 voix séparées'를 축음기에 녹음하였다. 샤먼이 갑자기 입을 다물면, 인간의 것이라고 생각되지 않는 목소리가 들려온다. 그것은 텐트의 네 귀퉁이에서 오는 것 같기도 하며, 땅바닥에서 나오는 것 같기도 하고, 또는 매우 멀리서 오는 것 같기도 하다. 그와 동시에 물체가 공중에 떠오르거나 돌이나 나뭇조각이 쏟아지는 다양한 현상이 일어난다.[8]

심령술과 요술의 경향이 동시에 나타나는 영역에서는 이처럼 복화술復話術과 환각작용이 사용되는 경우가 드물지 않다. 불을 마음대로 지배하는 것(뜨거운 숯불을 입 속에 보존하거나 빨갛게 단 쇠를 손으로 잡는 것), 맨발로 칼 사닥다리에 오르는 것, 칼로 찔러 상처를 내도 피가 나지 않거나 상처가 곧 다시 아무는 것. 대부분의 경우, 그것은 단순한 기술奇術, prestidigitation에서 그리 멀지 않은 것이다.[9]

계획적인 위장과 진짜 흥분을 각각 어느 정도로 배합할 것인가—아마도 그 배합은 (각각의 경우마다) 매우 다를 것이다—는 아무래도 좋다. 매우 중요한 것은 현기증과 몸짓 표현, 황홀과 모의의 긴밀하고 거의 불가피한 공모관계를 확인하는 것이다. 그런데 이 공모관계는 샤머니즘의 독점물이 결코 아니다. 그것은, 예를 들면, 아프리카에서 생겨나서 브라질과 서인도제도에 널리 퍼져 부두교라는 이름으로 알려져 있는 홀림 현상에서도 볼 수 있다. 여기에서도 역시 황홀을 일으키는 기술로서 큰 북의 리듬과 동작의 전염이 사용된다. 갑자기 뛰어오르는 것과 발작적인 몸짓은 혼이 나가는 것을 의미한다. 얼굴 표정과 목소리의 변화, 땀흘림, 몸의 균형 상실, 경련, 기절, 몸이 시체처럼 뻣뻣해지는 것 등에 이어서 진짜 또는 거짓으로 꾸민 기억상실이 일어난다.

그렇지만 발작이 아무리 격렬해도, 샤먼의 발작과 마찬가지로 그것은 처음부터 끝까지 정확한 전례典禮에 따라서 또 미리 정해져 있는 신화에 준거해서 진행된다. 의식은 연극의 상연처럼 보이며, 홀린 자들은 의상을 갖추고 있다. 그들은 자신들 속에 머물러 있는 신들의 속성을 나타내며, 그 신들의 특징적인 행동을 모방한다. 농민 신神 자카Zaka가 화신化身한 자는 밀짚모자, 가방과〔도기陶器로 만든〕짧은 파이프를 보라는 듯이 내세운다. 선원의 신 아구에Agoué가 '걸터앉은' 자는 노를 젓는다. 뱀신 담발라Damballah가 찾아든 자는 파충류처럼 땅을 긴다. 이러한 것은 일반적인 원칙이며, 게다가 다른 민족들에게서는 더 잘 입증된다. 문제의 이 측면에 대해 가장 좋은 문헌의 하나는 여전히 보리Bori교에 대한 트리미안Tremearne의 해설과 사진이다.[10] 보리교는 트리폴리 지방〔오늘날의 리비아의 일부〕에서 나이제리아까지 퍼져 있는 반은 흑인적이며 반은 이슬람교적인 아프리카 회교도의 종교인데, 신화는 다르지만 그 실천 형태에서는 거의 모든 점에서 부두교와 매우 가깝다. 정령 말람 알 하지Malam al Hadgi는 박식한 순례자이다. 그에게 홀린 자는 늙고 손발을 떠는 체한다. 그는 마치 오른손으로 묵주알을 세는 것처럼 손가락을 움직이며, 왼손으로는 가공架空의 책을 쥐고 읽는다. 등이 굽고 허약하며 잔기침을 한다. 흰옷을 입고 결혼식에 참가한다. 마카다Makada에 홀린 연기자는 벌거벗은 채로 원숭이 가죽만을 걸쳤으며, 온몸에 똥을 바르고, 그것을 즐거워하면서 먹는다. 그는 한 발로 뛰며 성교하는 흉내를 낸다. 신神들림 la prise du dieu에서 그를 해방시키기 위해서는 입속에 양파나 토마토를 넣으면 된다. 나나 아예샤 카라마 Nana Ayesha Karama는 눈병과 천연두의 원인이다. 이 정령을 나타내는 여성은 흰색과 붉은색의 옷을 입는다. 두 장의 손수건이 머리 위에 하나로 묶여 있다. 그녀는 박수를 치고, 이리저리 뛰고, 땅바닥에 앉고, 자기 몸을 긁고, 양손으로 머리를 껴안고, 사탕을 주지 않으면 울고, 일종의 원무圓舞를 추고, 재채기를 하고는[11] 사라진다.

    서인도제도와 마찬가지로 아프리카에서도 관중은 연기자를 돕고, 격려하며, 연기자가 표현하는 신에게 관례적으로 따라다니는 소도구를 그에게 넘겨준다. 그러는 동안에 연기자는 그 신의 성격 및 생애에 대한 지식을 통해서 또 그가 전에 본 적이 있는 의식의 기억을 통해서 자신의 역할을 만들어 낸다. 연기자가 정신착란에 빠져 있어도, 그가 기분내키는 대로 하거나 제멋대로 연기하는 것은 거의 허용되지 않는다. 그는 사람들이 기대하는 대로 또 자신이 그렇게 해야 한다고 생각하는 대로 행동한다. 알프레 메트로 Alfred Metraux는 부두교에서의 발작 과정과 성질을 분석하여, 연기자에게는 처음부터 발작을 겪을 의지가 있다는 것, 발작을 일으킬 수 있는 적절한 기술, 그리고 발작의 전개에는 전례상典禮上의 양식화様式化가 있다는 것을 잘 보여주었다. 암시가 아니 모의행위까지도 여기서 역할을 하고 있다는 것은 의심할 바 없다. 그러나 대부분의 경우, 그것들은 홀린 상태에 빨리 들어가고자 하는 자의 조바심의 결과 자체이며, 또한 홀림의 도래를 재촉하는 수단인 것처럼 보인다. 암시와 모의 행위는 홀림을 겪는 능력을 증대시키며, 또한 홀림을 불러일으킨다. 그것들이 일으키는 의식상실, 흥분, 현기증 등은 진정한 영매 상태, 즉 신의 갑작스런 출현을 돕는 것이다. 이것은 어린이의 미미크리와 매우 유사하기 때문에, 알프레 메트로는 서슴지 않고 다음과 같이 결론짓는다: '홀림의 몇 가지 방식을 관찰하면, 그것들을 어린이가, 예를 들면, 자신을 인디언이나 동물이라고 상상하면서 옷이나 어떤 물건을 이용해서 공상空想의 자유로운 비상飛翔을 거드는 것과 비교해보고 싶어진다.'[12] 차이점은 여기서는 미미크리〔홀림〕가 놀이가 아니라는 것이다. 미미크리는 현기증에 이르며 종교 세계의 일부를 이루고 사회적 기능을 수행한다.

여기서 다시 가면의 착용이 제기하는 일반적인 문제로 돌아간다. 가면은 홀림의 경험과 조상, 정령 및 신들과 교류의 경험을 수반한다. 가면은 그것을 쓰는 자에게 일시적인 흥분을 일으키며, 아울러 그에게 자신이 뭔가 결정적인 변신을 했다고 믿게 한다. 어쨌든 가면은 본능의 폭발, 어찌할 수 없는 무서운 힘의 침입을 조장한다. 물론 가면을 쓴 자도 처음부터 제정신이 아닌 것은 아니지만 그러나 자신을 흥분시키는 도취에 곧 몸을 맡긴다. 의식意識이 현혹당한 그는 자기 자신의 몸짓에 의해 일어난 내부의 혼란에 완전히 몰입해버린다. 조르주 뷔로Georges Buraud는 다음과 같이 쓰고 있다: "개인은 더 이상 자신을 의식하지 못한다. 기괴한 부르짖음이 그의 목구멍에서 나오지만, 그것은 짐승이나 신의 소리, 초인의 외침이며 아울러 자기 내부에 그 순간 머물러 있다고 믿으며, 또 실제로 머물러 있는 무한한 마력, 전투력, 세상을 여는 듯한 정열의 순수한 발산이다."[13] 그리고는 아프리카의 짧은 황혼 속에서 가면에 대한 열렬한 갈망을 불러 일으키는 탐탐tamtam〔아프리카 원주민의 북〕의 최면적인 연타. 이어서 유령들의 맹렬한 돌진. 그 유령들은 죽마竹馬를 타고 무서움을 일으키는 괴상한 소리 — 롬브의 획획거리고 그르렁거리며 붕붕거리는 소리 — 를 내면서, 키가 큰 풀 위를 거인 같은 걸음으로 달린다.

제2부   141

그곳에는 우주의 에너지에 분별없이 광란적으로 또 맹목적으로 참가하는 데서 생기는 현기증, 곧 암흑 세계로 돌아갈 짐승신神의 전격적인 공현公顯만이 있는 것이 아니다. 공포와 불안을 널리 퍼뜨리는 단순한 도취도 있다. 특히 내세內世의 이 유령들은 일차적인 통치기구로서 기능한다. 가면은 제도적인 것이다. 예를 들면, 도곤 족의 진정한 가면문화에 대해서는 이미 지적한 바 있는데, 가면이 집단의 공공생활 전체에 침투해 있다. 이러한 원시단계의 집단생활에서 정치권력의 맹아—아직은 유동적이지만—를 찾아볼 수 있는 곳은 성인식과 독특한 가면을 지닌 남성집단이다. 가면은 비밀결사의 도구이다. 그것은 회원의 정체를 숨기는 동시에 집단 밖의 사람들에게 공포심을 일으키는 역할을 한다.

사춘기의 통과의례인 성인식이 신참자들에게 가면의 순수하게 인간적인 성질을 보여주는 경우가 종종 있다. 이 관점에서 보면, 성인식이란 무신론적, 불가지론적, 부정적인 교육이다. 그것은 기만을 폭로하고, 기만의 공범자를 만들어 낸다. 이때까지, 청소년들은 가면의 출현에 겁을 먹었다. 〔그런데 지금〕 가면을 쓴 한 사람이 채찍을 휘두르면서 그 청소년들을 쫓아간다. 의식집행자의 독려로 그들은 그 가면 쓴 자를 잡아 움직이지 못하게 하고, 무장해제시키며, 의상을 찢고, 가면을 벗긴다. 부족의 고참자 한 사람이라는 것을 그들은 알게 된다. 이제부터 그들은 다른 진영에 속한다.[14] 그들은 사람들을 무섭게 한다. 이번에는 그들이 몸에 흰 분을 바르고 가면을 쓰고서 죽음의 정령의 화신이 되어 성인식을 거치지 않은 자들에게 겁을 주며, 체포한 자들이나 잘못을 저질렀다고 생각되는 자들을 거칠게 다루고 그들의 소지품을 강탈한다. 그들이 반半비밀단체의 구성원이 되는 경우가 있는데, 그것에 가입하기 위해서는 제2의 성인식〔입문식〕을 겪는 경우가 많다. 첫 번째 성인식과 마찬가지로 그 의식에는 학대, 고통스러운 시련, 때로는 진짜 또는 거짓으로 꾸민 강경증, 죽음과 부활의 모의 등이 따른다. 또한 첫 번째 의식과 마찬가지로 이 의식도 소위 정령은 변장한 인간에 불과하며, 정령들의 굵고 우렁찬 목소리도 (사실은) 그 소리가 유별나게 큰 롬브에서 나온다는 것을 가르쳐준다. 마지막으로, 역시 첫 번째 성인식과 마찬가지로 그 의식은 집단 밖의 많은 사람들을 갖가지로 골탕먹일 수 있는 특권을 준다. 비밀결사는 모두 그 독자적인 물신物神과 수호 가면을 갖고 있다. 하급결사의 회원은 자신들의 결사를 지켜주는 가면의 성질은 잘 알고 있지만, 상급결사의 수호가면은 초자연적인 존재라고 믿고 있다.[15] 베추아나 족 Betchouana (아프리카 동남부에 거주)에서는, 이런 종류의 집단은 성인식이 행해지는 오두막집의 이름을 따서 모타포 motapo, 즉, 신비 mystère라고 불린다. 저속한 신앙과 일반인들이 갖는 두려움에서 벗어나 있는 난폭한 젊은이들을 그 집단은 모으고 있다. 가입자들이 위협적이고 거친 행동을 하는 목적은 미신에 의해 공포에 휩싸여 있는 사람들을 한층 더 위협하는 데 있다. 이렇게 해서 모의와 영매 상태의 굉장한 결합이 때로는 기만과 협박의 완전히 의식적인 혼합이 된다. 그리고 이때 어떤 특별한 종류의 정치권력이 발생한다.[16]

확실히 이러한 결사들은 다양한 운명을 겪는다. 그것들은 춤이나 종교의식 등 주술적인 의례의 거행을 전문으로 하는 경우도 있지만, 또한 간통, 도둑질, 흑주술 magie noire (악마의 힘을 빌어서 하는 마술)과 독살 등을 금지하는 역할을 맡는 경우도 있다. 시에라 리온 Sierra Leone (서아프리카 영연방 내의 공화국. 1961년 독립)에는 지방별로 조직된 전사 결사[17]가 있는데, 이것이 판결을 내리고 형을 집행한다. 반란을 일으키는 마을에 대해서는 복수의 원정대를 조직한다. 또한 평화를 유지하고 반목을 막기 위해 중재도 행한다. 밤바라 족 Bambara (니제르 강 유역에 거주. 말리공화국에서 최대의 종족)에게는 '모든 것을 알고 모두를 벌하는' 코모 komo 라는 단체가 있는데, 이것은 일종의 큐클럭스클랜 Ku Klux Klan(미국 남부의 테러조직)을 아프리카에서 미리 보여주는 것으로서 끊임없이 테러를 행하고 있다. 가면을 쓴 사람들의 단체가 이렇게 해서 사회질서를 유지하고 있다. 따라서 현기증과 모의, 아니 적어도 그것들의 직접적인 파생물인 위협적인 모방과 미신적 공포가 원시문화의 우발적인 요소가 아니라, 진실로 원시문화의 메커니즘을 가장 잘 설명해 줄 수 있는 기본적인 원동력으로서 다시 나타나고 있다고 단언해도 과장은 아닐 것이다. 그렇지 않다면, 이미 본 바와 같이 가면과 패닉이 항상 존재하고 있다는 것, **더구나** 떼어놓을 수 없을 정도로 한 짝이 되어 **함께 존재하고** 있다는 것 그리고 이들 사회의 절정인 축제에서나 그 주술적, 종교적 실천에서 아니면 아직은 확실치 않은 그 정치기구의 형태에서—물론 이 세 영역 모두에서 주요한 기능을 행하는 것은 아니지만—중심적인 위치를 차지하고 있는 것을 어떻게 이해할 것인가?

〔지금까지 본 것으로도〕이른바 문명으로의 이행은 일링크스와 미미크리의 조합의 우위를 점차적으로 없애면서 그 대신에 아곤=알레아, 경쟁과 우연의 한 쌍을 사회관계에서 우위에 놓는 것이라고 주장하기에 충분한가? 원인이나 결과가 어쨌든지 간에, 고도의 문화가 원시의 혼돈상태에서 출현하는 데 성공할 때마다, 현기증과 모의의 힘의 두드러진 후퇴가 확인된다. 이때 그 두 힘〔현기증과 모의〕은 예전의 세력을 잃고 공공생활의 주변으로 밀려나, 불법적이며 범죄적인 역할은 아니더라도 점점 더 보잘것없고 간헐적인 역할을 할 수밖에 없는 처지에 이르거나, 아니면 놀이와 허구의 한정된 규칙 있는 영역에 갇히게 된다. 이 놀이와 허구의 영역에서 현기증과 모의는 사람들에게 변함없이 영원한 만

족을 주지만, 그 만족은 억제된 것으로서 사람들에게 지루함을 잠시 잊게 해주거나 노동의 피로를 풀어주는 역할 밖에 하지 못한다. 이렇게 되면 정신착란도 망상도 없다.

8
경쟁과 우연

혼돈의 사회 sociétés à tohu-bohu에서는 가면을 쓰면 힘과 정령, 활력과 신의 화신이 된다(또 화신이 된다고 느낀다). 가면의 착용은 이미 본 바와 같이 무언극과 황홀의 강력한 결합에 기반을 둔 원초적인 문화유형의 특징을 나타낸다. 지구의 전표면에 퍼져 있는 그것은 느리고 고통스럽고 꾸준한 〔사회〕 진전이 결정적으로 있기 전까지의 불가피하고 매력적인 잘못된 해결인 것처럼 보인다. 이 함정에서 벗어난다는 것은 바로 다름 아니라 문명의 탄생 자체이다.

―

예상할 수 있는 바와 같이 이러한 대규모의 혁명은 하루에 완성되는 것이 아니다. 게다가 혁명은 항상 어떤 문화가 역사에 등장하는 과도기에 이루어지는 우리들이 알 수 있는 것은 그 과도기의 최종 국면뿐이다. 그 혁명을 증언하는 제아무리 오래된 문헌이라도 〔원초적인 문화에서 벗어나는) 최초의 선택이 어떤 것이었는지에 대해서는 거의 문제 삼지 않았다. 최초의 선택은 막연하고 아마도 우발적이었을 것이며, 직접적인 결과도 없었겠지만, 그럼에도 불구하고 그 선택은 비범한 민족들을 결정적인 모험에 들어서게 하였다. 그렇지만 그 민족들의 최초 상태(이것은 원시인의 일반적인 생활양식에서 상상해 내지 않으면 안 된다)와 그들의 도달점(이것은 그들의 유물을 통해 재구성할 수 있다) 사이의 차이가 모의와 현기증의 결합된 마력에 대한 오랜 투쟁을 통해서만 그들의 진보가 가능하게 되었다는 것을 납득시킬 수 있는 유일한 논거는 아니다. 일찍이 그 마력(모의와 현기증의)이 나타낸 독성의 흔적은 얼마든지 있다. 그 독성과의 싸움 자체에도 이따금 시사하는 바가 있는 실마리가 남아 있다. 스키타이인과 이란인은 황홀상태를 일으키기 위해, 도취시키는 대마大麻의 증기蒸氣를 사용하였다. 야슈트(19~20)(조로아스터 교의 경전 아베스타의 시구詩句. 숫자는 행行의 번호)가 아후라 마즈다Ahura Mazda(조로아스터 교의 선善과 빛의 최고 신)는 "영매 상태도 대마도 사용하지 않는다"고 단언하는 것은 흥미롭다. 또한 인도에서는 마법비행魔法飛行에 대한 신앙이 수없이 증언되고 있는데, 중요한 것은 마하바라타Mahabharata(고대 인도의 서사시)의 한 절(160권, 55 이하)에 있는 다음과 같은 말이다: "우리도 역시 하늘로 날 수 있으며 여러 형태로 모습을 나타낼 수 있다. 그러나 **환상을 통해서이다**." 이처럼 진실로 신비적인 승천은 주술사들의 하늘여행 및 소위 변신과는 명확하게 구별된다. 금욕고행禁慾苦行과 특히 요가의 방법 및 은유隱喩가 샤먼의 기술 및 신화에 빚지고 있는 것이 크다는 사실은 잘 알려져 있다. 양자의 유사점은 밀접하고 일관성이 있기 때문에, 직접적인 친자관계親子關係가 있는 것이 아닐까라고 종종 생각하게 할 정도였다. 그렇지만 요가는 누구나 강조하는 바와 같이 내면화이며, 황홀의 힘을 정신적인 차원으로 옮기는 것이다. 게다가 요가에서는 더 이상 세계 공간의 환상적 정복이 문제가 아니라 세계라는 환상에서 자신을 해방시키는 것이 문제이다. 특히 여기에서는 노력의 방향이 완전히 역전되어 있다. 이제부터 목표는 의식의 패닉 상태를 억지로 일으켜 신경의 카타르시스에 편안히 사로잡히는 것이 아니라 반대로 자기통제의 체계적인 연습이며 훈련이다.

티벳과 중국에는 샤먼들의 시도가 많은 흔적을 남겨 놓았다. 라마승들은 공기를 마음대로 지배하고, 하늘로 올라가며, '뼈로 된 7개의 장신구'를 걸치고 주술적인 춤을 추고, 의성어로 된 이해할 수 없는 말을 사용한다. 유안劉安과 이소군李少君 같은 도사와 연금술사들은 공중으로 난다. 하늘의 문에 도달하고 혜성을 밀어내거나 무지개에 기어오른 자도 있다. 그렇지만 이 무서운 유산도 비판적 사고의 발달을 방해하지 못한다. 영매 상태에 들어간 살아 있는 자의 입을 통해 아니면 '원현元弦을 뜯으면서' 죽은 자의 혼을 불러내는 무당의 입을 통해 사자死者가 말을 한다는 것은 거짓이라고 왕충王充은 고발한다〔《論衡》論死 篇〕. 《국어》에 기술된 바에 따르면, 고대〔楚〕의 소왕昭王(기원전 515~488)은 재상〔觀射父〕에게 다음과 같이 질문하였다고 한다: "주 왕조의 문서〔《尚書》周書의 呂刑 篇〕는 중려重黎가 하늘과 땅의 접근할 수 없는 지역에 사자使者로 보내졌다고 말하는데, 그러한 일이 어떻게 있을 수 있었는가? 인간이 하늘에 오를 가능성이 있는가?"〔《國語》楚語下의 첫머리〕. 그러자 재상은 소왕에게 그 현상의 정신적 의미를 설명하였다. 올바르고 자기 억제를 할 수 있는 자는 좀 더 높은 인식 방법에 도달할 수 있다. 그러한 자는 '지켜야 할 품행, 수행해야 할 일'을 식별하기 때문에, 천상계天上界에 이르고 하계下界에 내려간다. 이 책에 의하면, 그러한 자는 관리로서 신들의 서열, 제물, 제구祭具, 계절에 따른 전례용典禮用 의복 등을 감독하는 일을 맡았다고 한다.[18] 홀림, 현기증, 황홀의 인간인 샤먼이 여기서는 관리, 고관高官, 의전장儀典長이라는 인물로 변신해서 의전儀典과 명예 및 특권의 올바른 분배에 신경을 쓰고 있다. 이것이야말로 혁명이 달성되었다고 하는 거의 지나칠 정도의 만화 같은 예증이 아닐까!

1) 변천

인도, 이란, 중국에서는 현기증 기술이 어떻게 해서 통제 및 체계 쪽으로 발전해갔는가를 보여주는 지표들이 따로따로 흩어져서 보일 뿐이지만, 다른 나라는 좀 더 풍부하고 더욱 명료한 기록이 남아 있어 그 중요한 변모의 여러 단계를 보다 자세하게 추적할 수 있다. 가령, 인도=유럽세계에서는, 〔현기증과 통제라는〕 두 체계의 대비가 두 형태의 지배권의 대립 속에서 오랫동안 두드러지게 지속되었다. 이것은 G.뒤메질Dumézil의 저작들에 의해 명백하게 설명되었다. 한쪽에는 법률가Légiste라는 지고의 신이 있다. 계약 이행을 감시하는 이 신은 정확하고, 신중하며, 세심하고, 보수적이다. 규범, 권리, 규칙의 엄격하고 기계적인 보증인이다. 투기장에서 대등한 무기를 갖고서 일대일로 맞겨루는 싸움에서나 아니면 재판소에서 법의 공평한 적용을 통한 싸움에서나 이 신의 활동은 반드시 정당하며 관습에 따르는 아곤 형태와 연관되어 있다. 또 한쪽에는 광란Frénétique이라는 신이 있는데, 이 역시 지고의 신이다. 영감에 따르고 무서우며, 예측 불가능하고, 사람을 마비시키고 황홀하게 하는 강력한 주술사이다. 마력과 변신의 명수이며, 흔히 미쳐 날뛰는 가면 집단의 보호자, 보증인이 된다. 권력의 이 두 측면, 즉 관리administration라는 측면과 번개처럼 번쩍거림fulgurant이라는 측면 사이에는 오랜 경쟁이 있었고, 또 여러 우여곡절을 겪었던 것 같다. 예를 들면, 게르만 세계에서는 현기증의 신이 오랫동안 그 우위를 지켜왔다. 브레멘의 아담스(중세 독일의 연대기 작가)에 의하면 오딘Odhin(북유럽신화의 웅변, 무용武勇, 지혜, 시가 따위를 주재하는 최고의 신)이라는 이름이 '열광furor'에 상당하는 말이라고 하는데, 이 신은 그 신화의 대부분에서 완전한 샤먼으로 나타난다. 그는 다리가 여덟 개인 말을 타는데, 이 말은 바로 샤먼이 타는 것으로 시베리아에 이르기까지 잘 알려져 있다. 이 오딘은 모든 동물로 변신하며, 어떠한 곳에도 눈 깜짝할 사이에 이동하고, 후긴Huginn과 무닌Muninn이라는 두 마리의 초자연적인 까마귀를 통해 정보를 얻는다. 그는 룬runes(고대 북유럽의 문자. 귀신을 부르는 데 쓰였다)이라는, 사람을 속박하는 비밀 언어를 배우기 위해 나무에 매달려서 칠일낮 칠일밤을 보낸다. 그는 강신술을 만들어 내며, 또 미미르Mimir(지혜의 샘을 보유한 거인의 신. 머리가 잘려서 오딘의 소유가 된다. 오딘은 이 머리에서 지혜와 충고를 받았다고 한다)의 미라화된 머리에 물어본다. 게다가 그는 세이드르seidhr 라는 순수하게 샤먼적인 의식을 행한다(그런데 이것 때문에 비난을 받는다). 이 의식에는 환상적인 음악이 있고, 의례용 의상(푸른 외투, 검은 새끼 양의 가죽으로 된 모자, 흰 고양이 가죽, 지팡이, 암탉의 털로 된 방석 등)이 있으며, 다른 세계로의 여행이 있고, 친절한 조수들의 합창이 있고, 영매 상태, 황홀 그리고 예언이 있다. 마찬가지로 맹수로 변신하는 광포한 전사들berserkers도 직접적으로 가면결사假面結社와 관련되어 있다.[19]

반대로 고대 그리스에서는 출발점은 같았지만, 상대적으로 풍부한 문헌 덕택에 그 진화의 신속함과 명료함을 매우 잘 알 수 있다. 이것은 기적이라고 부를 정도로 대대적이면서 급격한 성공이었다. 그러나 다음의 사실에 유의하지 않으면, 이 진화라는 말도 받아들일 만한 의미를 얻지 못 한다. 즉 획득된 성과, 말하자면, 의식과 신전, 질서 및 조화 그리고 절도節度의 애호, 논리와 과학의 관념 등은 키클로페스(그리스신화의 외눈 거인), 쿠레테스(크레타 섬의 정령들), 카베이로이(에게 해 북쪽과 프리기아 지방의 오래된 풍요의 신), 닥틸로스들(이다산Ida: 크레타 섬 최고봉의 옛 이름)에 사는 대장장이들), 코리반테스(여신 키벨레의 남자 시종들)라는 무용수와 대장장이의 주술집단과 또한 켄타우로스 족(말의 몸체와 사지, 인간의 상체와 팔을 지닌 종족) 같은 반신반수半神半獸의 무서운 가면을 쓴 소란한 집단—이것이 아프리카의 교리전수결사에 해당된다는 것은 오래전부터 알려져 있다—이 출몰하는 전설적 배경에서 떠올랐다는 것을 상기하지 않으면 안 된다. 스파르타의 장정(壯丁: 18~20세)들도 적도 아프리카의 표범 인간hommes-panthères이나 호랑이 인간hommes-tigres과 완전히 똑같이 낭광(狼狂: 자신을 이리 따위의 야수라고 여기는 정신병)에 빠졌다.[20]

스파르타의 장정들이 지하동굴에서 지내는 동안—그들이 실제로 노예사냥을 했는지 안 했는지는 별도로 하고—고립된 매복생활을 한 것은 사실이다. 사람들의 눈에 띄거나 붙잡혀서는 안 된다. 이것은 군사훈련과 전혀 관계없다. 이러한 훈련은 장갑보병裝甲步兵의 전투 방식과 조금도 일치하지 않는다. 젊은이는 이리로서 생활하며, 이리처럼—혼자서 갑작스럽게 야수처럼 뛰어들어서—공격한다. 그의 희생자들에게 (반대로) 잡히지 않는 한, 그는 훔치거나 죽여도 벌받지 않는다. 이러한 시련에는 성인식의 위험과 이점이 들어 있다. 신참자는 이리로 행동할 수 있는 권한과 권리를 획득한다. 그는 이리에게 삼켜져서 이리로 재생한다. 그는 이리에게 갈기갈기 찢길 위험을 감수하는 것에 의해서 인간을 갈기갈기 찢을 자격을 얻는다.

제우스가 낭광 집단의 수호신으로 군림하는 아르카디아Arcadia(그리스의 펠레폰네소스 반도의 중앙고지)의 루케이온 산에서는 어린이의 살을 다른 고기들과 섞어서 먹는 자가 이리가 된다. 아니면 신참자는 못을 헤엄쳐 건너가, 그가 닿은 황야에서 9년 동안 이리가 된다. 아르카디아의 리쿠르구스Lycurgue — 그 이름은 '이리인 체 하는 자'라는 의미인데 — 는 젊은 디오니소스를 쫓아간다. 신비스런 도구로 디오니소스를 위협한다. 그 도구는 무서운 으르렁거리는 소리와 '땅 속에서 울리는 큰 북소리나 몹시 불안하게 하는 천둥소리'를 낸다고 스트라본Strabon〔기원전 1세기의 그리스 역사가 겸 지리학자〕은 말한다. 〔그 소리가〕 가면에 일반적으로 붙어다니는 악기인 롬브의 기괴한 음이라는 것을 확인하기란 어렵지 않다.

스파르타의 리쿠르구스Lycurgue〔기원전 9세기 경의 전설적인 입법자〕를 아르카디아의 리쿠르구스와 연결시켜 생각하는 데에는 이유가 없는 것이 아니다. 기원전 6세기에서 4세기까지는 공포를 일으킨 초자연적인 영靈이 특히 입법자가 되었다. 즉 성인식을 주재한 마법사가 교육자가 된다. 마찬가지로 사춘기 시절에는 잔인하고 비인간적인 생활을 한 스파르타의 이리인간들hommes-loups은 더 이상 신에 홀린 야수가 되지 못한다. 그들은 이제는 예속된 인민들을 두려움과 복종 속에 유지하기 위해 징벌원정懲罰遠征을 책임지는 일종의 정치경찰을 구성한다.

예전의 발작적 황홀은 억압과 위협이라는 목적을 위해 냉정하게 이용된다. 변신과 영매 상태는 이제는 추억에 불과한 것이 된다. 노예사냥은 확실히 표면적으로는 숨겨져 있다. 그렇지만 그것은 그래도 역시, 엄격한 제도를 통해 민주주의와 전제주의를 결합한 군사공화국軍事共和國의 합법적인 기구 중 하나이다. 소수의 정복자들은 자신들한테는 이미 다른 종류의 법률을 채용하였지만, 다수의 예속민들에 대해서는 옛부터의 오랜 처방〔노예사냥〕을 계속 사용한다.

이러한 진화는 놀랍고 의미 깊다. 그렇지만 그것은 하나의 특수한 경우에 불과하다. 같은 무렵 그리스의 거의 전역에서는 바커스 신앙이 그 추종자들에게서 황홀, 인사불성과 신들림을 일으키기 위해 여전히 춤과 리듬, 명정酩酊에 의존하였다.

그러나 이러한 현기증과 모의는 극복되었다. 그것들은 오래전부터 더 이상 도시국가의 중심 가치가 되지 못했다. 그것들은 먼 옛날을 전할 뿐이었다. 육체가 잠자리에서 가만히 누워 있는 동안 정신은 명부冥府로 내려가고 또 천상天上으로 여행한다는 것은 이제는 단지 추억에 불과하다. 프로코네소스 섬의 아리스테아스〔Aristéas: 기원전 6세기의 시인 겸 역사가〕의 혼은 신에게 '사로잡혀' 까마귀가 되어 아폴론을 따라다녔다. 클라조메나이의 헤르모티무스Hermotimus〔기원전 6세기의 철학자〕는 미래에 대한 지식을 준비하려고 수년간 자신의 육체를 떠났다. 크레타 섬의 에피메니데스Epimenides〔기원전 6세기의 시인 겸 철학자〕는 이다 산의 신성한 동굴 속에서 단식을 하고 황홀 상태에 빠져 많은 주술능력을 얻었다. 예언자이며 병을 고치는 자인 아바리스Abaris〔전설 속의 인물〕는 황금화살을 타고서 공중을 날아다녔다.

그러나 이러한 이야기들 중 가장 뿌리 깊게 살아남고 가장 상세한 것에도 이미 그 이야기들의 본래 의미와는 반대의 방향이 나타나고 있다. 오르페우스는 죽은 아내를 구하러 지하세계에 갔지만, 아내를 데려오지 못한다. 죽음은 돌이킬 수 없는 것이며, 또 죽음을 이겨 낼 수 있는 주술이 없다는 것을 사람들은 알기 시작한 것이다. 팜필리아인 에르Er〔죽은 지 열흘 만에 되살아난 용사〕의 황홀한 여행도 플라톤《국가론》제10권〕에게는 더 이상 극적인 사건이 많은 샤먼의 모험담이 아니라 철학자가 우주Cosmos와 운명Destinée의 법칙을 설명하기 위해 이용한 우화에 불과하다.

―

한편에서는 황홀을 가져오는 변신 수단으로서의 또 다른 한편에서는 정치권력의 도구로서의 가면이 소멸해가는 과정은 완만하고 (시간적 공간적으로) 불균등하며 험난하다. 가면이란 특히 우월의 표시였다. 가면사회에서는 모든 문제가 가면을 쓰고서 다른 사람들을 무섭게 하느냐 아니면 가면을 쓰지 않고서 무서워 하느냐에 있다. 좀 더 복잡한 조직에서는 입문식의 정도에 따라서 어떤 사람들한테는 두려워해야 하고 또 다른 어떤 사람들한테는 무서워하게 할 수 있느냐에 있다. 더 높은 단계로 나아가는 것, 그것은 가면의 비밀스런 신비를 배우는 것이다. 그것은 무서운 초자연적인 영靈이란 사실 영이 아니라 자기 자신이 결사結社 밖의 사람들이나 낮은 단계의 입문자들을 가면을 쓰고 무섭게 한 것처럼, 변장한 인간에 불과하다는 사실을 배우는 것이다. 여기에는 확실히 가면의 쇠퇴라는 문제가 있다. 인간은 어떻게 해서 또 왜 가면을 포기하기에 이르렀는가? 이 문제는 민족지학자들의 관심을 끌지 못한 것 같다. 그렇지만 이것은 대단히 중요한 문제이다. 나는 다음과 같은 가설을 제시한다. 이 가설은 가면이 각각의 특수한 문화와 상황에 따라 다종다양한 길을 나아갔으며 (때로는) 상반된 과정도 겪었다는 것을 배제하지 않는다. 반대로 그것을 문제 삼으려고 하는 것이다. 그렇지만 그 가설은 그러한 전진 과정에 공통된 원동력을 제시하고자 한다. 성인식과 가면의 체계가 기능하는 것은, 가면의 비밀의 폭로(다음에서 말하는 가면의 인식)와 자신이 신성한 영매 상태에 빠져 초심자들을 무섭게 하기 위해 가면을 쓸 수 있는 권리를 갖는 것(다음에서 말하는 가면의 사용) 사이에 항상 빈틈없는 일치가 있을 때뿐이다. (가면의) 인식과 사용은 이처럼 밀접하게 연결되어 있다. 가면과 가면을 쓴 자의 진짜 성질을 아는 자만이 무시무시한 겉모습을 취할 수 있다. 특히 만일 사람들이 단순한 변장이라는 것을 알아버리면, 가면의 영향을 받지 않을 것이다. 적어도, 〔그 사실을 몰랐을 때와〕 똑같은 정도로 또 똑같은 성스러운 공포 감정을 갖고서 그 영향을 받아들이는 것은 불가능하다. 그런데 실제로 그것을 모를 리 없으며, 어쨌든 오랫동안 그것을 모를 수는 없다. 여기서 체계에 계속된 균열이 생겨난다. 일련의 금지와 벌을 통해 체계를 결사 밖의 사람들의 호기심으로부터 보호하지 않으면 안 되는데, 그 금지와 벌이란 현실적인 것이다. 놀라운 비밀을 지키는 데 효과적인 유일한 벌은 사실 죽음뿐이다. 그 결과 황홀과 홀림이 주는 내면적인 증거에도 불구하고, 그 메커니즘은 깨지기 쉬운 상태에 있게 된다. 우연한 발견, 조심성 없는 질문, 불경스런 가설이나 설명으로부터 그 메커니즘을 끊임없이 보호하지 않으면 안 된다. 가면이나 변장도구의 제작과 착용이 서서히—그렇다고 해서 그것들이 성스러운 성격을 잃어버리는 것은 아니지만—사형에 처한다는 금지에 의해서도 더 이상 보호받지 못하는 사태가 불가피하게 일어난다. 따라서 그것들은 눈에 띄지 않는 변화를 거쳐서 의례용 장식품, 의식, 춤, 또는 연극의 소도구가 된다.

아마도 가면에 의한 정치적 지배의 마지막 시도는 '하킴 알 모카나Hakim Al-Moqannâ'의 시도일 것이다. 그는 8세기에 수년 동안, 회교 기원〔마호메트가 메카에서 메디나로 도망친 622년부터 시작함〕 160년부터 163년까지 칼리프〔회교국의 왕〕의 군대를 궁지에 몰아넣은 적이 있는 호라산Khorassan〔이란의 동북지방〕의 '베일을 쓴 예언자'이다. 그는 얼굴에 녹색 베일을 쓰고 있었다. 또는 황금가면을 만들게 해서 쓰고는 그것을 결코 벗지 않았다는 말도 있다. 그는 신이라고 자칭하면서, 누구라도 자기 얼굴을 보면 눈이 멀기 때문에 얼굴을 가리는 것이라고 주장하였다.

그러나 이러한 주장은 당연히 그의 적敵들에 의해 심하게 반박되었다. 연대기작가들—이들 모두가 칼리프의 사료 편찬관인 것은 사실이지만—은 그가 가면을 쓴 이유는 대머리이고 애꾸눈이며 혐오감을 일으킬 정도로 못 생겼기 때문이라고 쓰고 있다. 모카나의 신봉자들은 그의 말이 진실이라는 것을 증명하라고 권하면서 그의 얼굴을 보여줄 것을 요구하였다. 그는 얼굴을 그들에게 보여주었다. (그러자) 어떤 사람들은 실제로 타 죽었으며, 또 남은 사람들은 납득하였다. 그런데 공식 역사는 이 기적을 해명하고 책략을 발견(또는 발명)한다. 다음은 아부 박 모하마드 이븐 자 파 나르샤키Abou-Bak Mohammad ibn Dja' far Narshakhi(중앙 아시아의 역사가, 899~959)가 (회교 기원) 332년에 완성한 《부카라의 지형 및 역사에 대한 기술Description topographique et historique de Boukhara》—이것은 가장 오래된 원전 중 하나이다—에 있는 사건의 이야기이다[21]: "모카나의 5만 명 병사들이 궁전문에 모여 엎드려서 그의 모습을 보고 싶다고 간원하였다. 그러나 아무 대답도 없었다. 그들은 자신들의 신의 얼굴을 뵙지 못하는 한은 그곳에서 꼼짝도 하지 않을 것이라고 말하면서 간청하고 애원하였다. 모카나에게는 하제브라는 이름의 하인이 있었다. 그는 하제브에게 이렇게 말하였다. '가서 나의 부하들에게 전하라. 모세가 나에게 얼굴을 보여달라고 요구하였지만, 나는 그에게 나의 모습을 보여주지 않았다. 왜냐하면, 모세는 나의 시선을 견뎌낼 수 없었을 것이기 때문이다—따라서 누군가가 나를 본다면, 그는 즉석에서 죽을 것이다.' 그러나 병사들은 계속 애원하였다. 그러자 모카나는 '아무 날에 오면, 나의 얼굴을 보여주겠노라'고 그들에게 말하였다."

"그런데 궁전에 자기와 함께 있는 여자들(여자들은 100명이나 되었는데, 그 대부분은 소그티아나, 키쉬, 낙샤브(사마르칸트 주변의 나라들)의 농민들의 딸이었다. 그는 그녀들을 궁전에 억류시켰는데, 그의 곁에는 백 명의 이 여자들과 하제브라는 이름의 특별한 하인 이외에는 아무도 없었다)에게 그는 한 사람이 한 개씩의 거울을 갖고서 궁전의 지붕 위로 올라가도록 명령하였다. 그리고는—태양빛이 〔가장 세게〕 내리쬘 때—서로를 향해서 거울을 마주 대하라고 〔그녀들에게 지시하였다〕…… 이윽고 병사들이 모였다. 태양이 거울에 비칠 때, 그 반사의 영향으로 그곳의 주위가 빛으로 휩싸였다. 그러자 그는 하인에게 다음과 같이 말했다. '부하들에게 말하라. 여기 당신의 신이 당신들에게 모습을 나타냈다. 그를 똑바로 쳐다보라! 똑바로 쳐다보라!' 병사들은 그 장소가 빛으로 휩싸인 것을 보고는 무서워하였다. 그들은 꿇어엎드렸다." 싸움에 패했을 때, 하킴은 자신이 승천했다고 믿게 하려고, 엠페도클레스처럼 흔적을 남기지 않고 사라지려고 했다. 그는 백 명의 여자를 독살하고, 하인의 목을 자르고, 자신은 생석회로 가득 찬 구덩이에(또는 수은의 큰 가마솥 또는 황산염의 큰 통 속 또는 구리나 타르, 설탕을 녹이는 가마 속이라는 말도 있다) 벌거벗은 채로 뛰어들었다. 여기에서도 연대기 작가들은 그 술책을 비난하였다. 가면의 지배가 어쨌든 효과가 있긴 하지만(하킴의 신자들은 그의 신성을 믿었으며 그의 죽음을 믿지 않았기 때문에, 호라산은 오랫동안 평정되지 않았다), 그것은 그 이후 속임수와 협잡의 지배로 여겨졌다. 그러는 동안 그것은 패배하고 있었다.

―

　인정받고 존중되는 지배적인 문화풍조로서의 미미크리와 일링크스의 지배는 〔인간의〕 정신이 코스모스〔우주〕, 즉 기적도 변신도 없는 질서정연하고 안정된 세계를 깨닫기에 이르면, 사실상 죽음을 면할 수 없다. 그러한 세계는 규칙성, 필연성, 측정의 영역, 한마디로 말하면 수數의 영역인 것처럼 보인다. 그리스에서는 매우 미세한 점에서조차 혁명이 눈에 띄었다. 예를 들면, 초기 피타고라스학파의 사람들만 하더라도 여전히 구상적具象的인 숫자를 사용하였다. 그들은 숫자에 형태와 모양이 있다고 생각하였다. 숫자 중에는 삼각형의 것도 있고, 정사각형의 것도 있으며, 또 직사각형의 것도 있었다. 즉 숫자는 삼각형, 정사각형, 직사각형으로 표현될 수 있다고 생각하였다. 그것들은 확실히 수 자체로서의 의미밖에 갖지 못하는 기호라기보다는 오히려 주사위와 도미노dominos의 패에 보이는 점點의 집합과 비슷하였다. 게다가 그것들은 음악의 기본적인 삼화음三和音의 음정에 지배되는 시퀀스(連續數)를 구성하고 있었다. 또한 수에는 각각 다른 덕목德目이 주어져서 3은 결혼, 4는 정의, 7은 기회라는 식으로, 수는 전통적으로 또는 자의적으로 부여된 관념이나 상징에 대응하였다. 그렇지만 이 기수법基數法은 부분적으로는 질적인 것이었지만, 몇몇 특수한 급수級數의 주목할 만한 성질에 주의를 기울인 결과, 얼마 안 있어 추상적인 급수가 생겨났다. 이것은 산술철학算術哲學을 배제하고 순수계산만을 요구하기 때문에 과학의 도구로 쓰일 수 있었다.[22]

수와 계량 그리고 그것들이 보급하는 정확성의 정신은 황홀과 변장에 의한 경련 및 발작과는 양립되지 않으며, 대신에 사회적 놀이의 규칙으로서 아곤과 알레아의 발흥을 가능하게 하였다. 그리스는 가면 사회에서 벗어나 오래전부터의 광란적인 축제 대신에 평온한 행렬을 택하고, 델피(신전)에 예언자의 정신착란에 대해서도 의전儀典을 정한 것과 때를 같이 해서 규칙 있는 경쟁과 심지어는 제비뽑기에 대해서도 제도적인 가치를 부여하였다. 달리 말하면, 대규모 시합(올림피아 제전, 코린트 지협 경기대회, 아폴로 축제경기, 네메아 경기)의 창설을 통해 또한 종종 도시행정관의 선거방식을 통해 서도 아곤과―이것과 조합해서―알레아가 (전에) 혼돈의 사회에서 미미크리=일링크스의 조합이 차지하였던 특권적인 지위를 공공생활에서 차지하게 되었다.

경기장의 놀이(경기)는 제한과 규칙이 있고, 특수화된 경쟁을 만들었으며, 또 그것을 다른 것들의 모범으로 제시하였다. 개인적인 증오와 원한의 감정이 없는 이 새로운 종류의 경쟁은 페어플레이와 관용을 훈련시키는 발단이 되었다. 동시에 그것은 심판제도를 관례화하고 심판에 대한 존중을 널리 전하였다. 여러 번 강조되어 온 바와 같이, 심판제도는 교화적敎化的인 역할을 하였다. 사실 거의 모든 위대한 문명사회에는 성대한 의식이 따르는 놀이가 있다. 아즈텍 족(멕시코 원주민)의 펠로타는 왕과 조정의 신하들이 참가하는 의례적儀禮的인 축제였다. 중국에서는 활경기 때 득점 결과보다도 오히려 화살을 쏠 때의 올바른 동작과 패자를 위로하는 매너를 보고 귀족의 자격과 칭호를 주었다. 서구의 기독교 국가들에서는 기마시합이 그와 똑같은 역할을 하였다. 이상적인 것은 어떤 수단으로라도 누구에게나 이기는 것이 아니라, 자신이 존경하며 필요하다면 도와줄 수도 있는 상대방과 평등한 기회 하에서 미리 합의되었기 때문에 허용되는 수단만을 이용하여 정해진 장소와 시간 내에서 경쟁해 거둔 장거壯擧라는 것을 그 기마시합은 가르쳤다.

행정제도의 발달도 아곤의 확대를 촉진시켰다. 관리의 충원은 점점 더 경쟁 및 시합을 통해 이루어졌다. 가장 유능하고 자격 있는 자들을 어떤 하이어라키hiérarchie(명예로운 관직의 연속, cursus honorum나) (중국의 경우) 관료계급進士 속에 받아들이기 위해 사람들을 모으지 않으면 안 되었다. 그리고 이러한 조직 내에서의 승진은 자율적인 결정권에 의해 가능한 한 고정되고 통제된 일정한 규범에 따라 행해졌다. 이리하여 관료제는 아곤을 행정, 군사, 대학, 사법 등 모든 직종의 원리로 삼게 하는 일종의 경쟁요인이 되었다. 관료제는 아곤을 제도 속에 침투시켰다. 그렇지만 처음에는 조심스럽게, 그것도 중요하지 않은 직책에 한해서만 적용하였다. 그 밖의 직책은 군주의 자유재량이나 출생 또는 재산의 특권에 오랫동안 좌우되었다. 물론 이론상으로는 그러한 직책에의 접근이 경쟁에 의해 규정되는 경우도 있었다. 그러나 시험의 성질이나 시험관들의 구성 등의 사정으로 인해 군대의 최고위직과 외교나 행정의 요직이 특권계급의 독점물인 경우가 많았다. 이 특권계급의 경계境界는 애매하지만, 그 집단의식은 매우 배타적이고 연대감이 강했다. 그렇지만 민주주의의 진보란 바로 공정한 경쟁, 권리의 평등, 조건들의 상대적인 평등 등의 진보였다. 특히 조건들의 상대적인 평등은, 실효實效가 있기보다는 오히려 종종 추상적인 것에 머무르는 법적 평등을 실질적으로 사실 속에서 표현할 수 있도록 하였다.

―

한편 고대 그리스에서는 최초의 민주주의 이론가들이 이 난문難問을 해결하였다. 그것은 언뜻 보기에는 기묘한 해결이었지만, 문제의 새로움을 상상해본다면 나무랄 데 없는 것 같았다. 즉 그들은 제비뽑기에 의한 행정관 결정을 절대적으로 평등주의적인 절차로 생각하였다. 그들은 선거를 일종의 기만술책 또는 귀족주의적 발상에 의한 일종의 임시변통으로 간주하였다.

이러한 방식으로 논한 것은 특히 아리스토텔레스였다. 게다가 그의 논의는 일반적으로 시인되고 행해지고 있던 것과 일치하였다. 아테네의 거의 모든 행정관들은 장군과 재정관리, 즉 전문기술자들을 제외하면, 제비뽑기에 의해 뽑혔다. 평의회의 위원들은 각각의 뎀dème(고대 그리스의 행정 구분)이 추천한 지원자들 중에서 〔자격〕 증명시험을 거친 후 제비뽑기로 선정되었다. 이에 반해 보이오티아(고대 그리스의 한 나라) 연맹의 대표자들은 선거에 의해 뽑혔다. 그 이유는 분명하다. 관련 지역이 넓거나 참가자의 수가 많을 경우에는 대의제代議制가 필요하기 때문에 선거가 택해졌다. 그러나 하얀 잠두콩이 걸린 자를 뽑는다고 하는 제 기뽑기에 의한 결정법이 역시 전형적으로 평등주의적인 제도라고 평가되었다. 동시에 그것은, 쉽게 다른 사람으로 대체할 수 없는 자리에 대해서는 종종 [과두정치를 하는] 소수 독재자들의 음모와 책략 또는 '공모共謀'가 일어났는데, 이에 대한 예방조치로도 여겨졌다. 민주주의는 그 초기에는 이처럼 아곤과 알레아라는 공정公正의 두 반대되는 형태 사이에서 망설이고 있었다. 이것은 오늘날 매우 교훈적이다.

　이 [아곤과 알레아의] 의외의 경합은 두 개의 [놀이] 원리 사이에 존재하는 깊은 관계를 명백하게 밝혀준다. 이 경합은 두 원리가 출발점에서 만인의 평등이라는 동일한 문제에 대해 정반대이면서도 상호보완적인 해결책을 제시한다는 것을 보여준다. 이때 만인萬人이 천부적인 능력의 사용을 일체 단념하고 엄밀하게 수동적인 태도를 취하는 데 동의한다면, 그 출발점에서 만인의 평등이란 운명 앞에서의 평등을 말하지만, 반대로 각각의 우월성을 확실하게 증명할 수 있도록 능력을 최고로 동원하는 것이 만인에게 요구된다면, 그것[출발점에서 만인의 평등]은 경쟁 조건에 대한 평등을 말한다.

　실제로는 경쟁 정신이 이겼다. 좋은 정치의 규칙은 어느 후보자라도 표를 얻을 수 있는 합법적인 가능성을 완전히 평등하게 보장해준다. 좀 더 일반적으로 말하면, 어떤 민주주의 개념—이것은 매우 널리 보급되었으며 적지않게 타당한 것 같다—은 정당 간의 싸움 전체를 일종의 스포츠 경쟁으로 간주하는 경향이 있다. 따라서 정당 간의 싸움은 스타디움, 투기장, 링에서 싸움의 대부분의 성질들, 즉 내깃돈을 제한하는 것, 적을 존경하고 심판 판정을 존중하는 것, 페어플레이, 일단 판결이 내려지면 상대방과 협력하는 것 등을 나타내야 한다고 생각한다.

기술記述의 범위를 더 넓혀서 생각해보면, 미미크리와 일링크스가 집단생활에서 내쫓긴 후로는 제도적인 측면만이 아니라 집단생활 전체가 아곤과 알레아, 즉 능력과 운 사이의 불안정하며 무한히 변하기 쉬운 균형 위에 근거를 두고 있음을 알아차릴 수 있다.

2) 능력과 운

그리스인들은 새로운 질서의 기초가 되는 인격과 의식意識을 가리키는 말을 미처 갖지 못했으며,[23] 그 대신에 행운 tyché, 운명이 각자에게 준 몫 moira, 호기好機, kairos를 가리키는 일군一群의 정밀한 개념들을 사용해왔는데, 이때 그들이 생각하는 호기好機란 사물의 불변적이며 불가역적인 질서 속에 포함되어 있으며, 바로 그 질서의 일부를 이루기 때문에 다시는 나타나지 않는 기회를 말한다. 그렇다면 출생이란 각자에게 일정한 양의 재능과 특권을 주는 보편적이며 불가피한 복권 같은 것이다. 특권에는 타고난 것도 있고 사회적인 것도 있다. 이러한 관념이 좀 더 명확하게 나타나는 경우도 있다. 어쨌든 그것은 일반적으로 생각하는 것보다 더 널리 퍼져 있다.

중앙아메리카 인디언들 사이에는 수세기 전부터 기독교화되었음에도 불구하고, 각각의 사람은 저마다 수에르테 suerte〔운, 운명, 제비뽑기라는 뜻의 에스파냐어〕를 갖고 태어난다고 여긴다. 그 수에르테가 각 개인의 성격, 재능, 약점, 사회적 지위, 직업 그리고 운―즉, 성공 또는 실패, 아울러 기회를 알아챌 수 있는 능력―마저도 결정해버린다. 따라서 어떠한 야심도 있을 수 없으며, 어떠한 경쟁도 생각할 수 없다. 각각의 사람은 운명이 지시한 대로 태어나서 운명이 지시한 대로 된다.[24] 아곤―승리에의 갈망―은 보통 이처럼 과도한 숙명론fatalisme에 대해서 평형추를 이룬다.

어떻게 보면 정치체제의 무한한 다양성은 서로 반대로 작용하는 두 종류의 우월성 중 어떤 것을 더 좋아하느냐에 기인한다. 정치체제는 운수소관인 세습제와 경쟁인 능력 중 어느 하나를 선택하지 않으면 안 된다. 어떤 정치체제는 카스트나 폐쇄된 계급, 제한된 고용, 세습적인 직무 등의 제도를 이용해서 출발점에서의 불평등을 가능한 한 영속시키려고 노력한다. 다른 정치체제는 반대로 엘리트의 순환을 촉진시키려고 애쓴다. 즉 타고난 알레아의 영향력을 감소시키면서, 점차 엄격하게 성문화되어가는 경쟁 형태가 차지하는 공간을 그만큼 더 넓히려고 한다.

이 극단적인 체제들 중 그 어느 것도 절대적일 수 없을 것이다. 가문, 재산 또는 출생에 따른 어떤 다른 이점과 결합된 특권이 제아무리 압도적인 비중을 갖는 경우에도, 대담성, 야심, 재능을 발휘할 기회는―그 기회가 무한히 적다 하더라도―여전히 존재한다. 반대로 상속 자체가 어떠한 형태로도 인정되지 않는 가장 평등주의적인 사회에서도, 아버지의 지위가 자식의 일생에 영향을 주지 못하거나 암암리에 유리하게 작용하지 못할 정도로 출생의 우연이 별로 영향력이 없을 것이라고는 거의 상상할 수 없다. 어떤 젊은이가 특정한 환경에서 크고, 그 환경에 속해 있으며, 그 환경에서 연고자와 후원자를 얻고, 그 환경의 관습과 편견을 알고 있으며, 아버지로부터 충고와 귀중한 가르침을 받을 수 있다는 단순한 사실에서 생겨나는 이점利點은 좀처럼 없애기 어려울 것이다.

　　　　　　　　　一

　사실 어느 정도 크기를 지닌 모든 사회에서는 정도의 차이가 있긴 하지만, 부유함과 빈곤, 무명과 영광, 권력과 예속의 대립이 존재한다. 시민의 평등이 선언되었다 하더라도, 그것은 법률상의 평등에 불과하다. 출생은 해제될 수 없는 저당권처럼 모든 사람들을 계속 덮쳐 누른다. 그것은 자연과의 연속성, 사회의 관성을 나타내는 우연의 법칙이다. 〔그렇지만〕입법을 통해 그 효과를 상쇄하려고 노력하는 수도 있다. 그 경우, 법률과 헌법은 여러 능력이나 자격 사이에 공정한 경쟁을 성립시키려고 한다. 이 경쟁은 계급특권을 막고, 스포츠의 경기 방식과 비슷하게 자격 있는 심사원 앞에서 증명된 이론의 여지가 없는 우월성을 확립하는 것을 목적으로 한다. 그러나 경쟁자들이 똑같이 좋은 출발을 할 수 있는 위치에 있지 않다는 것은 너무나도 명백하다. 재산, 교양, 교육, 가정환경 등 외적이지만 종종 결정적인 힘을 지닌 상황 모두가 법에 쓰여 있는 평등을 실제로는 무효화한다. 특권자에 비해 뒤쳐져 있는 것을 가난한 자가 만회하는 데에는 때때로 수 세대數世代가 필요하다. 공정한 아곤을 하도록 약속된 규칙은 공공연하게 조소당한다. 가난하고 구석진 시골에 사는 농업노동자의 아들은 아무리 재능이 있다 하더라도, 수도의 고급관리의 과히 영리하지 못한 아들과 단번에 경쟁할 수는 없다. 대학 교육을 받는 청년들의 출신은 사회의 유동성流動性〔사회 이동의 정도〕을 측정하는 가장 좋은 수단이 되는 통계 대상이다. 명백한 진보에도 불구하고, 사회의 유동성이 사회주의 국가들에서조차 미약한 상태에 있는 것은 놀랄 만한 일이다.
　물론 시험, 콩쿠르, 장학금 등 능력이나 자격에 대해 주어지는 갖가지 종류의 선물이 있다. 그렇지만 바로 그것들은 선물이며, 그렇지 않으면 대부분 비참할 정도로 효과가 약한 일시적인 완화제이다: 일반적인 규범 및 규칙이라기보다는 구제救濟이며, (정의의) 견본이고, 알리바이이다. 자신만이 공정하다고 자처하는 사회의 상황도 포함해서, 현실을 직시하지 않으면 안 된다. 그러면 전체적으로는 똑같은 생활수준, 똑같은 출신, 똑같은 환경의 사람들 사이에서만 실제적인 경쟁이 있다는 것을 알 수 있다. 정치체제의 문제는 여기서는 대수로운 것이 아니다. 고관의 자식은 그가 고위직에 도달할 수 있는 원인이 무엇이건 간에 항상 유리하다. 민주주의(또는 사회주의 또는 공산주의) 사회에서 출생(가문)의 우연을 어떻게 하면 효과적으로 없애버릴 수 있는가는 심각한 문제이다.

확실히 평등주의 사회의 원리는 이 우연이 가져오는 권리와 이점을 조금도 승인하지 않는다. 그렇지만 그러한 권리와 이점이 사실상 카스트 체제에서와 똑같이 무게가 있다는 것은 분명하다. 사람들이 인정하는 다양하고 엄격한 상쇄相殺 메커니즘을 통해 각자를 단 하나의 이상적인 횡렬橫列로 다시 놓은 다음, 진짜 능력과 검증된 탁월성만을 우대한다 하더라도 이러한 경우에서조차 운은 남아 있다.

운은 우선 유전이라는 알레아 자체 속에 남아 있다. 유전은 재능과 결함을 불평등하게 분배하기 때문이다. 그 다음에 운은 가장 많은 능력을 지닌 자에게 승리를 보장해주기 위해 마련된 시험에까지 반드시 끼어든다. 열심히 공부한 단 하나의 문제가 마침 나온 수험생은 운에 의해 부당하게 유리해지는 반면에, 소홀히 한 바로 그 점에 대해 질문당하는 불행한 수험생은 운에 의해 그 성공이 위태롭게 되는 일도 실제로 없는 것은 아니다. 이리하여 마침내 아곤의 핵심 자체에 요행수의 aléatoire 요소가 다시 들어온다.

사실 현실사회에서는 운과 기회 그리고 그것들을 이용하는 능력이 항상 큰 역할을 한다. 그곳에서는 출생에 의한 육체적 및 사회적 이점 (그것이 명예나 재산일 수도 있고 또는 아름다움, 건강, 드문 소질일 수도 있다)과 의지, 인내, 적성, 노력(이것들은 능력의 속성이다)에 의한 성과 사이에 복잡하고 무수한 상호간섭이 있다.

한쪽에는 신(神)이나 상황의 선물이 있으며, 다른 한쪽에는 노력, 끈기, 재주에 대한 보상이 있다. 마찬가지로 카드놀이에서도 주어진 패와 플레이어의 솜씨로 이루어진 혼합된 우월성이 승리를 가져온다. 알레아와 아곤은 이처럼 모순되면서도 서로 굳게 결합한다. 부단한 갈등이 그 둘을 대립시키며, 본질적인 제휴가 그 둘을 결합시킨다.

―

현대사회는 그 원리를 통해서 또 점차 제도를 통해서도 출생이나 유전(상속) 영역 즉 우연 영역을 줄어들게 하면서, 규칙이 있는 경쟁 영역 즉 능력 영역을 넓히는 경향이 있다. 이러한 변화는 정의와 이성을 만족시키는 동시에 인재를 가장 잘 활용해야 할 필요성을 만족시킨다. 정치개혁가들이 보다 공정한 경쟁을 고안해 내어 그 실현을 서두르려고 끊임없이 노력하는 것은 그 때문이다. 그러나 그들의 활동 성과는 변변치 못하며 기대에 어긋난다. 게다가 성과가 있기까지는 요원해 보이며, 또 성과가 있을 것 같지도 않다. 사려분별이 가능한 나이가 되면, 지금으로서는 너무 늦으며 모든 것이 끝장난다는 것을 누구나 쉽게 이해한다. 모두는 각각의 조건 속에 갇혀 있다. 자신의 능력을 통해 그 조건을 개선할 수 있을지는 모르지만, 그 조건으로부터 벗어날 수는 없다. 능력도 생활수준을 근본적으로 바꾸지는 못한다. 여기서 상대적이긴 하지만 갑작스런 성공의 전망을 주는 지름길, 즉각적인 해결에의 동경이 생긴다. 노력도 자격도 그러한 전망을 주지 못하는 이상, 그것은 운에서 찾지 않으면 안 된다.

게다가 많은 사람들은 자신들의 재능에 대해서도 크게 기대할 수 없다는 것을 알고 있다. 그들은 다른 사람들이 자기보다 능력이 더 많고, 더 능숙하며, 더 정력적이고, 더 똑똑하며, 더 부지런하거나 더 야심적이라는 것을 그리고 자기보다 건강이나 기억력이 더 좋으며 호감도나 설득력에서도 더 뛰어나다는 것을 잘 알고 있다. 따라서 자신의 열등함을 의식하고 있는 그들로서는 마치 수치로 나타낼 수 있을 정도의 정확하고 공정한 비교에도 희망을 걸지 못한다. 이러한 사람들도 운 쪽으로 얼굴을 돌리면서 자기에게 너그럽게 대해 줄 선별원리選別原理를 찾는다. 그들은 아곤의 시합에서 이길 수 없다고 생각하기 때문에 복권이나 갖가지의 제비뽑기에 매달린다. 아무리 재능이 없는 자도 백치도 불구자도 서투른 자도 게으른 자도 새로운 종류의 공정公正이라는 훌륭한 무차별 앞에서는 유능하고 통찰력이 있는 사람들과 마침내 평등하게 된다.

이러한 상황에서는 알레아가 다시 아곤에 대한 소중한 평형平衡, 자연스러운 보충물인 것처럼 보인다. 〔알레아라든가 아곤이라든가〕 단 하나의 결정적인 분류밖에 없다면, 그것에 의해 배제된 사람들에게는 모든 미래가 막혀버릴 것이다. 〔따라서〕 이에 대비한 다른 테스트가 필요하다. 운에의 의지는 비뚤어진 경쟁이나 너무 엄격한 경쟁의 불공정함을 참아내는 데 도움이 된다. 동시에 그것은 자유경쟁 속에서 불리한 위치에 있으며 당연히 그 수가 제일 많은 낙오자〔혜택받지 못한 자〕들에게 희망을 남겨 놓는다. 그러므로 출생이라는 알레아가 옛날의 지상권至上權을 잃고 〔대신에〕 규칙 있는 경쟁이 그 영향력을 확대해감에 따라, 특출난 대행운이 갑자기 찾아와 그 흔치 않은 승리자를 깜짝 놀라게 하고 황홀하게 하는 〔알레아의〕 많은 이차적인 메커니즘이 경쟁과는 별도로 발전하고 증대하는 것을 볼 수 있다.

우선 그러한 목적에 부응하는 것은 우연놀이이지만, 그러나 그밖에 많은 경기, 변장한 우연놀이가 있다. 그것들에게 공통된 성격은 내기, 위험risque, 단순하거나 복잡한 운 등의 요소가 본질적인 역할을 하고 있음에도 불구하고, 경쟁 같은 모습을 나타낸다는 점에 있다. 그러한 경기, 복권 등이 운이 있는 자에게 생각보다는 적은 상금〔행운〕을 가져다 준다 해도, 그것을 예상하는 것만으로도 그를 황홀하게 하기에 충분하다. 누구나 당첨자가 될 수 있다. 거의 환상적인 이 가능성이 어쨌든 보잘것없는 사람들에게 변변치 않은 생활을 잘 견뎌 내도록 용기를 준다. 그들에게는 사실상 그러한 생활로부터 영원히 벗어날 수단이 전혀 없다. 〔그러므로〕 놀랄 만한 행운, 즉 기적이 필요할 것이다. 그런데 이 기적을 항상 제시하는 것이 알레아의 역할이다. 여기에 우연놀이가 계속 번성하는 이유가 있다. 국가마저도 그것에서 이득을 본다. 도덕가들의 항의에도 불구하고, 국가는 공영公營복권을 만들어서, 이번만은 〔국민들로부터〕 열광적으로 동의를 얻는 수입원을 크게 이용하려고 한다. 국가가 이 방법을 포기하고 영업이익을 사기업에게 넘겨주는 경우에도, 운명에의 내기〔도박〕라는 성격을 나타내는 다양한 경영에는 적어도 무거운 세금을 물린다.

도박한다는 것은 행운의 도래를 위해 노동, 인내, 절약을 포기하는 것이다. 행운은 노고와 궁핍의 생활이 — 운이 따르지 않는다면 또 투기(이것도 부분적으로는 운에 속한다)에 의지하지 않는다면 — 주지 않는 것을 순식간에 준다. 상금은 더 많은 사람들을 끌어들이기 위해 적어도 그 최고액을 늘리지 않으면 안 된다. 반대로 〔복권이나 마권 따위의〕 표의 값은 될 수 있는 한 싸야 하며, 또한 표를 사고 싶어 안달하는 많은 사람들의 수중에 들어갈 수 있도록 분매分賣하는 것이 좋다. 그 결과 막대한 금액을 타는 자는 드물다. 아무래도 좋다. 최고 행운자에게 주어지는 금액은 바로 그 때문에 더욱 위세 있게 보일 뿐이다.

아마도 가장 확실한 예는 아닐지 모르지만, 우선 비근한 예를 들어보면, 파리 그랑프리 스위프스테이크Sweepstake(건 돈을 혼자 또는 몇 사람만이 휩쓰는 독점 경마)의 일등 상금은 1억 프랑이다. 이것은 매달 수만 프랑을 힘들여 버는 대다수의 마권구입자에게는 믿을 수 없는 일로밖에는 생각되지 않는 금액이다. 사실 평균적인 노동자의 연수입을 40만 프랑으로 계산한다면, 이 상금액은 약 250년 동안의 노동 가치에 상당한다. 물론 마권의 가격은 18,500프랑이어서 월수입의 반을 약간 넘기 때문에, 대부분의 봉급생활자들은 엄두를 내지 못한다. 그러므로 그들은 '10분의 1 마권'으로 만족한다. 이것은 2천 프랑으로 1,000만 프랑의 상금, 즉 사반세기四半世紀 노고의 대가에 해당되는 것을 순식간에 얻는 환상적인 꿈을 갖게 한다. 이 일확천금의 매력은 당연히 사람을 도취시킨다. 왜냐하면, 그것은 사실 정상적인 수단으로는 생각할 수도 없는 생활조건의 근본적인 변화, 즉 운명의 순수한 은혜를 뜻하기 때문이다.[25]

이렇게 해서 만들어진 마술은 분명히 효과가 있다. 발표된 최근의 통계에 따르면, 프랑스인은 1955년에 국가가 경영하는 우연놀이에만도 1,150억 프랑을 썼다. 이 총액 중 국영복권의 총매상고는 460억 프랑, 프랑스인 일 인당 1,000프랑에 달한다. 같은 해 약 250억 프랑이 상금으로 분배되었다. 상금 총액에 비하면 일등 상금의 상대적인 비중이 계속 커지고 있는데, 이것은 분명히 부자에의 희망을 불러일으켜서 구매자가 자신이 좋은 모범으로서의 가치를 지닌 것으로 생각하게끔 고무되도록 계산된 것이다.

그 증거로는 이 갑작스런 행운의 주인공들에게 다소간 강요되는 비공식 선전만으로도 충분할 것이다. 그들의 요구에 따라 익명은 보장될 수 있지만, 관례적으로 신문이 그들의 일상생활과 계획에 대해서 자세하게 보도해주기를 사람들은 바란다. 이것은 독자 대중에게 그들의 운을 다시 한 번 시험해보도록 유혹하는 것이라고 말하는 사람도 있을 것이다.

우연놀이가 모든 나라에서 전국적인 규모로 실시되는 거대한 제비뽑기 형태를 취하는 것은 아니다. 공식적인 성격과 국가의 후원이 없으면, 그 규모는 급속도로 작아진다. 상금의 절대액도 도박하는 자의 수와 비례해서 감소한다. 건 금액과 상금액 간의 거의 무한한 차이도 더 이상 없게 된다. 그러나 내기의 규모가 작아졌다고 해서 내기에 건 돈의 총액도 결국은 크지 않을 것이라고 결론지을 수는 없다.

실은 그 반대이다. 왜냐하면, 제비뽑기가 더 이상 엄숙하고 비교적 드문 행위가 아니기 때문이다. 여러 번의 승부가 내기 돈의 양의 부족을 넉넉하게 채워준다. 카지노가 열리면, 크루피에croupier〔룰렛을 돌리거나 칩을 집배하는 사람〕들이 수십 개의 테이블에서 방침에 의해 정해진 리듬에 따라서 끊임없이 룰렛의 구슬을 굴리고 그 결과를 알려준다. 세계적인 도박의 중심지, 예를 들면, 도빌, 몬테카를로, 마카오나 라스베이거스에서 끊임없이 순환되는 금액은 사람들이 황홀하게 상상하는 꿈 같은 숫자에는 미치지 못하겠지만, 빠르고 끊임없는 조작에 기인하는 대수법칙大數法則이 거의 불변의 이익을 보증한다. 도시나 국가가 거기서 화려하고 악명 높은 번영을 얻기에는 이것만으로도 충분하다. 그 번영은 축제 같은 화려함, 도발적인 사치, 방종한 풍속 등에 의해 자연히 밖으로 표출된다. 도시의 이 유혹적인 외관은 선전 효과를 지녔으며, 게다가 실생활을 깎아내리는 목적도 공공연하게 있다.

이러한 전문적인 대도시가 특히 끌어들이는 것은 사실 일시적인 고객들이다. 그들은 즐거움과 풍족함의 자극적인 분위기 속에서 며칠 동안 기분풀이를 하고는 다시 보다 근면하고 엄격한 생활 방식으로 곧 돌아간다. 도박정열賭博情熱에게는 은신처인 동시에 낙원인 이 도시들은 모든 차이점을 감안한다 하더라도, 밖과의 교섭이 없는 거대한 창가娼家나 엄청나게 큰 아편흡연장과 비슷하다. 그것들은 묵인되고 있지만, 어느 정도 통제받으며 게다가 〔공공의〕 이익 대상으로 여겨지고 있다. 호기심이 많은 사람, 한가한 사람, 도박꾼 등의 유랑민들이 그곳에 정착하는 것이 아니라 지나쳐 간다. 7백만 명의 관광객이 매년 라스베이거스에 6백만 달러를 떨어뜨리고 가는데, 이것은 네바다 주 예산의 약 40%에 상당한다. 그렇다 하더라도, 그들이 그곳에서 보내는 시간은 역시 그들의 일상생활 속의 괄호 같은 것이다. 문명의 양식은 눈에 띌 정도로 영향을 받지 않는다. 우연놀이〔도박〕가 그 존재 이유이며 거의 유일한 재원이 되는 대도시들이 존재한다는 것 자체가 운의 추구에서 표현되는 〔도박〕 본능이 얼마나 강한가를 확실히 보여준다. 그렇지만 이 본능이 가장 무서운 모습을 나타내는 곳은 이러한 예외적인 도시가 아니다. 다른 〔정상적인〕 도시에서는 장외마권제도 때문에 경마장에 가지 않고서도 누구나 경마에 돈을 걸 수 있다. 사회학자들이 조사한 바로는 공장노동자들이 클럽 같은 것을 만들어서 그곳에서 자신들의 급료와는 어울리지 않게 비교적 많은 금액을 축구시합의 결과에 거는 경향이 있다고 한다.[26] 이것도 역시 문명의 한 특징이다.[27]

국영복권, 카지노, 경마 그리고 모든 종류의 사설도박은 순수한 알레아의 한계 내에 있으며 엄밀한 공정의 법칙을 엄격하게 지키고 있다.

사실, 일반경비와 행정관청에 의한 공제액을 빼면, 이득은 아무리 터무니없이 크게 보일지라도, 도박자 각각의 건 돈 및 손해와 정확하게 비례한다. 현대세계에서 주목할 만한 혁신은 나로서는 변장한 복권loteries déguisées이라고 기꺼이 부르고 싶은 것에 있다. 그것은 투자액을 일체 필요로 하지 않으면서도 재능, 무상無償의 학문, 솜씨 또는 그 성질상 객관적인 평가나 법적 승인을 할 수 없는 공적功績에 수상하는 것처럼 보이는 복권이다. 몇몇의 큰 문학상은 작가에게 적어도 몇 년간은 진실로 부와 명예를 준다. 이러한 상에 자극받아 다른 많은 상이 생겨났다. 그 상들은 큰 돈은 주지 않지만, 그 대신에 가장 중요하다는 위세를 준다. 말하자면, 그 위세로 돈벌이를 할 수 있도록 해준다. 한 소녀는 점점 더 만만치 않은 경쟁자들을 물리친 다음, 마침내 미스 유니버스Miss Univers로 선정된다. 그녀는 영화스타가 되거나, 억만장자와 결혼한다. 무수한 뜻밖의 '여왕', '시녀', '뮤즈Muses', '인어Sirène' 등등이 미스 유니버스를 본따서 선발된다. 가장 좋은 경우에는, 그녀들은 인기 있는 해안의 호화호텔에서 한 시즌 동안 이러쿵저러쿵 말은 많지만 어쨌든 황홀한 명성과 불안정하긴 하지만 하여튼 화려한 생활을 즐긴다. 모든 집단이 자신의 미스Miss를 갖고자 한다. 이것에는 한계가 없다. 엑스레이 기사技師들마저도 엑스선을 투시하였을 때 가장 아름다운 골격을 지닌 젊은 처녀(로이스 콘웨이 양, 18세)를 미스 골격Miss Squelette으로 뽑았다.

때로는 준비가 필요한 콘테스트도 있다. 어느 특정 분야에서 점차 어려워지는 질문을 정확하게 맞춘 자에게 상당한 금액을 주는 텔레비전 프로그램이 있다. 특별나게 선발된 스탭진과 인상적인 장치가 주 일회의 이 프로그램에 어느 정도의 엄숙함을 준다. 능숙한 사회자가 시청자를 즐겁게 하며, 더할 나위 없이 카메라를 잘 받는 젊은 여자가 비서역할을 한다. 제복 차림의 경비원은 대중의 선망이 되고 있는 수표를 감시하는 체한다. 전자계산기가 문제의 공평무사한 선택을 보증한다. 마침내 출연자들은 격리된 박스에 들어가 혼자서 게다가 만인의 눈 앞에서 운명을 건 대답을 준비하기 위해 심사숙고한다. 조심스럽게 그들은 비정한 무대 앞으로 떨면서 나온다. 멀리 떨어진 곳에 있는 수십만의 텔레비전 시청자들은 그 출연자들의 불안을 자기 일처럼 느끼면서 동시에 그러한 콘테스트를 감시하는 것을 흐뭇하게 여긴다.

겉으로는, 이것은 출연자의 지식 폭을 측정하기 위해 고의로 단계를 나눈 질문에 의한 시험 즉 아곤인 것처럼 보인다. (그렇지만) 실제로 이것은 제공되는 상금액이 커짐에 따라서 성공의 기회가 적어지는 일련의 내기이다. 이 점에 대해서는, 이 놀이에 종종 주어지는 '흥망을 건 승부 quitte ou double'(그만두느냐 아니면 배倍가 되느냐)라는 이름을 보아도 명확히 알 수 있다. 이 이름은 또한 진행의 빠르기도 나타낸다. 열 개 미만의 질문만으로도 리스크 Risque는 대단히 크며, 상금은 매혹시킬 정도가 된다. 코스의 마지막까지 도달한 자는 한동안 국민적 영웅이 된다. 미국의 신문과 여론은 이탈리아 오페라에 정통한 구두 수선공, 철자綴字에 완벽한 흑인 여자 초등학교 학생, 셰익스피어에게 홀딱 빠진 경찰관, 성서에 통달한 노부인, 요리에 관해 모르는 것이 없는 군인에 대해서 잇달아 열광한다. 매주 신선한 본보기를 제시하는 것이다.[28]

이러한 연속적인 내기가 일으키는 열광과 방송의 성공을 보면, 이 형식이 일반인이 갖고 있는 욕구에 부합된다는 것을 분명히 알 수 있다. 어쨌든 그 콘테스트의 운영은 미인 콘테스트와 마찬가지로 또 아마도 똑같은 이유에서 돈벌이가 되는 일이다. 이 돌연한 횡재, 그렇지만 능력에 의한 것처럼 보이기 때문에 깨끗한 재산은 결국 동일한 계급, 동일한 생활수준이나 교육수준의 사람들 사이에서밖에는 행해지지 않는 사회적 경쟁의 좁은 폭에 대한 보상이다. 일상생활에서의 경쟁은 한편으로는 엄격하고 가차없지만 다른 한편으로는 단조롭고 싫증나는 것이다. 그것은 사람을 즐겁게 해주지 않을 뿐만 아니라 원한을 축적시킨다. 그것은 사람을 소모시키고 낙담하게 한다. 왜냐하면, 직업을 통해 얻어지는 급료만으로는 그 생활조건으로부터 벗어날 수 있는 희망이 사실상 거의 없기 때문이다. 따라서 누구나 복수를 갈망하게 된다. 사람을 열광시키는 동시에 진짜 지위 향상의 기회를 단번에 주는 〔일상생활의 활동과는〕 반대의 힘을 지닌 활동을 사람들은 꿈꾼다. 물론 사려 깊은 사람은 환상을 품지 않는다. 그러한 콩쿠르가 주는 위안은 하찮은 것이다. 그렇지만 콩쿠르의 공개성은 그 반향을 증폭시키기 때문에, 얼마 안 되는 수상자의 수보다도 오히려 자기 집에서 시합의 파란만장한 과정을 지켜보는 막대한 수의 애호가들 쪽이 문제가 된다. 그들은 〔시합에 출연한〕 경쟁자들과 자신을 다소간에 동일시한다. **대리**代理: délégation를 통해서 그들은 우승자의 성공에 도취한다.

3) 대리

여기서 새로운 사실이 출현한다. 그 의미와 중요성을 잘 이해할 필요가 있다. 대리délégation란 미미크리가 타락하고 희석된 형태로서, 능력과 운을 조합한 원리가 지배하는 세계에서 번성할 수 있는 유일한 형태이다. 대부분의 사람들은 경쟁에서 지며 아니면 경쟁터에 나갈 힘도 없다. 그들은 경쟁에 접근하지 못하거나 〔접근해도〕 성공하지 못한다. 졸병도 대장이 될 수 있고, 최고의 인물이 승리하는 것이 마땅하겠지만, 〔어쨌든〕 많은 병사를 지휘하는 것은 단 한 사람의 원수元帥라는 사실에는 변함이 없다. 능력도 운도 선택된 소수의 사람들에게만 미소를 짓는다. 대다수의 사람들은 실의 상태에 있다. 누구나 제일인자가 되고 싶어 한다. 정의와 법은 각자에게 그렇게 될 수 있는 권리를 준다. 그러나 제일인자는 한 사람밖에 없다는 단순한 이유 때문에, 자신이 제일인자가 될 수 없다는 것을 누구나 알고 있으며, 아니면 그렇게 생각한다. 따라서 중개인을 통해서, 즉 대리를 통해서 승리자가 되는 길을 선택한다. 이것은 모두가 동시에 승리하면서도 노력도 실패의 위험도 없이 승리하는 유일한 방식이다.

현대사회의 두드러진 특징인 스타와 챔피언에 대한 숭배는 여기서 나온다. 스포츠와 영화가 매우 큰 위치를 차지하는 세계에서는 그러한 숭배가 불가피한 것으로 여겨도 틀리지 않을 것이다. 그러나 모든 사람이 자연발생적으로 보내는 이 찬사에는 그만큼 명확하지는 않지만 또 그만큼이나 설득력이 있는 것도 없는 동기가 있다. 스타와 챔피언은 제아무리 이름 없고 가난한 자라도 운이 도와준다면 굴러들어올 수 있는 귀중한 대성공이라는 매혹적인 이미지를 준다. 사회적인 뒷받침이 없는 인간의 천부적이며 양도할 수 없는 무기, 즉, 근육, 목소리, 매력 등 자신의 개인 능력만으로 성공한 빛나는 영예에 대하여 더할 나위 없는 숭배가 바쳐진다.

스타로 떠받들어지는 일은 드물며, 더욱이 그러한 일은 항상 어느 정도의 예측 불가능성을 포함하고 있다. 그것은 변함없는 단계를 거친 경력의 끝에서 일어나는 것이 아니다. 그것은 다음과 같은 것들의 놀라우면서도 신비한 일치의 결과이다. 즉 거기에는 요람의 선녀(태어났을 때의 별)의 선물, 어떠한 장애에도 좌절하지 않는 인내, 위험하지만 결정적인 기회가 왔을 때 망설이지 않고 그것을 잡는 최후의 시련 등이 곁들여져 있을 뿐만 아니라 그러한 것들로 구성되어 있다. 그러나 우상 쪽도 음험하고 막연한 경쟁—빨리 성공할 필요가 있는 만큼 더욱 더 가혹한 경쟁—에서 분명하게 승리한 것이다. 왜냐하면, 아무리 보잘것없는 사람이라도 유산으로 물려받을 수 있고, 또 가난한 자의 불안정한 기회가 되는 이 능력이란 한순간밖에는 지속되지 않기 때문이다. 아름다움은 시들고, 목소리는 상하며, 근육은 약해지고, 유연함은 뻣뻣해진다. 그렇다고 해서 사치와 영광의 있음직하지 않은 천국에 도달하는 꿈 같은—그렇지만 가까이 있는 것 같은—가능성을 막연하게나마 꿈꾸지 않은 자가 있겠는가? 누가 스타나 챔피언이 되기를 바라지 않겠는가? 그러나 이 수많은 꿈꾸는 사람들 중에서 얼마나 많은 사람들이 최초의 어려움에서부터 좌절하는가? 얼마나 많은 사람들이 그 어려움에 대들겠는가? 얼마나 많은 사람들이 언젠가는 그것을 실제로 극복하겠다고 생각하겠는가? 따라서 거의 모든 사람들은 **위임** 委任: procuration을 통해, 영화와 소설의 주인공의 중개를 통해 아니 오히려 스타와 챔피언이라는 현실의 인물들을 통해 승리하는 쪽을 택한다. 그래도 그들은 미의 여왕으로 뽑힌 매니큐어 화장사, 초대작超大作 영화의 주연으로 발탁된 여점원, 프랑스 일주 자전거 경기에서 우승한 상점 아들, 일류 투우사가 되어 빛나는 의상을 걸친 자동차수리공 등등이 자신들을 대표한다고 느낀다.

아마도 이 이상으로 아곤과 알레아가 결합된 조합은 없을 것이다. 누구든지 자부하고 있는 능력이 대성공의 놀라운 운과 결합해서 기적으로 보일 정도의 특출난 성공을 아무에게나 주는 것 같다. 여기서 미미크리가 개입한다. 각자는 대리인을 통해서 엄청나게 큰 성공에 참가한다. 이 성공이 언뜻 보기에는 자기에게 굴러들어올 수도 있지만, 그러나 마음 속으로는 수백만 명 중에서 선택된 단 한 명만이 두각을 나타낸다는 것을 모르는 자는 없다. 그 결과 누구나 환상을 갖는 것이 허용되는 동시에, 만일 진실로 자신의 운을 시험해서 그 선택된 자가 되고 싶다면 〔당연히〕 해야만 하는 노력은 면제된다.

피상적이고 막연하긴 하지만 그러나 영속적이며 집요하고 보편적인 이 동일시는 민주주의 사회의 본질적인 보상 장치의 하나를 이룬다. 대부분의 사람들에게는 활기 없고 단조로우며 싫증나는 생활을 잠시 잊게 해주며, 자신들을 속이는 데에는 이러한 환상밖에 없다.[29] 이러한 전이轉移, report—어쩌면 소외라고 해야 할지도 모르지만—는 정도를 넘어서면 흔히 드라마틱한 개인 행동이나 모든 젊은이를 갑자기 사로잡는 일종의 전염성 히스테리에 이른다. 게다가 이 매혹은 신문, 영화, 라디오, 텔레비전에 의해 조장된다. 포스터와 사진이 있는 주간지에 의해 챔피언이나 스타의 얼굴은 어디에나 있으며 피할 수 없는 것이 되고 또 사람을 유혹하고 있다. 이 단명短命의 신神들과 그들을 숭배하는 군중 사이에는 끊임없는 상호침투가 있다. 숭배자들은 신들의 취미, 괴벽, 미신, 생활의 아주 사소한 부분까지 잘 알고 있다. 그들은 머리형, 몸짓, 옷입는 방식, 화장법, 식사요법에 이르기까지 신들을 흉내 내고 본뜬다. 그들은 신들에 의해서 또 신들 속에서 산다. 어떤 사람들은 신들의 죽음을 잊지 못해서 그들의 죽음보다 더 오래 사는 것을 거부할 정도이다. 왜냐하면, 이 정열적인 헌신은 집단적인 열광과도 자살의 병적인 유행과도 모순되지 않기 때문이다.[30]

분명히 이러한 열광의 열쇠가 되는 것은 운동선수의 뛰어난 기량이나 배우의 명연기가 아니라, 오히려 챔피언이나 스타와 〔자신을〕 동일시하려는 일종의 일반적인 욕구이다. 이런 종류의 습관은 곧 제2의 천성이 된다.

스타는 성공의 화신이며, 일상생활의 몹시 힘들고 천한 무력감〔타성〕에 대한 또 탁월함을 거부하는 사회의 난관에 대한 승리 및 복수를 나타낸다. 우상의 영광이 터무니없이 크다는 것 자체가 승리의 영속적인 가능성을 나타낸다. 그 승리는 이미 어느 정도는 우상에게 박수갈채를 보내는 자들 모두의 것이며, 적어도 어느 정도는 그들 각자가 만들어 낸 것이다. 아무 남자나 여자를 스타로 떠받드는 것 같은 이 신격화는 기존의 계급질서를 조소嘲笑하며, 각각의 사람을 짓누르는 생활조건의 숙명을 멋지고도 철저하게 타파한다.³¹ 따라서 사람들은 보통 이같은 직업에는 석연치 않고 불순하며 아니면 변칙적인 것이 있다고 생각한다. 숭배 속에 남아 있는 선망이 그것을 야심, 음모, 뻔뻔스러움(부끄러운 줄 모름) 또는 선전에 의한 수상한 성공으로 보게 한다.

국왕들은 이러한 의혹을 받지 않는다. 그러나 그 지위는 사회적 불평등과 상반되기는커녕 오히려 사회적 불평등의 가장 현저한 예이다. 그렇지만 주지하는 바와 같이 신문과 대중은 스타의 경우 못지않게, 국왕의 인품, 궁정의 의식, 공주의 연애와 왕권의 양위讓位 등에 대해 열중한다.

세습의 위엄, 수 세대의 절대권력에 의해 보증된 정통성은 잘 조화를 이룬 영광이라는 이미지를 갖는다. 그 영광은 갑작스럽고 일시적인 성공이 주는 것보다 더 안정된 위세를 과거와 역사로부터 받는다. 이 결정적인 우월을 누리기 위해서는 국왕들은—사람들이 반복해서 말하기를 좋아하는 바와 같이—태어나기만 하면 된다. 그들의 능력은 아무래도 좋다. 사람들이 인정하는 바와 같이, 그들은 그들 자신과는 아무 관계도 없고 게다가 바랄 필요도 선택할 필요도 없었던, 예외적인 특권의 권위—즉, 절대적인 알레아의 순수판결—를 갖고 있다.

따라서 (국왕과의) 동일시는 보다 적다. 당연히 왕은 출생에 의해서만 들어갈 수 있는 금지된 세계에 속해 있다. 그들은 사회 이동, 사회가 제공하는 기회를 나타내는 것이 아니라, 반대로 사회의 무게와 응집성(그리고 이와 함께 이것들이 능력과 공정에 대해 가하는 제한 및 장애)을 나타낸다. 왕자의 정통성은 자연법칙의 거의 터무니없는 지고至高의 화신인 것 같다. 정통성은 어떤 사람에게 왕관을 (문자 그대로) 주고 그를 왕좌에 앉히는데, 이것은 바로 운이며, 이 운 이외의 어떤 것도 그를 그밖의 대중과 구별하지 못한다. 운명의 맹목적인 판결에 의해서 그는 대중에게 군림하도록 부름받은 것이다.

그렇기 때문에 대중의 상상력은 넘을 수 없는 거리에 의해 떨어져 있는 자를 가능한 한 공통의 조건에 접근시킬 필요를 느낀다. 사람들은 국왕이 솔직하고 다정다감하며 특히 받지 않으면 안 되는 성대한 의식과 존경의 표시에 진절머리 내기를 바란다. 국왕을 덜 질투하기 위해서, 사람들은 그에게 동정한다. 가장 단순한 즐거움마저도 그에게는 금지되어 있다는 것을 사람들은 자명한 것으로 여기며, 그에게는 사랑할 자유도 없고, 그는 왕위와 의례, 국사國事에 헌신할 의무가 있다고 사람들은 끈질기게 반복해서 말한다. 이리하여 질투와 동정의 기묘한 혼합이 지고의 존엄을 둘러싸며, 왕과 여왕이 다니는 길에 사람들을 모여들게 한다. 사람들은 그들에게 환호를 보내면서도, 그들이 자신들과는 다른 인간이 아니며, 왕권이 행복과 권력을 가져다주기보다는 권태, 비애, 피로, 속박을 가져다준다고 생각하려고 한다.

여왕과 왕은 애정, 진실, 고독, 몽상 그리고 특히 자유에 굶주린 것으로 묘사되고 있다. "나는 심지어 신문도 살 수 없다"고 영국 여왕은 1957년 파리를 방문했을 때 말했다고 한다. 바로 이것이 군주에 대해 여론이 갖는 화제의 전형이며, 또 그러한 화제가 본질적인 현실과 일치한다고 여론은 믿고 싶어 한다. 신문은 여왕과 공주들을 스타로 그러나 몹시 힘들며 변함이 없는 단 하나의 역할 — 따라서 그녀들로서는 포기하고만 싶은 역할 — 에 사로잡힌 스타로 취급한다. 자신들의 배역의 함정에 본의 아니게 빠진 스타로 취급한다.

평등주의 사회라고 해도 비천한 사람들에게는 그들의 절망적인 생활에서 벗어날 희망을 거의 주지 못한다. 그들은 거의 모두 태어났을 때의 좁은 틀 속에서 일생을 보내도록 사회적으로 정해져 있다. 학교에서는 자신들에게도 그 권리가 있다고 가르쳤지만, 살다 보면 곧 그것은 꿈이라는 것을 알게 되는 그러한 야심을 가라앉히기 위해, 사회는 빛나는 이미지로 사람들을 달랜다. 챔피언과 스타는 가장 혜택받지 못한 자에게도 허용되는 눈부신 〔사회적〕 상승을 그들에게 보여준다. 그 반면에, 싫은 데도 억지로 하는 궁정의례는 국왕의 생활도 자신들의 생활과 공통점을 갖는 한에서만 행복하며 따라서 운명에 의해 너무나도 빛나는 자리에 오르게 되었다고 해서 크게 득이 되는 것은 아니라고 그들에게 생각하게 한다.

이 두 생각은 기이하게도 모순된다. 그것들은 뻔한 거짓말이지만, 없어서는 안 되는 속임수 같은 것을 나타낸다. 즉, 운의 선물이 비천한 사람들에게 유리하게 작용할 때 〔예를 들면, 스타의 경우〕에는 운의 선물을 믿는다고 말하지만, 운의 선물이 권력자의 자식에게 태어나면서부터의 최고 운명을 약속할 때에는, 그것이 가져다 주는 이점利點을 부정하기 때문이다.

―

이러한 태도들은 가장 널리 퍼져 있는 것에 속하긴 하지만, 여전히 이상하다. 이것을 이해하기 위해서는 그 태도들이 광범위하게 또 깊게 뿌리박고 있다는 것을 염두에 둔 설명이 필요하다. 그 태도들은 어느 한 주어진 사회의 영속적인 장치의 일부분을 이루고 있다. 새로운 사회적 **놀이**는 이미 본 바와 같이 출생과 능력 간의 싸움, 가장 우수한 자가 획득하는 승리와 가장 운좋은 자에게 주어지는 행복 간의 싸움에 의해 그 성격이 결정된다. 그렇지만 사회가 만인의 평등에 근거를 두고 있고 또 만인의 평등을 공언한다 해도, 최상의 지위에서 태어나거나 거기에 도달하는 자는 매우 소수의 사람에 불과하며 따라서 엉뚱한 교체가 일어나지 않는 한, 모든 사람이 최상의 지위를 차지할 수 없다는 것은 너무나도 분명하다. 여기서 대리代理라는 속임수가 생겨난다.

눈부신 사치와 영광의 세계에 들어갈 희망도 굳은 결의도 없는 체념한 대다수 사람들에게는 잠재적이며 경미한 의태擬態 mimétisme가 해롭지 않은 보상을 제공한다. 미미크리는 희미해지고 퇴화한다. 가면을 빼앗겼기 때문에, 미미크리는 더 이상 홀림과 최면상태에 이르지 못하고 가장 헛된 몽상에 도달한다. 이 몽상은, 어두운 영화관의 매혹이나 햇볕이 내리쬐는 경기장에서, 모든 시선이 빛나는 영웅〔주인공〕의 동작에 집중될 때 생겨난다. 그것은 광고, 신문, 라디오를 통해 끝없이 반향을 일으킨다. 도취된 수많은 먹이들〔팬들〕은 공상을 통해 자기들이 좋아하는 우상과 멀리서 동일시한다. 그것〔몽상〕은 그들로 하여금 매일같이 그 배경과 극적인 사건이 묘사되어 전해지는 〔우상들의〕 사치스럽고 바쁜 생활을 상상 속에서 체험하도록 한다. 가면은 극히 드문 경우에만 쓰며 거의 쓸모가 없는 데 반해, 미미크리는 무한히 펼쳐지며, 사회를 지배하는 새로운 규범의 지주支柱나 평형추로 쓰인다. 동시에 미미크리보다 더 많이 힘을 잃은 **현기증**은 그것에 어울리는 부패, 즉 알코올이나 마약이 주는 도취에 의해서밖에는 더 이상 영속적이고 강력한 작용을 행하지 못한다. 현기증 자체로는 가면이나 가장假裝과 마찬가지로, 엄밀한 의미에서의 놀이, 즉 규칙이 있고, 제한되었으며, 현실생활과 분리된 활동에 불과하다. 아마도 이 일시적인 역할〔도취〕로 모의와 영매 상태의—결국은 억제되고 있는 힘들의—독성이 소진되지는 않을 것이다. 그 힘들을 사회 변두리로 밀어내고 보통 그것들에게 거의 어떠한 권리도 인정해주지 않는 〔현대〕세계의 한복판에서 그것들이 위선적이고 도착적인 형태로 다시 나타나는 이유는 그 때문이다.

―

　결론을 내릴 때이다. 결국 문제는 놀이의 기본적인 원동력들이 어떻게 짝을 이루는가를 보여주는 것이었다. 이상의 것으로부터 이중적인 분석의 결과가 나왔다. 한편으로는, 현기증과 모의가 있다. 이것들은 서로 일치협력해서 개성의 양도〔소외〕를 향하는 경향을 나타내는데, 어떤 유형의 사회에서는 이 현기증과 모의가 성행한다. 그렇지만 그러한 사회에서도 경쟁심과 운이 배척되지는 않는다. 그러나 그러한 사회에서는 경쟁심이 성문화되어 있지 않으며, 제도 속에서도 약간의 자리만을 차지할 뿐이다. 어떤 자리를 차지하고 있다 하더라도, 그것은 대부분 단순한 힘겨루기나 위세를 더 크게 내세우기 식의 형태를 취한다. 게다가 이 위세 자체는 흔히 마술에서 기인하며, 그 성질은 사람을 호리는 것이다. 즉, 영매 상태와 경련을 통해 얻으며, 가면과 몸짓〔손짓〕 표현에 의해 보증된다. 운의 경우, 그것은 통계계수의 추상적 표현이 아니라, 그것 역시 신의 은총이라는 성스러운 표시이다.
　이와 대립되는 것으로서 규칙 있는 경쟁과 우연의 선고가 있다. 이 둘 모두는 손실과 상금을 공정하게 분배하기 위한 정밀한 계산과 투기성을 내포하고 있으며, 〔현기증 및 모의가 성행하는 사회와는〕 다른 유형의 사회에서 상호보완적인 원리를 이룬다. 그것들은 법, 즉 고정되고 추상적이며 일관성있는 법규를 만들어 내며, 이를 통해 공동생활의 규범을 크게 변화시킨다. 법과 사회의 절대적인 연관을 상정하는 로마의 격언 '사회가 있는 곳에 법이 있다Ubi societas, ibi jus'는 사회 자체가 이 혁명과 더불어 시작한다는 것을 인정하는 것 같다. 황홀과 손짓, 몸짓에 의한 흉내pantomine가 그러한 세계에 알려져 있지 않은 것은 아니다. 그러나 그것들은 소위 격하되어 있다. 정상적인 때에는 그것들은 그 사회에서 쓰이지 않으며, 또 순화되어 나타나는 것이 아니라 단지 그 사용 목적이 바뀌어서만 나타난다. 이것은 그 현상들이 다양하게 많이 나타나면서도 부차적인 역할에 머무르고 또 무해한 성격을 갖고 있다는 사실이 잘 보여준다. 그렇지만 사람의 마음을 사로잡는 그 힘은 여전히 강력해서 끊임없이 군중을 어느 정도 무서운 열광 속에 빠뜨린다. 역사는 중세의 소년십자군에서 제3제국 때의 뉴렘베르크 회의의 대대적인 현기증〔나치스를 지지하는 연립정권의 성립〕에 이르기까지 특이하고 무서운 사례들을 많이 보여준다. 중세에서 현대까지의 그 사이에는 펄쩍펄쩍 뛰는 자와 춤추는 자〔히스테리적인 광란자〕, 경련을 일으키는 자〔18세기 프랑스 얀센파의 열광적인 신도〕, 편달鞭撻 고행자〔자기 몸을 채찍질하며 고행한 중세의 광신자〕 등의 많은 유행, 16세기의 뮌스터의 재세례파〔유아의 세례를 인정하지 않는 개신교의 일파. 그 일부는 천년왕국을 추구하여 난을 일으켰다〕, 19세기 말 새로운 생활양식에 미처 적응하지 못한 수족Sioux〔북아메리카 인디언〕에게서 '유령춤 종교Ghost Dance Religion'라는 이름으로 알려진 운동, 1904년에서 1905년 웨일즈에서의 '신앙부흥운동', 또한 그밖에 직접적〔감각적〕이고 억누를 수 없으며 때로는 문명을 떠받치는 기본적인 규범과도 모순된 퇴폐적인 여러 전염 현상이 있다.[32] 규모는 작았지만 최근의 전형적인 예로는 1957년 새해 첫날을 전후해서 스톡홀름 청소년들이 일으킨 폭동이 있는데, 이것은 말이 없고 집요한 파괴 광기의 이해할 수 없는 폭발이다.[33]

이 폭력행위 역시 발작인데, 그것이 앞으로 규칙이 되는 일은 없을 것이며, 신의神意의 때와 표시로 또 기다려지고 존중되는 폭발로 보이는 일도 없을 것이다. 홀림과 몸짓(손짓) 표현은 이미 이해할 수 없는 일시적인 착란만을 가져다줄 뿐이며, 앞에서 내가 원시적인 축제의 등가물이라고 말한 바 있는 바로 그 전쟁처럼 사람들을 무섭게 할 뿐이다. 광인狂人은 더 이상 그의 몸 속에 자리잡은 신의 열광적인 대변자로 간주되지 않는다. 그를 예언자나 치료하는 힘을 지닌 자로 생각하는 사람도 없다. 권위는 냉정과 이성에 관한 문제이지 열광에 관한 문제가 아니라는 것이 일반적으로 일치하는 생각이다. 그러므로 광기와 축제, 즉 한 사람의 망상에서 생겨나거나 다수의 열광에서 생겨나는 현혹적인 혼돈은 모두 소멸시키지 않으면 안 되었다. 이런 대가를 치르고서야 도시la Cité가 생겨나고 성장할 수 있었으며, 사람들은 주술을 통해 우주를 곧바로 완전하게 지배한다는 헛된 환상에서 벗어나 서서히 그러면서도 효과적으로 자연에너지를 실용화하는 방향으로 이행할 수 있었다.

문제가 해결되려면 아직 멀었다. 사람들은 몇몇의 뛰어난 문화가 어떠한 일련의 다행스런 결정적인 선택을 통해 가장 좁은 문을 빠져 나갔는지를 여전히 모르고 있다. 그 문화들은 그 선택을 통해서 극히 불확실한 도박에서 이긴 것이다. 그러나 그 도박은 무한한 야심을 역사 속에 끌어들였으며, 동시에 그 야심을 정당화하였다. 그 덕분에 과거의 권위는 단순히 마비시키는 힘이기를 그만두고 혁신의 힘, 진보의 조건으로 변하였다. 사람들을 홀리는 것이 아니라 조상들로부터 물려받는 재산이 된다. 그러한 도박을 할 줄 아는 집단은 기억도 미래도 없는 시대(원시시대)로부터 벗어난다. 그 시대에는 집단은 가면신假面神들이 무서운 모습을 하고서 주기적으로 돌아오는 것을 기다렸을 뿐이며, 집단 자신도 정기적으로 그 신들을 흉내 내면서 완전히 격렬한 의식상실 상태에 빠져들었다. 이 집단은 다른 의미에서 대담하고 생산적인 시도에 착수한다. 그 시도는 직선적이며 똑같은 출발점으로 다시 돌아오지 않는 길로서, 시험해보고 탐험하는 끝이 없는 길이다. 이것이 바로 문명의 모험이라는 것이다. 물론 이 시련을 견뎌 내는 데에는 미미크리=일링크스의 조합의 영향력을 거부하고 그 대신에 능력과 운, 즉 아곤과 알레아가 함께 지배하는 세계를 만들어 내는 것으로 충분하다고 결론을 내린다면, 그것은 당치않은 말일 것이다. 그것은 단순한 공론空論이다. 그러나〔미미크리=일링크스와의〕이 결별이 결정적인 혁명을 수반한다는 것, 그리고 이러한 거부가 처음에는 눈에 띄지도 않을 정도의 효과밖에는 가져오지 않지만 혁명에 대한 정확한 기술記術 속에는 그 결별이 포함되지 않으면 안 된다는 것을 독자는 거부하지 않을 것이다. 아마도 이것은 너무나도 당연해서 강조할 필요조차 없다고 독자는 생각할 것이다.

9
현대세계에서의
재용출 再湧出

　만일 미미크리와 일링크스가 인간에게서 진실로 영원한 유혹이라면, 단지 어린이의 오락이나 엉뚱한 행동의 상태로만 남아 있을 정도로 그것들을 집단생활에서 배제하는 것은 쉽지 않을 것이다. 그것들의 가치를 제아무리 깎아내리고 그것들을 이용하는 수를 줄이며 그 영향력을 누그러뜨리거나 약화시킨다 하더라도, 가면과 홀림은 그래도 역시 꽤 불길한 본능에 대응하기 때문에, 그 본능을 어느 정도 만족시켜줄 필요가 있다. 아마도 그 만족은 제한되고 무해한 것이긴 하지만, 그래도 상당히 떠들썩하고 적어도 신비, 전율, 패닉, 마비, 열광 등이 혼합된 즐거움을 살짝 맛보는 것이지 않으면 안 될 것이다.

　그렇게 해서 사람들은 언제 갑자기 폭발해 위험한 발작에 이를지 모르는 난폭한 에너지를 발산한다. 그렇지만 미미크리와 일링크스의 주요한 힘은 그 자신들의 결합에서 유래하기 때문에, 그것들을 좀 더 쉽게 억제하는 가장 좋은 방법은 그 힘들을 분리시켜서 공모共謀하지 못하도록 하는 것이다. 모의와 현기증, 가면과 황홀은 마음 속 깊이 잠재해 있는 환각적인 세계에서 항상 결합되어 있었는데, 미미크리와 일링크스의 결탁이 이 세계를 매우 오랫동안 유지시켰다. 그 후 미미크리와 일링크스를 거부하는 세계, 더욱이 그것들의 폭력을 억제하거나 속이는 데 성공하는 한에서만 번영하는 세계에서는 그 둘은 분리되고, 퇴화되고 고립되어 나타난다.

사실 미미크리=일링크스 조합의 매혹에서 해방된 사회에서 가면은 필연적으로 변신의 힘을 잃어버린다. 가면을 쓴 자가 끔찍한 모습을 하고 있어도, 그가 그 기괴한 힘의 화신이라는 느낌은 더 이상 주지 못한다. 그에게 겁 먹는 사람들도 [무엇인지] 알아볼 수 없는 것의 출현에 더 이상 속아넘어가지 않는다. 가면 자체가 외관을 바꾸었다. 또한 사용 목적도 대부분 바뀌었다. 사실 그것은 새로운 역할, 즉 엄격하게 실용적 역할을 획득하였다. 자신의 얼굴 모습을 숨기려고 하는 악한이 은폐 수단으로 사용하는 경우, 가면은 어떤 모습을 내미는 것이 아니라 신분을 보호하는 것이다. 그밖에 가면을 써보았자 무슨 소용이 있겠는가? 머플러로 충분하다. 가면은 [지금은] 오히려 유독有毒환경으로부터 호흡기관을 지켜주는 도구[가스 마스크]이거나 아니면 필요한 산소를 폐에게 확실히 보내주는 도구이다. 이 두 경우도 가면의 옛 기능과는 멀리 떨어져 있다.

가면과 제복

조르주 뷔로가 올바르게 지적한 바와 같이, 현대사회는 마법사들의 가면의 두 유물밖에는 아는 것이 거의 없다. 검은 가면 loup[가면무도회 때 쓰는 검은 새틴이나 빌로드로 된 반쪽 가면]과 카니발 때의 기괴한 가면. 검은 가면은 본질적인 것만 남은 우아하고 거의 추상적인 가면인데, 이것은 오래전부터 에로틱한 축제와 음모에 붙어다녔다. 그것은 의심스러운 관능 유희와 권력에 반항하는 음모의 비밀에서 주역主役을 행한다. 그것은 사랑이나 정치의 엥트리그intrigue〔이 말에는 음모, 책략, 정사, 간통 등의 뜻이 있다〕의 상징이다.³⁴ 그것은 사람을 불안하게 하며, 가벼운 전율이 스치게 한다. 동시에 정체를 숨겨주기 때문에 사람을 보호해주고 해방감을 준다. 무도회에서는 미지의 남녀가 서로 다가가서 춤만 추는 것이 아니다. 두 사람은 비밀 신호를 보라는 듯이 보내며, 암암리에 한 비밀 약속을 통해 이미 연결되어 있다. 가면은 어깨 위를 짓누르는 사회의 제약으로부터 그들을 노골적으로 해방시킨다. 성관계가 수많은 금기의 대상이 되는 세계에서는 가면—약탈적이며 본능적인 짐승인 이리loup의 이름을 딴 검은 가면—이 전통적으로 금기를 깨는 수단이며, 또 금기를 깨겠다는 것의 공공연한 결의를 나타낸다는 점은 주목할 만하다.

〔남녀의〕 모험 전체는 놀이 수준에서 진행된다. 즉, 미리 정해진 약속에 따라서, 일상생활과는 분리되고 또 일상생활에는 원칙적으로 어떤 영향도 주지 않도록 하는 분위기와 시간상의 제한 속에서 진행된다.

카니발은 그 기원에서부터 가장무도회 이상으로 변장을 요구하며, 또 변장이 가져다주는 자유를 기초로 한 방종放縱의 폭발이다. 일반 대중의 수준에서는 거대하고, 코믹하며, 지나치게 색칠한 두꺼운 종이 가면이 사교계에서의 검은 가면loup과 동등한 역할을 한다. 〔그러나〕 그 경우는 연애사건, 즉 남녀가 번갈아가며 공격하고 물러서는 능숙한 말다툼을 따라서 맺어지고 풀어지는 음모와 관련이 없다. 그것은 거친 농담, 밀고 밀리는 혼잡, 선정적인 웃음, 단정치 못한 태도, 익살스러운 몸짓이며, 게다가 소란, 포식飽食 그리고 말, 소음, 움직임의 과잉에의 부단한 유혹이다. 가면은 1년 중 다른 때에는 지키지 않으면 안 되는 예의범절과 자제에 대해서 잠깐 동안 복수한다. 사람들은 무섭게 하는 체하면서 서로 접근한다. 지나가는 사람도 그 놀이를 즐기면서 겁먹은 체하거나 아니면 반대로 두렵지 않은 체한다. 화를 낸다면, 실격이다. 이것은 놀이를 거부하는 것이며, 사회적 약속이 바로 그것을 우롱하기 위한 다른 약속으로 잠시 동안 대체되었다는 사실을 이해하지 못하는 것이다. 정해진 시간과 공간 속에서 카니발은 정상을 벗어난 감정(태도), 폭력, 파렴치함, 탐욕스러운 본능에 배출구를 준다. 그러나 동시에 카니발은 그것들을 사심 없고 의미 없는 즐거운 소란 쪽으로 향하게 해서, 뷔로G. Buraud의 정확한 표현을 빌리면, **익살스러운bouffon 놀이로** 이끈다―그렇지만 그는 놀이를 염두에 두고 말한 것이 아니다. 뷔로의 생각은 틀리지 않았다. 성스러운 미미크리의 이 최종적인 실추失墜는 놀이 이외의 다른 것이 아니다. 게다가 이것은 놀이의 대부분의 성격을 나타낸다. 단, 그것은 루두스보다 파이디아에게 더 가깝기 때문에, 무질서한 즉흥, 혼돈 상태와 몸짓(손짓) 표현, 단순한 에너지 소비 쪽에 완전히 머물러 있다.

이것으로도 여전히 지나칠 것이다. 흥분 자체에 대해서는 곧 질서와 조처가 가해지며, 모든 것은 행렬, 꽃 던지기, 가장假裝 콩쿠르 등으로 끝난다. 한편 당국은 가면이 해방감의 생생한 원천이라는 것을 잘 알기 때문에, 가령, 리우데자네이루처럼 대중의 열광이 약 10일간 계속해서 공공서비스 부문의 단순한 기능과 양립할 수 없을 정도로 규모가 커지는 경향이 있는 곳에서도 가면의 착용을 금지하는 것으로 그친다.

문명화된 사회에서는 제복制服이 현기증 사회의 가면을 대신한다. 그것은 가면과는 거의 정반대이다. 어쨌든 제복은 (가면과는) 정반대의 원리에 기초한 권위의 표시이다. 가면은 이쪽 모습을 숨기면서 사람에게 겁을 주기 위한 것이었다. 그것은 무섭고 변덕스러운 힘이 간헐적으로 과도하게 출현하는 것을 의미하는데, 그 힘이 불쑥 나타나는 이유는 속된 대중에게 경건한 공포심을 일으키고 경망스러운 자들과 비행을 범한 자들에게는 벌을 주기 위해서이다. 제복도 역시 변장이지만, 공적이며 영속적이고 규칙적인 변장이다. 특히 얼굴을 드러내놓는 변장이다. 제복은 개인을 공정하고 불변적인 규칙의 대표자, 봉사자로 만드는 것이지, 전염되기 쉬운 열광에 빠져버린 희생물로 만드는 것이 아니다. 가면 뒤에서는 홀린 자의 일그러진 얼굴이 아무리 혼란된 고통스러운 표정을 지어도 지장없지만, 관리는 오로지 법의 집행만을 담당하는 이성적이며 냉정한 존재라는 것 이외에는 어떠한 표정도 그 노출된 얼굴에 나타내서는 안 된다. 이처럼 상반된 질서의 유지를 담당하는 자들이 나타내는 독특한 두 겉모습─한쪽은 변장, 또 한쪽은 자기 얼굴을 분명히 나타내는 것─간의 웅변적인 대조만큼 두 종류의 사회간의 대립을 더 잘 나타내는 것은 아마도 없을 것이다. 있다 하더라도, 이만큼 뚜렷하게 그 대립을 나타내지는 못할 것이다.

장터에서 벌어지는 오락

따르라기(crécelle: 나뭇조각으로 만든 바람개비 모양의 장난감)와 큰북의 사용, 그것도 조심스러운 사용을 제외하면 또한 원무圓舞와 파랑돌(farandole: 프로방스la Provence지방의 춤)을 제외하면, 카니발에는 기이하게도 현기증의 도구와 그 기회가 없다. 카니발은 마치 무장해제당한 것처럼, 가면 착용에서 나오는 힘─그 힘이 상당한 것은 사실이지만─에만 의존하게 된다. 마치 관련된 신의 지혜가 일링크스의 힘과 미미크리의 힘을 신중하게 분리한 것처럼, 현기증의 고유한 영역은 (카니발과는) 다른 곳에 있다. 장터와 유원지에서는 보통 가면을 쓰지 않지만, 그 대신 그곳은 현기증의 씨앗, 덫, 유혹이 모여 있는 선택된 장소이다.

이러한 구역은 놀이 장소로서의 본질적인 특징들을 나타낸다. 이 구역을 다른 공간과 분리시키는 것은 문門기둥, 꽃장식, 난간欄干, 네온사인, 마스트, 기旗, 갖가지 종류의 장식인데, 이것들은 멀리서도 잘 보이며, 아울러 신성한 세계의 경계를 긋는다. 사실 이 경계를 넘으면, 일상생활의 세계보다 유달리 더 밀도 높은 세계에 들어가게 된다. 흥분해서 큰 소리로 떠들어대는 군중, 색과 빛의 범람, 사람을 지치게 하고 골치 아프게 하는 계속된 소란 ― 그 와중에서 사람들은 모르는 사람에게 기꺼이 말을 걸거나 자기에게 관심을 끌려고 애쓴다 ― 그리고 몸가짐이 느슨한 태도, 친숙함, 허풍, 악의 없는 뻔뻔스러움 등을 일으키는 소란스러움이 있다. 이 모든 것이 전반적인 활기에 이상한 분위기를 준다. 게다가 장터에서 벌어지는 오락(흥행) fête foraine의 경우에는 공간적으로 단절되어 있을 뿐만 아니라 주기적으로 벌어진다는 성격 때문에, 그것은 시간의 흐름에 리듬을 준다. 즉, 일상생활의 단조로운 흐름에 대해서 절정(격동)의 시간을 만든다.

　장터의 오락장과 유원지는 이미 본 바와 같이 마음속 깊은 곳에 패닉을 일으키기 위해 만들어진 회전, 진동, 매달리기, 낙하 기계 등 현기증 장치의 고유한 영역이다. 그러나 그곳에서는 갖가지 종류의 놀이가 경쟁하면서 자신의 매력을 더하고 있다. 카빈총 사격이나 활쏘기는 가장 고전적인 형태의 경쟁 및 기교(솜씨) 놀이를 나타낸다. 레슬러의 가건물은 손님으로 하여금 메달을 걸고 으시대는 배불뚝이 챔피언들과 힘을 겨루어보도록 유혹한다. 또 저쪽에는 음흉하게도 높이 세워진 경사가 있는데, 경기자는 짐이 점점 더 많아지고 무거워지는 수레를 도움닫기 해서 그 경사를 따라 밀어올린다.

　도처에 제비뽑기(뺑뺑이)가 있다. 원반圓盤이 돌다가 정지해서 운의 결정을 나타낸다. 그곳에는 아곤의 긴장감 대신에 행운의 출현에 대한 불안스런 기대가 있다. 한편 요술사, 카드점쟁이, 점성술사는 별의 영향력과 미래의 모습을 밝혀준다. 그들은 최신 과학이 보증하는 새로운 방법들을 이용한다. '핵 방사선을 감지하는 능력', '실존정신분석'. 이러한 것으로 알레아의 취향과 그것에의 맹종인 미신 취향을 만족시킨다.

미미크리도 이곳에 없는 것이 아니다. 광대, 어릿광대[피에로], 발레리나, 엉성한 옷을 걸친 익살꾼들이 손님을 끌기 위해서 광대짓을 하거나 얼쩡거린다. 그들은 모의模擬의 매력, 가장假裝의 힘을 실제로 보여준다. 그러나 가장은 그들의 독점물이며, 여기서는 군중은 제멋대로 변장할 수 없다.

그러나 기조基調가 되는 것은 현기증이다. 우선 3분 내지 6분마다 도취를 배급하는 크고 복잡한 기계장치들을 생각해보자. 여기에서는 작은 차들이 옆에서 보면 거의 완전한 원호圓弧를 그리는 레일을 따라 달린다. 따라서 이 차량이 다시 수평 상태로 설 때까지는, 마치 자유낙하하는 것 같아, 좌석에 매여 있는 승객들은 차와 함께 추락하는 것 같은 느낌을 갖는다. 다른 곳에는 흔들리는 새장 같은 것에 갇혀서 군중의 머리 위로 어느 정도의 높이에서 거꾸로 있는 사람들도 있다. 세 번째 종류의 기계장치에서는 거대한 용수철이 세게 튕겨주는 힘으로 곤돌라가 활주로 끝까지 발사된다. 기계가 있는 곳으로 천천히 돌아와 다시 자리를 잡으면, 그 곤돌라는 또 다시 발사된다. 이러한 장치들은 모두 마음속 깊이 잠재해 있는 감각, 공포, 생리적인 패닉을 일으키도록 꾸며져 있다. 즉 속도, 낙하, 진동, 상승하강을 반복하는 가속도회전 등이다. 최신 발명품으로 원심력을 이용하는 것도 있다. 상床이 기울어 몇 미터 내려가면 발판이 없는 손님은 원심력에 의해 거대한 원통의 벽면에 달라붙어 어떤 자세를 취해도 꼼짝 못 하게 된다. 이 놀이의 손님 역시 아연실색케 된다. 이 시설의 광고가 표현하는 대로 그들은 '파리처럼 찰싹 달라붙어 있는' 상태에 있다.

이러한 육체적 공격은 사람을 당황하게 해서 혼란스럽게 만들며, 당혹감, 불안, 구토감을 일으키는 많은 부수적인 요술에 의해 교대된다. 순간적인 공포가 곧 웃음으로 끝나는 놀이인데, 끔찍한 장치에서 나오면 육체적 혼란이 조금 후에 곧 뭐라고 말할 수 없는 안도감으로 변한다. 거울의 미로迷路 역할이 그러하다. 거인과 난장이, 인어, 원숭이 같은 아이, 문어 같은 여자, 표범가죽처럼 검은 반점이 있는 피부를 가진 남자. 공포의 덤으로서 만져보도록 손님에게 권한다. 바로 맞은편에는 그에 못지 않게 기괴한 매력을 갖고 있는 것들이 있는데, 그것들은 유령열차와 귀신이 나오는 성城이다. 그곳에는 컴컴한 복도, 유령, 해골, 얼굴에 살짝 스치는 거미집, 박쥐의 날개, 함정, 틈에서 들어오는 바람, 끔찍한 울부짖음, 그밖에 마찬가지로 유치한 수단들이 많이 있다. 이것들은 손님이 바라는 대로 신경을 자극하고 일시적인 소름을 일으키기에 딱 알맞은 값싼 공포의 유치한 창고이다.

거울, 괴물, 유령의 놀이들은 각각 똑같은 결과를 낳는다. 즉, 종種의 불변성이 지배하며 악마를 내쫓아 낸 일상생활과는 의도적인 대조를 이루는 허구 세계를 그것들은 출현시킨다. 몸의 모습을 늘어나게 하고 분산시켜서 사람을 당황하게 만드는 거울의 반사, 머리, 몸통, 다리 등이 각각 다른 종種의 모습을 한 동물, 전설 속의 괴물, 악몽을 꿀 때나 나옴직한 결함인간缺陷人間, 외과 이식수술에 의해 저주받은 자의 모습을 한 인간, 호물호물한 것을 손으로 더듬는 데서 생기는 가벼운 전율, 원령怨靈과 흡혈귀의 무리, 자동인형과 화성인火星人의 무리(왜냐하면, 여기에서는 이상하게 생긴 것이거나 무시무시한 것은 모두 이용되기 때문이다) 등은 현기증 기계가 잠시 동안 지각知覺의 안정을 파괴해서 일으키는 순전히 육체적인 충격을 다른 종류의 혼란을 통해 보충해준다.

상기할 필요도 없이 이 모든 것은 놀이이다. 즉 자유롭고, 분리되고,

한계가 있고, 약속된 것이다. 먼저 현기증이, 이어서 도취, 공포, 신비가 온다. 때로는 매우 끔찍한 기분이 들기도 하지만, 그 커다란 놀람의 지속시간과 강도는 처음부터 계산되어 있다. 더욱이 거짓으로 꾸민 환영은 사람을 진짜 속이기 위한 것이라기보다는 오히려 사람을 즐겁게 해주기 위한 것이라는 사실을 모르는 자는 없다. 모든 것은 세부에 이르기까지 질서정연하며, 지극히 보수적인 전통을 따르고 있다. 과자점의 진열대에 놓여 있는 사탕과자에도 그 성질과 모습에서 어떤 불변적인 것이 있다. 누가〔희고 무른 캔디의 한 가지〕, 당과, 노넷〔둥글고 작은 향료가 든 팬케이크〕 등은 그림이 들어간 금패마크가 찍혔으며, 가장자리에 번쩍이는 긴 술 장식이 달린 광택지 상자 속에 있다. 생강이 들어간 돼지 모양의 과자빵의 경우에는 즉석에서 손님의 이름으로 장식해준다.

이것들은 흥분의 즐거움, 환상의 즐거움, 합의된 혼란의 즐거움, 적당하게 멈추는 추락의 즐거움, 약한 충격의 즐거움, 안전한 충격의 즐거움이다. 따라서 장터의 놀이라는 이미지에 딱 들어맞는 것은 자동차 충돌놀이다. 이 놀이에서는 운전하는 시늉〔모의〕(몇몇 운전자들의 진지하고 거의 엄숙한 표정을 볼 필요가 있다)에 파이디아, 즉 싸움에 속하는 기본적인 즐거움이 곁들여진다. 즉, 다른 차들을 쫓아가고, 그 차들을 측면에서 받고, 통로를 가로막으며, 피해도 희생자도 없이 거짓 사고를 끝없이 일으키며, 현실에서는 법규에 의해 가장 많이 금지되어 있는 바로 그것을 싫증날 때까지 해보는 즐거움이 곁들여진다.

게다가 나이 든 사람들의 경우에는, 회전 효과와 공포의 전율 때문에 몸이 서로 접근되는 패닉 장치, 공포의 가건물 등 축제의 전 울타리 안에서와 마찬가지로 이 하찮은 자동차경기장에서도 또 하나의 불안, 또 하나의 즐거움, 즉 이성異性의 동반자에게 매달리는 즐거움이 은근히 엉큼하게 떠돌고 있다. 이것은 더 이상 본래적인 의미의 놀이가 아니다. 적어도 이 경우, 장터에서 벌어지는 오락 foire은 가면무도회와 카니발에 가까우며, 모험을 추구하기에 좋은 분위기를 주고 있다. 그렇지만 매우 중요한 단 하나의 차이가 있다. 즉, 그곳에서는 현기증이 가면을 대신한다는 것이다.

서커스

장터에서 벌어지는 오락에는 당연히 서커스도 참가한다. 이것은 자기 나름의 관습, 자부심, 규범을 지닌 독립사회이다. 그곳에는 자신의 특이성에 집착하고 세상과의 격리를 자랑스럽게 생각하는 사람들이 모인다. 결혼도 자기들 사이에서 행한다. 각각 전문으로 하는 기술의 비밀은 아버지에서 아들에게로 전해진다. 분쟁은 가능한 한 속세의 법정에 호소하지 않고 해결한다.

조련사, 〔공, 접시 등으로〕 재주부리는 사람, 곡마사曲馬師, 어릿광대, 곡예사 등은 어릴 때부터 엄한 훈련을 받는다. 그들은 자신의 흥행거리〔연기〕를 완벽하게 하려고 한다. 정확하고 섬세하게 연기해야 성공할 수 있으며, 또 실패하더라도 자신의 안전을 지킬 수 있기 때문이다.

이 폐쇄적이고 엄격한 세계는 장터에서 벌어지는 오락의 엄격한 측면을 이룬다. 조련사와 곡예사에게는 죽음의 감수라는 결정적인 승인이 반드시 따라다니기 때문이다. 그것은 연기자와 구경꾼을 묶는 무언의 약속의 일부이다. 그것은 전면적인 위험을 상정하는 놀이의 규칙이다. 비극적인 추락을 막기 위해 그물이나 로프를 쓰는 것을 서커스단원들이 모두 거부한다는 사실이 〔위험을 감수하겠다는〕 그 성격을 웅변적으로 말해준다. 그들의 완강한 의지에도 불구하고 공권력은 그들의 생명을 보호하는 조치를 취하게끔 명령을 내리지만, 그러나 이것은 내기의 본래 모습을 왜곡시킨다.

〔서커스단의〕 큰 천막은 서커스단원에게는 바로 직업을 나타내는 것이 아니라 하나의 생활양식—사실은 운동선수에게서의 스포츠, 도박자에게서의 카지노, 직업배우에게서의 무대 등과 어떤 공통점도 없는 생활양식—을 나타낸다. 그것에 덧붙여서 일종의 세습적인 숙명이 있으며,〔운동경기보다〕 훨씬 더 명확한 속세俗世와의 단절이 있다. 이 점에서 서커스생활은 절대로 놀이로 간주될 수 없다. 따라서 그 전통적인 활동 중 두 개가 일링크스 및 미미크리와 매우 긴밀하고 의미 깊은 관련이 없었다면, 서커스에 대해서 언급을 피했을 것이다. 그 두 활동이란 공중서커스와 몇몇 어릿광대짓의 고정된 줄거리이다.

공중서커스

스포츠는 아곤에 대응하는 직업을 준다. 우연을 가지고서 술책을 쓰는 일정한 방식〔도박 등〕은 알레아에 대응하는 직업을 준다. 아니 오히려, 알레아에 대응하는 직업이라는 것을 거부한다. 연극은 미미크리에 대응하는 직업을 준다.〔그렇지만〕 공중서커스는 일링크스에 대응하는 직업을 나타낸다. 사실, 공중서커스에서는 현기증이 단지 장애, 곤란, 위험으로만 나타나는 것이 아니다. 이 점에서 공중 그네놀이는 등산, 낙하산 강하降下, 높은 돌출 부분에서 일하지 않으면 안 되는 직업과는 다르다. 공중그네놀이에서는 현기증이 재주부리기의 원동력 자체이며, 재주부리는 목적도 바로 이 현기증을 극복하는 것 이외에는 다른 목적이 없다. 연기演技는 마치 허공이 무섭지 않은 것처럼, 거기에는 아무 위험도 없는 것처럼 일부러 공중에서 움직인다.

이 지고의 재주를 갖고 있다고 자부하기 위해서는 금욕생활이 필요하다. 식사와 성욕의 엄격한 절제, 부단한 체조, 똑같은 동작의 규칙적인 반복, 완벽한 반사신경과 착오 없는 자동적인 동작의 획득. 도약은 최면에 가까운 상태에서 행해진다. 이를 위해서는 유연하고 강한 근육, 냉정한 자기통제가 필요하다. 확실히 곡예사는 공중그네가 던져지는 높이, 그 시간, 거리 및 궤도를 계산하지 않으면 안 된다. 그러나 결정적인 순간에 그러한 것을 생각하면 공포에 사로잡힌다. 주의한다는〔의식한다는〕 것은 거의 항상 치명적인 결과를 초래한다. 조금이라도 망설이게 되면 위태롭게 되는 순간에는 의식은 도와주기는커녕 오히려 몸을 마비시킨다. 의식은 위험하다. 그것은 몽유병적 무류성無謬性을 방해하고〔반사운동의〕 메커니즘의 움직임을 해친다. 그 움직임의 극도의 정밀성은 의심도 후회도 용납하지 않는다. 줄타기 곡예사funambule는 줄에 정신을 빼앗겼을 때에만 성공하며, 곡예사acrobate는 현기증에 저항하지 않고 오히려 그것에 몸을 맡길 정도로 자신이 있을 때에만 성공한다.[35] 현기증은 자연의 일부이다. 〔자연과 마찬가지로〕 현기증에 대해서도 복종함으로써만 지배할 수 있다. 어쨌든 이 놀이는 멕시코의 볼라도레스 묘기와 함께, 일링크스를 극복할 경우 얼마나 풍부한 성과가 자연법칙에 의해 나타나는가를 확인하고 증명한다. 그것은 엉뚱한 훈련이고, 아무 쓸모도 없고 전혀 이득도 없을 뿐만 아니라 현실의 이해관계와도 떠나 있고 〔경우에 따라서는〕 죽음을 가져오는 무용한 묘기의 성취이다. 그래도 그것이 인간의 인내와 야심, 과감성의 존경할 만한 증거라는 것은 인정할 필요가 있다.

흉내 내며 익살떠는 신들

광대들의 장난은 무수하다. 그것은 각각의 변덕과 생각에 달려 있기 때문이다. 그렇지만 그중에서도 특히 뿌리 깊은 한 가지가 있는데, 이것은 그 자체가 인간의 매우 오래되고 또 매우 건강한 관심임을 입증하는 것 같다. 그것은 우스꽝스러운 인물이 상대편의 점잔 빼는 몸짓을 재미있게 흉내 내는 장난이다. 서커스에서 어릿광대 Auguste의 역할이 그것이다. 옷은 조각을 대어 기웠고, 너무 크거나 너무 작아 몸에 잘 맞지 않으며 또 덥수룩하고 빨간 가발을 쓰고 있는데, 그의 이러한 모습은 광대들 clowns의 번쩍이는 금박 장식 및 머리에 쓰는 원뿔 모양의 흰 모자와 대조를 이룬다. 이 불행한 남자는 제멋대로이다. 잘난 체하면서도 서투르며, 상대방을 흉내 내는 데 몰두하고, 소란을 일으키기만 해서 희생자가 된다. 그는 반드시 거꾸로 행동한다. 그는 웃음거리가 되고 매맞으며 물세례를 받는다.

그런데 우연인지 아니면 먼 인연이라도 있는 것인지는 모르지만, 신화에는 이 익살꾼이 흔히 나타난다. 그는 신화에서 때로는 실수를 잘하는 때로는 장난기 있는 아니면 우둔한 신인神人으로 나타난다. 그리고 천지창조 때에는 조물주가 하는 짓을 잘못 흉내 내어 그 작업을 망치며, 때로는 그것에 죽음의 씨앗을 넣기도 한다.

〔미국〕 뉴멕시코 주의 나바호 족 인디언은 병의 치료와 부족에 대한 정령의 가호加護를 얻기 위해 예비차이 Yebitchaï라는 신의 이름으로 불리는 축제를 거행한다. 신의 화신이 되는 가면을 쓴 무용수들이 이 축제의 주역이다. 그들은 여섯 명의 남자정령, 여섯 명의 여자정령, '말하는 신神'인 예비차이 자신, 그리고 마지막으로 '물의 신'인 토네닐리를 합쳐서 모두 14명이다. 이 토네닐리가 무용단의 어릿광대 Auguste이다. 그는 남자정령들과 똑같은 가면을 쓰지만, 누더기 옷을 입고 있으며, 허리에는 낡은 여우모피를 매고서 질질 끌고 다닌다. 그는 다른 사람들을 정신없게 만들기 위해 고의적으로 박자에 맞지 않게 춤추며 실수를 거듭한다. 자신이 질질 끌고 다니는 여우모피가 살아 있다고 믿는 체하며, 그것을 향해 화살을 쏘는 시늉을 한다. 특히 그는 예비차이의 고상한 태도를 흉내 내어 그를 놀린다. 그는 가슴을 내밀며 거드름 피운

다. 그렇지만 〔실제로〕 그는 중요하다. 그는 나바호 족의 주요 신들 중 하나이다. 그렇지만 그는 흉내 내며 익살떠는 신이다.

같은 지역에 거주하는 주니 족에게는 카치나Katchina라고 불리는 초자연적인 존재들이 있는데, 그중의 10명은 다른 것들과 구별된다. 그들이 코이엠쉬Koyemshis이다. 그들은 태고太古 때에 누이와 근친상간을 한 어떤 승려의 아들과 그 금지된 결합에서 나온 9명의 자식이다. 그들은 소름 끼칠 정도로 추하게 생겼다. 그 추함은 혐오감을 일으키는 만큼이나 코믹하기도 하다. 게다가 그들은 '어린애 같다'. 말을 더듬거리며, 성장이 느리고, 성적 능력도 없다. 그들은 외설적인 노출에 골몰하기도 하는데, '이것은 큰 일이 아니다. 그들은 어린애 같기 때문이다'라고 사람들은 말한다. 그들 각각은 뚜렷한 개성을 갖고 있으며, 여기서 독자적인 우스꽝스러운 행위가 나오는데, 우스꽝스럽다는 점에서는 똑같다. 예를 들면, 필라쉬원니는 겁장이로 계속해서 겁먹은 체한다. 칼루치는 항상 목마른 것으로 여겨진다. 무야포나는 자신이 사람 눈에 보이지 않는다고 확신하는 체하면서, 아무리 작은 물건 뒤에라도 숨는다. 그의 입은 달걀 모양이며, 귀 부분에 두 개의 혹, 이마에도 하나의 혹이 나있고, 또 두 개의 뿔이 달렸다. 포수키는 계속 웃는다. 그의 입은 수직으로 찢어져 있으며, 얼굴에는 여러 개의 혹이 나 있다. 포수키와는 반대로, 나바쉬는 슬퍼하고 있다. 그의 입과 눈은 튀어나왔으며, 머리에는 큰 사마귀가 있다. 이렇게 해서 이 무리는 각각 누군지를 알아볼 수 있는 광대단을 이룬다.

혹이 울퉁불퉁 나오고 보기에도 끔찍한 가면을 쓰고서 코이엠쉬 역을 연기하는 주술사와 예언자들은 엄격한 단식과 수많은 고행을 겪는다. 따라서 코이엠쉬가 되는 것을 받아들인 자들은 공동의 선善을 위해 헌신하는 것이라고 간주된다. 그들이 가면을 쓰고 있는 동안에는 사람들이 그들을 무서워한다. 그들에게 공물이나 봉사를 바치지 않으면 큰 재앙을 받을지도 모른다. 모든 축제 중에서 가장 중요한 샬라코 축제가 끝나면, 마을 전체가 그들에게 식량, 의복, 지폐 등 많은 선물을 주며, 그들은 나중에 의식을 행하면서 그것들을 공개한다. 이 의식을 행하는 동안 그들은 다른 신들을 조롱하고, 수수께끼놀이를 행하며, 거친 농담도 하고, 많은 익살을 떤다. 그리고 어느 한 관중에게는 그의 탐욕스러움을 비난하고 또 다른 관중에게는 결혼생활의 불행에 대해 비평을 가하고, 백인처럼 사는 것을 뽐내는 또 한 명의 관중에게는 그를 웃음거리로 만들면서 관중들을 조롱한다. 이러한 행위는 엄밀하게 의례적인 것이다.

여기에 주목할만하고 의미심장한 사실이 있다. 그것은 주니 족과 나바호 족의 경우에서 '흉내 내며 익살떠는 신들'이건 다른 신들 이건 간에, 가면을 쓴 자들이 홀림의 발작을 하지 않으며, 또 그들의 신분이 전혀 감추어지지 않는다는 것이다. 사람들은 그들이 가장假裝한 친척과 친구라는 것을 알고 있다. 그들이 나타내는 정령에 대해서는 마음속으로 공경하고 두려워하지만, 사람들은 그들을 결코 신 자체로 받아들이지 않으며, 또 그들 자신도 그렇게 생각하지 않는다. 신학은 이것을 확인해준다. 신학은 다음과 같이 말한다: 옛날에 카치나들은 사람들에게 번영을 약속해주기 위해 사람들이 있는 곳으로 직접 왔다. 그러나 그들은 항상 일정한 수의 사람들을—감격해서든 강제로이든—'죽음의 나라'로 데리고 돌아갔다. 사람들에게 이롭기를 바란 방문이 이처럼 불길한 결과를 초래한다는 것을 알고서는 '가면의 신들'은 살아 있는 사람들 사이에 더 이상 살아 있는 몸으로 오지 않고 정령으로만 나타나기로 작정했다. 그들은 주니 족에게 자신들의 것과 비슷한 가면을 만들도록 명령하고는 자신들의 흉내를 내는 자들에게 머무르러 올 것이라고 약속했다. 이리하여 이미 본 바와 같이 다른 사회에서는 매우 강력하고 널리 퍼져 있는 비밀과 신비, 공포의 공모(결합), 황홀과 몸짓 표현의 공모, 마비와 불안의 공모가 여기서는 분리되어 있다. 있는 것은 홀림이 없는 가면극이며, 주술적인 의식은 의례와 구경거리로 진화하고 있다. 미미크리는 일링크스를 의식에 들어오게 하는 하위적인 사명을 갖고 있는 것이 아니라 결정적으로 일링크스를 이기고 있다.

또 하나의 분명한 사실이 서커스의 어릿광대나 광대들과 '흉내 내며 익살떠는 신들' 사이의 유사성을 더해준다. 때때로 이 신들은 물을 뒤집어쓴다. 그들이 이처럼 물에 흥건히 젖고 돌연한 물벼락에 완전히 겁에 질려 있는 것을 보고 사람들은 웃음보를 떠뜨린다. 하지 때 마을의 모든 집의 방문을 끝낸 코이엠쉬에게 주니 족의 여자들은 테라스 위에서 물을 확 끼얹는다. 그리고 나바호 족은 토네닐리의 누더기 옷을 두고서 물세례 받을 사람이 입기에 좋다고 말한다.[36]

신화와 서커스 사이에 계보관계가 있건 없건 간에, 신화와 서커스는 미미크리의 특수한 측면을 분명하게 밝혀준다는 면에서 일치한다. 즉, 풍자라는 사회적 기능이 명백하다. 물론 이 풍자라는 측면은 미미크리에만 있는 것이 아니라 희화戲畵, 풍자시, 노래에도 있고, 또 승리자와 군주를 수행하면서 익살을 떠는 광대들에게도 있다. 이처럼 다양하고 널리 퍼져 있는 제도들도 동일한 의도에서 나온 것인데, 아마도 그 제도 모두를 균형이라는 똑같은 욕구의 표현이라고 생각하면 좋을 것이다. 엄숙함이 지나치면 우스꽝스러운 다른 부분이 필요하다. 왜냐하면, 일반 대중의 존경이나 숭배심, 고관들에 대한 경의, 최고 권력에 의한 영예 등은 그 직위에 있는 자나 신의 가면을 쓴 자에게 판단을 흐리게 할 위험이 있기 때문이다.

　신자들은 완전히 매료되는 것도 바라지 않으며, 또 우상이 그 자신의 위대함에 눈멀어 광란에 빠지는 것이 무해하다고도 생각하지 않는다. 이 새로운 역할에서는 미미크리가 현기증으로의 발판이 아니라 그것에 대한 예방이다. 결정적이며 힘든 도약, 즉 문명과 역사(진보, 미래)에 이르는 좁은 문이 미미크리와 일링크스의 위세를 알레아와 아곤의 규범으로 대체해서 그 규범을 집단생활의 기초로 삼는 것과 일치한다면, 몇몇 사회들이 어떤 신비스럽고 전혀 있을 것 같지 않은 행운 덕분에 모의와 현기증의 결합이 폐쇄적으로 형성하는 악순환을 끊는 데 성공했는가는 반드시 연구해야 할 것이다.

　인간을 위험한 매혹(홀림)으로부터 피하게 해주는 길은 확실히 하나가 아니다. 이미 본 바와 같이, 스파르타에서는 주술사가 입법자나 교육자가 되었으며, 인간이리의 가면집단은 정치경찰로 진화하였고, 열광은 어느날 제도가 되었다. 여기서 또 하나의 출구(해결책)가 나타나는 것을 볼 수 있는데, 그것은 우아함, 자유, 창의력의 신장에 보다 좀 더 유리하고 창조적인 해결책이다. 어쨌든 그것이 지향하는 것은 균형, 초연함, 아이러니이지 다시 현기증이 날 정도의 가혹한 지배가 아니었다. 이 진화 과정의 끝에서 사람들이 다음의 사실을 갑자기 깨닫는 일이 없으리라는 법은 없다. 즉 어떤 경우에는—아마도 특별한 경우였겠지만—수많은 우여곡절 끝에 모의와 현기증의 강력한 결합을 파괴하게 되는 최초의 균열이 다름 아니라 바로 다음과 같은—(처음에는) 거의 감지할 수 없을 정도였고, 겉보기에도 엉뚱하고 아마도 신성모독이었을—기묘한 혁신이었다는 사실이다. 그 혁신이란 가면신들의 무리 속에 그들과 동등한 지위 및 똑같은 권위를 갖고서 그들의 매혹적인 몸짓을 흉내 내고 익살을 떨어야 할 책임이 있는 인물들, (다시 말해서) 만일

〔웃음이라는〕 이 해독제가 없었다면 반드시 흥분과 최면상태에 이르게 되는 것을 웃음을 통해 완화시킬 책임이 있는 인물들을 들어가게 한 것이었다.

보충하는 글

1
우연놀이의 중요성

    노동의 가치에 기초를 둔 산업형 문명에서도 우연놀이에 대한 애호심은 지극히 강하다. 왜냐하면, 이 놀이는 (노동의 가치와는) 정반대의 돈벌이 수단, 아니 리보Th. Ribot의 표현에 따르면, '한꺼번에 힘들이지 않고 순식간에 획득하는 매력'을 주기 때문이다. 복권, 카지노, 경마나 축구시합에 대한 도박이 사람들을 끊임없이 유혹하는 이유는 여기에 있다. 인내와 노력은 확실히 수입을 가져다 주지만 그 액수가 얼마 되지 않는 데 반해서, 우연놀이의 매력은 순식간에 큰 재산을 얻을 수 있다는 환상, 즉 레저, 부, 사치를 갑자기 얻을 수 있는 가능성을 주는 데 있다. 힘들여 노동해도 그저 웬만큼의 즐거움도 없는 대다수 사람들에게는 일등 상금의 행운이 비참하고 굴욕적인 상태에서 영원히 벗어나게 해주는 유일한 방법인 것 같다. 도박은 노동을 우롱하며, 노동과 경쟁하는 유혹을 나타낸다. 이것은 경우에 따라서는 사회 전체의 생활양식을 적어도 부분적으로는 결정할 정도의 중요성을 갖는다.
    이상의 고찰은 우연놀이가 경제적인 기능이나 사회적인 기능을 갖고 있다는 것을 때때로 사람들에게 인식시키지만, 우연놀이의 문화적 창조력을 증명하지는 못 한다. 사람들은 우연놀이가 게으름, 숙명론, 미신을 조장하지 않을까라고 생각한다. 우연놀이의 법칙에 대한 연구가 확률론, 위상기하학topologie, 전략게임이론을 만들어 내는 데 기여했다는 것에는 사람들은 동의한다. 그러나 그렇다 하더라도, 우연놀이가 세계관의 모델을 제공한다거나 또는 설사 아무렇게 하는 것에 지나지 않더라도 일종의 맹아적인 백과사전적 지식을 정리하는 기준이 될 수 있다고는 사람들은 상상도 하지 못 한다. 그렇지만 숙명론, 엄밀한 결정론은 그것이 자유의지와 책임을 부정하는 한 우주 전체를 일반화되고 강제적이며 끊임없는 거대한 제비뽑기로 생각한다. 이 제비뽑기에서 각각의 당첨 — 불가피하게 맞는다 — 은 다음 추첨에 — 또 맞으면 그 다음의 추첨에, 이런 식으로 무한히 — 참가할 수 있는 가능성만을 아니 필연성을 가져다준다.¹ 게다가 비교적 한가로운 사회, 사용할 수 있는 에너지가 어쨌든 노동에 의해 다 흡수되지 않고, 또 노동이 일상생활 전부를 지배하지 않는 사회에서는 우연놀이가 예술, 윤리, 경제, 심지어는 학문에도 고르게 영향을 줄 정도로 예상밖의 문화적 중요성을 획득하는 경우가 종종 있다.

    나는 이러한 현상이 과도기 사회의 특징이 아닌가 하고 생각한다. 과도기 사회란 가면과 홀림 — 또는 무언극과 황홀이라고 바꿔 말해도 좋다 — 의 결합된 힘에 의해서 더 이상 지배되지 않지만, 규칙 있는 경합과 조직화된 경쟁이 기본적인 역할을 하는 제도에 기초를 둔 집단생활에는 미처 도달하지 못한 사회이다. 특히 완만하면서도 험난하게 이루어진 진화 덕분에 지옥의 질곡에서 오래전부터 벗어난 다른 민족들과의 접촉에 의해서, 아니면 그 민족들에게 지배당하는 것에 의해서, 사람들이 모의와 영매 상태의 영향력에서 갑자기 벗어나는 일이 있다.

그 민족들은 주민들을 완전히 새로운 법에 복종시키지만, 그들은 그것을 받아들일 준비가 전혀 되어 있지 않다. 비약이 너무 급격하기 때문이다. 이 경우, 털갈이 하는 사회의 양식을 결정하는 것은 아곤이 아니라 알레아이다. 지금까지 그들에게 기본적이었던 가치들은 더 이상 시민권을 갖지 못하기 때문에, 운명의 결정에 몸을 맡기는 것이 그들의 게으름과 초조함에 잘 들어맞는다. 정확하게 말하면, 행운과 초자연적인 힘의 은혜를 보증하는 마술과 미신을 수단으로 해서 이 명백하고 단순한 규범은 그들을 다시 전통과 연결시키고, 부분적으로는 그들 본래의 세계로 돌아가게 한다.

따라서 이런 상황에서는 우연놀이가 갑자기 예상밖의 중요성을 획득하게 된다. 기후풍토가 좋고 또 다른 곳과는 달리 아무리 빈털털이라도 의식주 걱정 때문에 규칙적인 노동을 하지 않아도 되는 경우에는, 우연놀이가 노동을 대신하는 경향이 있다. 되는 대로 사는 대중의 욕구는 너무 많은 것을 요구하지는 않는다. 그날그날을 보낸다. 그들은 자신들이 관여하지 못하는 행정기관에 의해 감독되고 있다. 단조롭고 싫증나는 노고의 규율에 복종하기보다는 놀이(도박)에 몰두한다. 놀이(도박)는 결국 무사태평하고 열정적인 이 사람들의 신앙, 지식, 관습, 야심을 지배하기에 이른다. 그들에게는 스스로를 다스릴 책임도 더 이상 없지만, 유형이 다른 이 사회에 흡수되기도 여전히 극도로 어렵기 때문에, 그들은 이 사회의 주변부에서 영원한 아이로 보람 없이 살아간다.

그리하여 우연놀이는 습관, 관례, 제2의 천성이 된다. 우연놀이의 이 기묘한 번영의 몇 가지 예를 빨리 보자. 우연놀이는 주민 전체의 생활양식을 형성한다. 왜냐하면, 누구도 감염에 저항할 수 없기 때문이다. 우선 주민(인종)의 혼합이 없고 문화가 아직도 옛날의 가치에 완전히 젖어 있는 경우부터 고찰을 시작해보자. 카메룬의 남부와 가봉의 북부에 대단히 널리 퍼져 있는 주사위놀이가 있다. 이 놀이에 사용되는 주사위는 팜유보다 더 귀중한 기름이 나오는 나무(Baillonella Toxisperma Pierre, 다른 이름으로는 Mimusops Djave)의 열매에 칼로 새겨 만든 것인데, 이 열매는 마치 뼈처럼 대단히 딱딱하다. 이 주사위에는 두 개의 면밖에 없다. 한쪽 면에는 경쟁하는 문장들紋章을 이기는 힘이 있는 어떤 상징이 새겨져 있다.

이 문장紋章들은 그 수가 많으며 종류도 다양하다. 그것들은 일종의 그림 백과사전을 이루고 있다. 어떤 것들은 인물들을 나타내고 있는데, 그중에는 엄숙한 태도를 취하고 있는 인물도 있고, 극적인 사건 속에 있는 인물도 있으며, 또 일상생활의 많은 일에 종사하는 인물도 있다. 앵무새에게 말하는 것을 가르치는 어린이, 저녁식사용으로 새를 잡는 여자, 거대한 뱀에게 습격당하는 남자, 총에 탄환을 넣는 남자, 땅을 경작하는 세 명의 여자 등등. 또 다른 주사위에 새겨져 있는 표의문자表意文字는 여러 식물, 여자의 생식기, 달과 별이 나온 어두운 밤을 나타내고 있다. 동물들—포유류, 새, 파충류, 물고기, 곤충—을 재현한 것도 풍부하게 있다. 마지막으로 일련의 부조浮彫는 놀이하는 자가 갈망하는 물품들을 암시하고 있다. 도끼, 총, 거울, 큰북, 시계, 무도가면.

문장이 그려져 있는 이 주사위들은 그 소유자의 작은 소망들을 실현하는 것을 도와줄 힘이 있는 부적符籍이기도 하다. 소유자는 보통 주사위를 집에 놓지 않고 숲으로 가지고 가서 주머니에 넣어 나무에 매달아 둔다. 때에 따라서는 그것들은 메시지를 남기는 용구, 약속된 말을 전하는 매체가 되기도 한다.

놀이 자체는 극히 단순하다. 그 원리는 앞이냐 뒤냐의 놀이와 비슷하다. 놀이하는 자는 각각 똑같은 돈을 건다. 운명은 주사위와 함께 던져지는 7개의 호리병박 조각에 의해 결정된다. 이 호리병박 조각들 중에서 뒤가 적게 나오면, 그 주사위도 뒤가 나온 자가 내깃돈을 가져간다(앞이 적게 나온 경우는 반대로). 당국이 금지시키지 않으면 안 될 정도로 이 도박은 열광적인 인기를 끌었다. 그것은 아주 심각한 혼란을 일으켰다: 남편들은 자기 아내를 저당잡혔으며, 우두머리들은 자신들의 영토를 걸었고, 승부에 너무 열중한 나머지 싸움이 빈번했으며, 씨족 간에 전쟁도 일어났다.[2]

이것은 조합도 없고 딴 돈을 다시 거는 것도 없는 초보적인 도박이다. 그렇지만 그것이 대유행인 곳에서 문화와 집단생활에의 그 영향이 얼마나 중대한가는 쉽게 알아차릴 수 있다. 모든 차이점을 감안하더라도, [주사위] 문장紋章들의 상징적이며 백과사전적인 풍부함은 로마네스크식 기둥머리의 그것과 비교될 수 있다. 적어도 그것과 유사한 기능을 행한다. 게다가 각각의 주사위의 한 면을 다르게 조각해야 할 필요성에서 부조浮彫예술이 생겨났는데, 이것은 조형예술 영역에서 이 지방 부족의 대표적인 표현으로 간주되어도 좋다. 주사위에 주술적인 힘을 부여하는 것도 역시 중요하며, 이 힘에 의해서 주사위가 그 소유자의 신앙 및 관심과 밀접하게 관계를 맺는다. 특히 강조할 필요가 있는 것은 도박에의 열광 때문에 야기된 큰 피해, 때로는 파탄이라고 말할 정도의 큰 피해이다.

이러한 성격은 결코 우연적인 것이 아니다. 혼합된 사회[과도기 사회]에서 유사한 매력을 발휘하고 마찬가지로 무서운 결과를 야기하는 훨씬 더 복잡한 우연놀이의 경우에서도 그러한 성격을 찾아볼 수 있다.

그 두드러진 한 예는 쿠바에서 '중국식 문자 수수께끼'Rifa Chiffà의 성공이다. 리디아 캅레라Lydia Cabrera의 표현에 따르면, '국민경제의 불치의 암癌'인 이 제비뽑기는 36개의 부채꼴로 분할된 중국어의 형상을 사용해 게임하는 것이다. 이 36개의 부채꼴에는 36개의 상징—사람, 동물 또는 여러 우의화寓意畵—이 할당되어 있다. 즉 말, 나비, 뱃사람, 여승, 거북, 달팽이, 죽은 사람, 증기선, 보석(이것은 아름다운 여자로 해석할 수 있다), 작은 새우(이것은 남성의 성기이기도 하다), 염소(이것은 월경이기도 하고 여자의 성기이기도 하다), 원숭이, 거미, 파이프 등등이다.³ 물주는 이것에 대응하는 일련의 우의화—두꺼운 종이나 나무로 되어 있다—를 준비한다. 그는 그중에서 하나를 직접 뽑거나 다른 사람에게 뽑게 한다. 그리고 그 패를 천조각으로 싸서 도박자들의 눈에 보여준다. 이 절차는 '짐승을 매단다'라고 불린다. 이어서 물주는 패의 매각에 착수한다. 패에는 각각 어떤 상像을 나타내는 중국문자가 쓰여 있다. 이 사이에 물주의 하수인들은 거리로 나가 도박을 알린다. 약속된 시간에 천에 싼 문장(우의화)을 풀고서 이긴 자에게 그가 건 돈의 30배를 준다. 물주는 이익금의 10%를 하수인들에게 준다.

이처럼 이 도박은 그림을 많이 이용한 룰렛의 변종 같은 것이다. 그러나 룰렛에서는 여러 수數 간의 모든 조합이 가능하지만, '중국식 문자 수수께끼'의 상징들은 불가사의한 유연관계類緣關係에 따라 결합된다. 각각의 상징은 하나 또는 그 이상의 동료와 하인을 갖거나 갖지 않는다. 예를 들면, 말은 동료로는 보석을, 하인으로는 공작을 가지며, 큰 물고기는 동료로는 코끼리를, 하인으로는 거미를 갖는다. 나비는 동료가 없고 하인으로는 거북을 갖는다. 반대로 작은 새우는 동료로는 사슴을 갖고 하인이 없다. 사슴은 세 명의 동료, 즉, 작은 새우, 숫염소, 거미를 갖지만 하인이 없다 등등. 당연히, 선택된 상징, 동료, 하인 이 셋에 동시에 거는 것이 마땅하다.

게다가 이 제비뽑기의 36개 문장紋章(상징)은 7개조組 quadrillas의 불균등한 그룹으로 나누어진다. 상인, 멋쟁이, 술꾼, 사제, 거지, 기사, 여자.

여기서도 분할을 지배한 원리는 매우 애매한 것 같다. 예를 들면, 사제 조組는 큰 물고기, 거북, 파이프, 뱀장어, 수탉, 여승, 고양이로 이루어진다. 술꾼 조는 죽은 사람, 달팽이, 공작, 작은 물고기로 구성된다. 놀이 세계는 이처럼 기묘한 분류에 의해 지배되고 있다. 승부가 시작될 때마다 '짐승을 매단' 다음, [도박장의] 물주는 참가자들을 도울 (또는 혼란시킬) 목적으로 수수께끼charade를 내놓는다. 즉 일부러 애매하게 한 다음과 같은 유형의 문장이다: "말을 탄 남자가 매우 천천히 가고 있다. 그는 바보가 아니지만, 술에 취해 있으며, 동료와 함께 많은 돈을 번다."⁴ 그러면 노름꾼은 술꾼 조에 또는 기사 조에 걸지 않으면 안 된다고 추측한다. 물론 그는 어느 조나 지배하는 동물에 걸 수도 있다. 그러나 문자 수수께끼의 열쇠가 되는 것은 그처럼 분명하게 나타나지 않은 다른 말일지도 모른다.

또 어떤 때에는 물주는 다음과 같이 말한다: "힌트를 주겠습니다. 코끼리가 돼지를 죽입니다. 호랑이가 살해를 교사합니다. 사슴은 그것을 팔러 갑니다. 사슴이 그 짐을 갖고 갑니다." 노련한 노름꾼은 잘 생각하면 알 수 있는 것이라고 하면서 다음과 같이 설명한다: "두꺼비는 마법사이다. 사슴은 이 마법사의 조수이다. 그가 불길한 짐을 들고 있다. 이 짐에는 적敵이 누군가에게 건 마법이 들어 있다. 이 경우에는, 호랑이가 코끼리에게 마법을 걸고 있다. 사슴이 짐을 갖고 나간다. 그는 마법사가 말한 곳에 그것을 버리러 간다. 매우 분명하지 않은가? 틀림없다! 31번, 사슴이 맞다. 사슴이 뛰어 나가기 때문이다." [sortir(나간다)라는 말은 옛날 문어에서는 제비를 뽑아 당첨되다라는 뜻으로도 쓰였다.]

이 도박은 중국에서 전해졌다.⁵ 중국에는 문자 수수께끼 대신에, 전통문헌[고전]에 대해 수수께끼처럼 빙 둘러 말하는 것이 있었다. 학식 있는 자가 추첨 후에 인용문을 증거로 해서 해답이 옳다는 것을 증명해주는 역할을 맡고 있었다. 쿠바에서 문자 수수께끼의 정확한 해석에 필요한 것은 흑인들의 신앙 전체에 대한 지식이다. 물주가 "새가 쪼고서 날아간다"라고 말하면, 그 의미는 극히 명백하다. 죽은 사람은 공중을 난다. 죽은 사람의 혼은 새에 비유될 수 있다. 혼은 올빼미 형태를 하고서 원하는 곳은 어디든지 들어갈 수 있기 때문이다. [그렇지만] 벌받고, 굶주리며, 원한을 품고 있는 혼도 있다. "쪼고서 날아간다"라는 것은 [그 원한의 혼이] 조심하지 않은 살아 있는 자에게 뜻밖의 죽음을 가져다준다는 것이다. 따라서 8번, 죽음에 거는 것이 적절하다.

'아무거나 무는 개'는 공격하고 비방하는 말이다. '만물을 비추는 빛'은 11번, 해뜰 무렵에 우는 수탉이다. '모든 것을 할 수 있는 왕'은 돈을 뜻하기도 하는 나비이다. '몰래 화장하는 광대'는 8번, 흰 천으로 덮여 있는 죽은 사람이다. 그렇지만 죽은 사람이라는 바로 이 해석은 문외한들의 해석이다. 실제로는 비전秘傳을 전수받은 자(ñampe 또는 ñañigo muerto)이다. 즉, 성직자는 비밀의식 때 비전을 전수받은 자의 얼굴, 손, 가슴, 팔, 다리에 백묵으로 의식용儀式用 기호를 그리기 때문이다.⁶

복잡한 꿈 점도 올바른 번호를 예측하는 데 도움이 된다. 그 조합은 무한하다. 과거의 경험들은 운명을 예고하는 숫자들로 분류되어 있다. 이 숫자는 문자 수수께끼의 물주에게 있는 책에 의하면 100개나 된다. 전화로 물어볼 수도 있다. 경험 내용과 숫자의 이 정통적인 대응의 총목록은 '인생의 신비를 통찰하는 데 알고 있으면 매우 유익한 것'으로 간주되는 상징언어를 탄생시켰다. 어쨌든 형상形象이 숫자를 대신해버리는 예가 흔하다. 알레호 카르펜티에르[쿠바의 작가]는 그의 처의 아저씨 집에서, 흑인 청년이 2+9+4+8+3+5=31이라는 덧셈을 하고 있는 것을 보았다. 청년은 숫자를 발음하지 않고 다음과 같이 말한다: "나비 더하기 코끼리 더하기 고양이 더하기 죽음 더하기 뱃사람 더하기 여승은 사슴." 마찬가지로 12를 2로 나누면 6이라는 것을 뜻하기 위해 그는 다음과 같이 말한다: "창녀 나누기 나비는 거북." 도박의 기호記號와 용어색인표가 지식 전체에 투영되어 있다.

중국식 문자 수수께끼는 쿠바의 형법 355조에 의해 금지되었음에도 불구하고, 매우 널리 유행하고 있다. 1879년 이래로 그 악영향에 대해 많은 항의가 있었다. 특히 노동자들은 그들이 소유한 얼마 안 되는 돈을 그것에 걸며, 어떤 작가가 말하는 바와 같이 가족의 식비마저도 잃어버린다. 물론 그들이 많은 돈을 건 것은 아니다. 그러나 그들은 끊임없이 도박을 한다. 왜냐하면, 하루에도 네 번이나 여섯 번 '짐승을 매달기' 때문이다. 이것은 속이기가 비교적 쉬운 도박이다. 물주는 사람들이 돈을 건 데를 알고 있기 때문에 그가 조금이라도 숙달되어 있다면, 천에 싼 상징을 풀 때에 물주를 위험하게 할 정도로 많은 돈이 걸린 상징에서 거의 아무도 걸지 않은 상징으로 바꿔치는 것은 아주 쉽다.[7]

정직하건 부정직하건 간에, 어쨌든 물주들은 순식간에 재산을 모으는 것으로 평판이 나있다. 전 세기前世紀에 그들은 하루에 4만 페소나 벌었다고 한다. 그들 중의 한 사람은 금화로 20만 페소의 돈을 벌어 고향으로 돌아갔다고 한다. 현재 아바나에는 문자 수수께끼의 큰 조직이 다섯 개, 작은 조직이 열두 개 이상 존재한다고 추정된다. 판돈의 액수는 **하루에** 10만 달러가 넘는다.[8] 〔이 책《놀이와 인간》의 초판이 나온 다음 해, 즉 1959년에 카스트로 혁명이 성공하였다.〕

가까운 푸에르토리코 섬에서 기획국은 1957년 각종의 도박에 투자되는 총액을 연간 1억 달러로 추정하였다. 이것은 섬 예산의 절반에 달하는데, 그중 7,500만 달러는 합법적인 도박(국영복권, 투계, 경마, 룰렛 등등)에 투자되었다. 보고서는 분명하게 밝히고 있다: "도박이 이 정도의 규모에 달하면, 의심할 바 없이 심각한 사회문제가 된다.……그것에 의해 개인의 저축은 파멸되며, 사업은 마비되고, 주민은 생산적인 노동보다 요행수에 의한 소득을 신뢰하게 된다." 이 결론에 놀란 지사知事 루이스 무뇨스 마린은 앞으로 10년 내로 도박을 국가경제에 별로 위태롭지 않은 규모로 되돌아가게 하기 위해 도박단속법을 강화하기로 결정했다.⁹

―

브라질의 조고 도 비쇼Jogo do Bicho, 즉 동물 도박도 쿠바의 중국식 문자 수수께끼와 똑같은 특징을 나타낸다. 수많은 상징과 조합이 있으며, 거대한 조직에 의해 운영되고, 매일 내기가 행해져 하층민의 얼마 안 되는 돈의 상당 부분을 빨아들이는, 반半은 비합법적인 제비뽑기이다. 게다가 브라질의 도박은 알레아와 미신의 관계를 완전히 명백하게 밝혀준다는 이점利點이 있다. 한편 그것은 경제질서에도 매우 중대한 결과를 초래하기 때문에, 내가 다른 기회에 다른 의도로 사용한 문장을 여기에 다시 싣겠다.

"이 도박이 현재와 같은 형태를 취하게 된 것은 1880년 경이다. 두르몽 남작男爵이 동물원 입구에 매주 어떤 동물 그림을 게시한 데서 기인된 것이라고 말해지고 있다. 사람들은 매번 다음에는 어떤 동물이 선택될까를 짐작하게 되었다. 이렇게 해서 서로 간의 내기가 생겨났다. 원인이 없어진 후에도 이 내기는 살아남아, 게시된 동물 그림은 일련의 숫자와 지속적으로 연결되었다. 이 도박은 곧 연방복권의 당첨번호에 대한 사설도박—이것은 인접한 여러 나라에서 행해지는 키니엘라quiniela와 비슷하다—속에 흡수되었다. 1에서 100까지의 숫자를 네 개의 그룹으로 나누어서, 각각의 그룹에 25종의 동물을 할당하였다. 이 동물들은 독수리(1번에서 4번)에서 암소(97번에서 100번)까지 거의 알파벳 순으로 배열되어 있다. 이때부터 이 도박은 더 이상 눈에 띨 만한 수정을 겪지 않았다."

조합은 무한하다. 그날의 복권 당첨번호의 한 자리 수, 십 자리 수, 백 자리 수, 천 자리 수, 달리 말하면 끝수, 끝의 두 수, 끝의 세 수, 끝의 네 수에 우선 건다(연방복권이 매일 추첨하지 않고 일주일에 한 번씩 추첨한 뒤로, 연방복권 추첨이 없는 날에는 가짜복권 ─ 비쇼 도박자들의 승패를 가리는 데에만 쓰일 뿐, 복권의 표도 상금도 없는 완전히 이론〔숫자〕상의 복권 ─ 이 행해지고 있다). 게다가 몇몇 동물, 네 개의 수를 지닌 몇 개 그룹에도 동시에 걸 수 있으며, 또한 **순서가 바뀐**inverti 각 조합에도, 즉 수 자체만이 아니라 그 수를 구성하는 숫자를 갖고서 만들어지는 그 어떤 수에도 걸 수 있다. 예를 들면, 327에 **순서를 바꿔** 건다는 것은 372, 273, 237, 723, 732로도 당첨된다는 것이다. 이득은 항상 리스크와 엄밀하게 비례하기 때문에, 그 이득의 계산이 간단하지 않다는 것은 쉽게 상상할 수 있다. 이리하여 산술법칙에 대한 깊은 지식이 민중들 사이에 널리 보급되었다. 읽고 쓰는 것을 겨우 아는 정도의 사람이, 수학자라도 이런 종류의 계산에 숙달되어 있지 않으면 상당히 주의해야 하는 문제를 놀랄 정도로 정확하고 빠르게 푼다.

그렇지만 조고 도 비쇼가 일상적인 산술算術의 숙달만 돕는 것은 아니다. 그 이상으로 미신도 조장한다. 사실 동물 도박은 꿈 점의 체계와 관련되어 있다. 이 꿈 점의 체계는 그 규칙, 고전, 자격을 갖춘 해석가를 갖고 있다. 도박자에게 어떤 동물을 선택해야 하는가를 가르쳐 주는 것은 꿈이다. 그렇지만 꿈에 본 동물에 거는 것이 항상 적절한 것은 아니다. 우선 적당한 안내서, 즉 꿈에 대한 어떤 전문적인 해답서를 대강

훑어보는 것이 좋다. 그 해답서는 일반적으로 '조고 도 비쇼를 위한 꿈 해설Interpretacão dos sonhos para o Jogo do Bicho'이라는 제목이 붙어 있다. 거기서 신용 있는 대응관계를 배운다. 공중을 나는 암소 꿈을 꾼 자는 암소가 아니라 독수리에게 걸어야 한다. 지붕에서 떨어지는 고양이 꿈을 꾼 자는 나비에게 걸어야 한다(진짜 고양이는 지붕에서 떨어지지 않기 때문이다). 막대기 꿈을 꾼 자는 코브라에게 걸어야 한다(코브라는 막대기처럼 몸을 똑바로 일으킨다). 꿈에 미친 개를 본 자는 사자에게 걸어야 한다(사자는 미친 개처럼 용감하다) 등등. 때로는 관계가 확실하지 않은 것도 있다. 예를 들면, 죽은 사람 꿈을 꾼 자는 코끼리에 건다. 관계가 풍자적인 민간전승民間傳承에서 유래하는 것도 있다. 예를 들면, 포르투갈인 꿈을 꾼 자는 당나귀에 걸어야 한다. 매우 신중한 사람들은 기계적인 대응으로 만족하지 않고, 남자 점쟁이나 여자 점쟁이에게 문의한다. 점쟁이들은 문의해온 각각의 경우마다 자신의 능력과 지식을 적용해서 확실한 신탁神託을 내려준다.

   동물 없이 행하는 경우도 종종 있다. 그것은 꿈이 직접 당첨번호를 가르쳐주는 경우이다. 어떤 사람이 친구 꿈을 꾸면, 그는 그 친구의 전화번호에 건다. 교통사고를 목격하면, 뒤집어진 차의 번호나 출동한 경찰차의 번호 아니면 그 둘의 조합에 건다. 운韻과 리듬도 우연의 전조前兆에 못지않게 중요하다. 이에 관한 재미있는 일화가 있다. 죽음이 임박한 자에게 사죄를 선언하면서 사제司祭가 의식의 정해진 문구 '예수, 마리아, 요셉'을 말하자, 빈사상태의 사람이 몸을 일으켜 소리쳤다. "독수리, 타조, 카이만〔갑옷처럼 두터운 골판을 지닌 중남미산 악어의 총칭〕Aigle, Autruche, Caïman." 모두 비쇼의 동물이다. 포르투갈말로는 Aguia, Avestruz, Jacaré가 되어, '예수, 마리아, 요셉'과 어딘지 모르게 흡사하다. 이러한 예는 힘들이지 않고 무한히 들 수 있다. 일반적으로는 갖가지 종류의 점이 사용되고 있다. 어느 하녀는 꽃병을 엎질러 물을 땅에 쏟는다. 그리고는 쏟아진 물의 형태를 도박의 동물들 중 어느 하나와 비슷하게 해석한다. 일리 있는 관계를 발견해 내는 수완은 귀중한 재능으로 여겨진다. 비쇼의 조합을 잘 처리하는 솜씨 때문에 또는 전조前兆에 대한 지식 덕분에 주인에게 없어서는 안 되는 존재가 된 하인이 결국 그 집 전체를 지배한 경우가 있는데, 아는 사람 중에 그런 경우가 있다고 말하는 브라질인이 한두 사람이 아니다.[10]

겉으로는 동물 도박이 브라질의 모든 주에서 금지되어 있다. 실제로는 주지사의 기분이나 이해관계에 따라서 또 같은 주 안에서도 지방의 지도자, 주로 경찰책임자의 기분이나 정책에 따라, 어느 정도 묵인되고 있다. 너그럽게 단속되건 아니면 교활하게 보호되건 간에, 어쨌든 이 도박은 금단禁斷의 열매 맛을 갖고 있으며, 그 조직은 주무관청의 태도를 보아 비밀일 필요가 전혀 없는 때에도 여전히 비밀로 남아 있다. 더군다나 민중은 이 도박에 끊임없이 몰두하면서도, 그들의 의식은 이 도박을 죄로 간주하는 것 같다. 물론 죄라고 해도 아마도 가벼운 죄, 예를 들면, 담배와 비슷하게 용서받을 수 있는 죄로 간주하는 것 같다. 그래도 결국은, 그것에 열중하면서도 마음속으로는 막연하게나마 그것을 질책해야 할 행위로 여기고 있다. 종종 그 도박을 조직하고 이용하거나 아니면 그것에서 이익을 얻는 정치인들조차도 연설할 때는 그것을 빼놓지 않고 비난한다. 기꺼이 도덕을 가르치며 또 오귀스트 콩트와 실증주의의 영향이 뿌리 깊게 남아 있는 군대도 비쇼를 좋지 않은 눈으로 보고 있다. 흑인들이 매우 중요하게 여기는 교령회交靈會, macumbas 때도 이에 못지않게 널리 퍼져 있는 유력한 심령술 집회와 마찬가지로, 발작을 일으키는 영매靈媒나 호구리(狐狗狸: 신령의 힘으로 테이블을 움직이는 영기술靈氣術)에게 비쇼의 예상을 묻는 자들은 내쫓고 있다. 브라질의 종교계 모두는 일반적으로 비쇼를 비난한다.

동물 도박의 항상 불안정한 상황, 그것에 열중하는 사람들로부터도 널리 비난의 대상이 되고 있다는 것, 특히 이 도박이 공식적으로 인정받을 수 없다는 사실 등에서 볼 때, 도박 주최자들의 양심적인 정직성은 도박 고객들마저도 놀라지 않을 수 없을 정도이다. 주최자 중 어느 누구도 고객에게 일 원 한 푼도 손해를 입히지 않는다고 사람들은 말한다. 전화로 주문하는 부자 도박자를 제외하면, 일반인은 각자가 길모퉁이에서 수납자의 손에 접은 종이를 슬그머니 넘겨준다. 그 종이에는 내깃돈의 총액, 걸려고 하는 조합의 지시, 당분간의 가명假名이 적혀 있다. 건 돈이 상당한 금액인 경우도 때때로 있다. 수납자는 이 종이를 한 패거리에게 넘겨주며, 이 사람은 또 다른 사람에게 넘겨준다. 만일의 경우, 경찰이 현행범으로 붙잡아 조사해도 아무것도 찾을 수 없도록 하기 위해서이다. 그날 밤이나 다음날 당첨된 사람은 각각 약속된 장소에 나가 돈을 걸었을 때 사용한 이름을 말한다. 그러면 즉시 수납자는 지불자가 되어서 그 이름과 일치하는 봉투를 당첨자에게 조심스럽게 넘겨준다. 그 봉투에는 행운의 내기꾼에게 지불되어야 할 금액이 매우 정확하게 들어 있다.

만일 부정직한 비쇼가 있다 하더라도, 도박자는 그에게 항의할 수단이 전혀 없을 것이다. 그렇지만 부정직한 자는 전혀 없다. 다른 분야에서는 브라질인들이 흔히 상당한 풍기문란을 애석하게 여기는 데 반해, 사람을 유혹할 정도의 거액이 가난한 사람들의 손에서 손으로 끊임없이 거쳐가는 이 좋지 않은 도박에 다른 분야보다 더 많은 정직성이 있다는 사실에 사람들은 놀라며 감탄한다. 그렇지만 그 이유는 명백할 것이다. 그러한 거래는 신용이 없으면 절대로 지속될 수 없기 때문이다. 신용이 손상을 입으면, 모든 것은 붕괴한다. 단속도 이의신청異議申請도 생각할 수 없는 곳에서는 성실[정직]은 사치품이 아니라 필수품이다.

가장 조심성있게 추정해도 브라질 인구의 60% 내지 70%가 비쇼에 참가하며, 한 사람이 하루에 그것에 쓰는 돈은 월수입의 약 1/100이다. 따라서 월말에는, **만일 그가 한 번도 따지 못했다면** 월수입의 30% 이상을 탕진한 것이 된다. 더욱이 이것은 평균적인 도박자에게만 해당되는 숫자이다. 상습도박자의 경우는 그 비율이 크게 높아진다. 극단적인 경우에는 수입의 거의 전부를 도박에 바쳐 나중에는 기식寄食하며 생활하거나 아니면 아예 거지가 되어 구걸하는 도박자도 있다.

그러므로 법률상 금지되고 있음에도 불구하고, 공권력이 고려하지 않으면 안 될 정도의 힘이나 재력財力을 동물 도박이 갖고 있다는 것은 놀랄 일이 아니다. 전에 정치범들이 자신들이 갇혀 있는 형무소에서 비쇼에 걸 수 있는 권리를 요구한 적이 있는데, 그들은 그 권리를 획득하였다. 상파울로 주의 사회사업국은 1931년에 예산 없이 설치되었는데, 이 지방의 비쇼 우두머리들이 준 보조금만으로 오랫동안 운영되었다. 많은 직원을 거느리고 빈곤자들의 끊임없는 요구에 응하는 데에 이 보조금만으로도 충분하였다. 도박 조직은 명확한 위계질서를 갖추고 있다. 꼭대기에 있는 자들은 막대한 이익을 챙기며, 보통은 흔쾌히 당파의 구별 없이 정치가들에게 기부한다. 그 대신에 그들은 자신들의 활동에 대해 관대한 태도를 바란다.

동물 도박의 도덕적, 문화적, 정치적 영향이 아무리 중요하게 보인다 하더라도, 무엇보다도 명백하게 밝혀야 하는 것은 그 경제적인 의미이다. 실제로 동물 도박은 자유롭게 사용할 수 있는 현금의 상당량을 **너무 빨리 유통시킴으로써** [오히려] 고정시킨다. 따라서 그 상당한 양은 나라의 경제발전이나 주민의 생활수준의 향상에 도움이 되지 못하고 있다. 도박에 바쳐지는 돈은 가구나 어떤 예비식량을 사는 데 쓰이지 않는다. 그런 것들을 사는 데 쓰인다면, 국가의 농업, 상업, 공업의 발전을 촉진시키는 결과를 낳을 텐데 말이다. 그 돈은 일반적인 유통경로에서 물러나서 폐쇄된 회로 속에서 변함없이 빠르게 유통되기 때문에, 아무 쓸모없이 희생되고 있다. 왜냐하면, 딴 돈이 이 악순환에서 벗어나는 경우는 좀처럼 없기 때문이다. 딴 돈은 경우에 따라 단순한 향연의 비용으로 미리 뗀 일부분을 제외하면, 다시 도박에 건다. 그러므로 비쇼의 물주와 조직자의 이익만 이 일반경제의 회로 속에 들어갈 가능성이 있다. 그러나 이 경우도 일반경제에 대해 가장 생산적인 방법이라고는 생각할 수 없을 것이다. 한편 새로운 돈의 계속된 유입은 도박에 거는 돈의 총액을 유지시키거나 증대시키므로 그만큼 저축이나 투자의 가능성을 감소시킨다.[11]

―

 이상과 같이 우연놀이도 일정한 조건에서는 보통 경쟁놀이가 독점하고 있는 문화적 중요성을 지닌다. 능력이 전적으로 지배하는 것으로 여겨지는 사회에서도 이미 본 바와 같이 행운의 유혹은 여전히 강하다. 의혹의 눈초리를 받긴 하지만, 이 행운의 유혹은 중요한 역할―결정적인 역할이라기보다는 구경거리가 될 만한(화려한) 역할이라고 말하는 편이 좋지만―을 간직하고 있다. 어쨌든 놀이의 차원에서 알레아는 아곤과 경쟁하면서 또 흔히는 그것과 조합되어 대대적인 현상을 일으키며, 프랑스 일주 자전거경주Tour de France대회의 경비 부족을 국영복권을 통해 보충해주고, 스포츠가 경기장을 세우듯이 카지노를 세우게 하며, 초보자들과 열광적인 꾼들의 협회, 단체 및 동호회를 생기게 하고, 전문적인 간행물을 출판하게 하면서 (스포츠에 못지 않은) 막대한 투자를 유혹하고 있다.

더구나 어떤 묘한 대칭이 나타나고 있다. 스포츠가 종종 정부 보조금의 대상이 되는 데 반해, 우연놀이는 국가가 그것을 통제하는 한에서는 국고를 채워주는 데 기여한다. 때로는 우연놀이가 국가의 주요 재원이 되는 경우도 있다. 운은 배척받고 멸시당하고 비난받아도, 이렇게 해서, 가장 합리적으로 관리되는 사회에서, 즉 모의와 현기증의 결합된 마력으로부터 가장 멀리 떨어져 있는 사회에서 시민권을 얻는다. 그 이유를 찾아내기는 쉽다.

현기증과 모의는 모든 종류의 법규, 절도節度, 조직에 대해 절대적으로 또 천성적으로 반항한다. 이와 반대로 알레아는 아곤과 마찬가지로 계산과 규칙을 요구한다. 그러나 그 둘의 이러한 본질적인 연대가 그 경합을 조금도 막는 것은 아니다. 그것들이 나타내는 원리들은 정반대이기 때문에 서로 배척하지 않을 수 없다. 운이 주는 불공정한 혜택이 노력 및 능력의 정당한 요구와 양립되지 않는 것과 마찬가지로, 분명히 노동은 운명을 수동적으로 기다리는 것과 양립되지 않는다. 모의, 현기증, 가면, 황홀의 포기란 다만 주술 세계로부터 벗어나서 분배적 정의의 합리적 세계에 접근하는 것을 뜻할 뿐이다. 해결해야 할 문제는 아직도 남아 있다.

그러한 상황에서는 어쩌면 아곤과 알레아가 새로운 종류의 사회의 상반되면서도 상보적相補的인 원리를 나타낼지도 모른다. 그러면 그 둘 모두가 필수불가결하며 탁월한 것으로 인정받는 비슷한 기능을 수행하는가? 천만에, 어림도 없다. 공정한 경쟁과 생산적인 경쟁심의 원리인 아곤만이 가치 있는 것으로 간주된다. 사회체계는 전체적으로 아곤에 기초를 두고 있다. 진보란 아곤을 발전시키고 그 조건을 개선하는 것, 달리 말하면, 결국은 알레아를 점차적으로 제거하는 것이다. 사실 알레아는 바람직한 인간제도의 완전한 공정公正에 대해 본질적으로 반대하는 저항인 것처럼 보인다.

그 뿐만이 아니다. 행운은 근거 없고 분에 넘치는 은혜의 또는 불공평의 화려한 형태일 뿐만 아니라 노동, 끈기 있고 악착 같은 노고, 절약, 미래에 대비한 절제, 한마디로 말해서 부富의 증대에 헌신하는 세계에서 필요한 것으로 여겨지는 모든 미덕에 대한 조롱이기도 하다. 따라서 입법자의 노력은 당연히 행운이 작용하는 범위와 그 영향력을 제한하려는 방향으로 기울어진다. 놀이의 여러 원리 중에서는 규칙 있는 경쟁만이 〔현실의〕 활동 영역에 그대로 옮겨져서, 그곳에서 효력이 있음—〔그렇다고 해서〕 다른 것과 바꿀 수 없는 것은 아니지만—을 나타내는 유일한 것이다. 그밖의 원리들은 싫어한다. 통제를 받거나, 기껏해야 허용된 한계 내에 머무르는 한에서, 묵인되는 정도이다. 만일 그것들이 실제 생활에까지 퍼져서, 그것들을 약화시키는 격리와 규약에 따르지 않게 되면, 사람들은 그것들을 해로운 정열, 악습, 광기로 간주한다.

이러한 관점에서 보면 알레아도 예외는 아니다. 알레아가 있는 그대로의 조건을 받아들이는 것인 한, 내키지 않더라도 알레아를 인정하지 않을 수 없다. 출생이 일종의 제비뽑기라는 것을 모르는 사람은 없다. 그렇지만 그렇게 생각하는 것은 그것의 터무니없는 결과를 유감스럽게 여기기 때문이다. 고대 그리스에서는 행정관이 추첨으로 뽑혔으며, 현대에도 중죄重罪재판소의 배심원은 추첨으로 선정된다. 그러나 이 매우 드문 경우를 제외하면, 우연에 조금이라도 제도적인 기능을 주는 것은 전혀 생각할 수 없는 일이다. 중대한 일을 우연의 결정에 맡기는 것은 있을 수 없다. 필요한 정의의 기초인 동시에 집단생활의 올바른 발전의 기초는 주사위 던지기의 변덕이 아니라 노동, 능력, 재능이라는 것을 모든 사람은 반론의 여지가 없는 자명한 이치로 받아들이고 있다. 그런 까닭에 노동만이 유일하게 명예로운 소득원으로 간주되는 경향이 있다. 유산, 그것은 출생이라는 근본적인 알레아의 결과이기 때문에 논란의 대상이 되고 때로는 폐지되는데, 대개의 경우 막대한 세금의 징수 대상이 되어 여기서 나온 수익은 사회 전체의 이익을 위해 쓰인다. 도박이나 복권으로 딴 돈은 원칙적으로, 직업활동에 대한 보수로서 규칙적으로 받는 임금이나 봉급에 덧붙여지는 보충 또는 여분餘分에 불과한 것이 되어야 한다. 운, 우연에서 생계의 전부 또는 대부분을 얻는 것은 거의 모든 사람들에게 수치스러운 것은 아닐지라도 의심스럽고 부도덕한 것으로, 어쨌든 반反사회적인 것으로 간주된다.

―

　사회관리에 대한 공산주의의 이상理想은 이 원칙을 극단으로까지 밀고 나간다. 국가의 수입收入을 각 사람에게 분배할 때, 능력에 따라 주어야 하는지 아니면 필요에 따라 주어야 하는지는 논의의 여지가 있지만, 그러나 출생이나 운에 따라 주어서는 안 된다는 것은 확실하다. 평등과 노력을 우롱해서는 안 되기 때문이다. 행해진 노동이 정의의 척도이다. 그 결과 사회주의 성격이나 공산주의 성격을 지닌 체제는 당연히 아곤에 전적으로 근거를 두는 경향이 있다. 그렇게 함으로써 이 체제는 추상적인 공정公正의 원리를 만족시키며, 그리고 동시에 재능과 능력을 최대한으로 이용하는 것을 통해서 합리적으로 따라서 효과적으로 부富의 급속한 생산을 촉진시킬 수 있다고 믿고 있다. 이 체제는 여기에 자신의 주요한―유일한 것은 아니지만―사명이 있다고 본다. 그러므로 모든 문제의 핵심은 다음을 아는 것이다. 즉, 거대하고 뛰어나며 이례적이고 꿈같은 행운에의 희망을 완전히 없애는 것이 경제적으로 보아 생산적인 것인지, 아니면 국가가 이 본능을 억압할 경우 에너지로 전화될 수 있는 풍부하고 귀중한 재원財源을 스스로 포기하게 되는 것은 아닌지를 아는 것이다.

　브라질에서는 도박이 최고이며 저축은 극히 미미하다. 브라질은 투기와 운의 나라이다. 소련에서는 우연놀이가 금지되고 박해받는 한편, 국내시장의 확대를 위해 저축이 활발하게 권장되고 있다. 자동차, 냉장고, 텔레비전 수상기 등 공업 발전을 가능하게 하는 모든 것을 충분히 살 수 있을 만큼 절약하도록 노동자들을 부추긴다. 복권은 어떤 형태를 취하더라도 부도덕한 것으로 여긴다. 개인에게 복권을 금지시키는 국가가 그 복권을 바로 저축 자체에 접목接木시켰다는 것은 실로 의미심장하다.

　소련에는 약 5만 개의 저축은행이 있는데, 그 예금액은 500억 루블에 달한다. 이 예금에는 적어도 6개월 동안 인출하지 않으면 3%의 이자가 붙고, 6개월 이내에 인출하면 2%의 이자가 붙는다. 그러나 예금자가 원할 때에는 예정된 이자를 포기하고 제비뽑기에 참여할 수 있다. 추첨은 연年 2회 행해지며, 예금액에 따라 다른 상금이 1,000명 당 25명의 당첨자에게 주어진다. 그들은 알레아를 추방하기 위해 고안된 경제에서, 이처럼 기묘하고 조심스럽게 재용출再湧出한 알레아에 참가해서 상응하는 공적功績 없이 불공평한 보상을 얻는다. 그 뿐만이 아니다. 임금노동자 한 사람 한 사람이 오랫동안 사실상 강제적으로 구입한 국채國債에는 장려금이 붙는데, 그 총액은 이렇게 해서 모은 가동자금稼動資金의 2%를 차지하였다. 1954년의 국채國債에 대해 말하면, 이 장려금은 각각의 조組가 50매의 채권으로 이루어지는 10만 개 조組에 대해서 400루블에서 5만 루블까지의 당첨금으로 분배되었다. 이 10만 개 조 중에서 42개 조가 추첨으로 뽑혀, 이들 조를 구성하는 모든 채권은 최소한 400루블의 상금을 받았다. 이어서 이보다 더 많은 상금의 추첨이 행해졌는데, 이 중에는 만 루블이 스물네 번, 만오천 루블이 다섯 번, 5만 루블이 두 번 추첨으로 결정되었다.[12] 이것은 각각 공식시세로—하기야 루블이 과대평가되었지만— 백만 프랑, 250만 프랑, 500만 프랑의 당첨에 상당한다.

―

행운의 매력이 얼마나 끈질긴가는 본래 행운을 가장 싫어하는 경제체제일지라도 행운에게 하나의 장소—한정되고 감춰지는 장소, 말하자면 수치스러운 장소로 여겨지는 것은 사실이지만—를 주지 않을 수 없다는 것에서 잘 알 수 있다. 사실 운명의 자의적恣意 결정은 여전히 규칙 있는 경쟁에 대한 필수적인 보완물補完物이다. 규칙 있는 경쟁은 측정 가능하기만 하다면, 모든 뛰어남을 매우 명확하게 승리자로 확인한다.〔한편〕능력과 무관한 은혜의 예상은 패자를 위로해주고 그에게 마지막 희망을 준다. 그는 공명정대한 싸움에서 패한 것이다. 패배를 설명하는 데 부정을 갖다댈 수는 없을 것이다. 출발 조건은 모두에게 똑같았다. 그는 자신의 무능력을 탓할 수밖에 없다. 만일 이 굴욕감을 메워주는 것으로서 운명의 변덕스러운 힘—이해할 수 없고, 맹목적이며, 냉혹하면서도 다행히 정의를 무시하는—이 근거 없이 짓는 미소라는 보상이 그에게 남아 있지 않다면,—그 가능성은 극히 없지만—패자는 기대할 것이 더 이상 아무것도 없을 것이다.

2
교육학에서 수학까지

　놀이 세계는 다양하고 복잡하기 때문에, 그 연구에 손을 대는 방법도 많다. 심리학, 사회학, 야사野史, 교육학, 수학이 하나의 영역을 서로 나눠갖고 있기 때문에, 이 영역의 통일성을 인식하기가 이젠 불가능할 정도이다. 호이징가의 《호모 루덴스》, 장 샤토Jean Chateau의 《어린이놀이Jeu de l'enfant》, 노이만Neumann과 모겐스턴Morgenstern의 《게임이론과 경제행동Theory of Games and Economic Behavior》같은 저작들은 동일한 독자들을 대상으로 하지 않을 뿐만 아니라 다루는 주제도 같지 않은 것 같다. 이처럼 다양하고 서로 거의 일치되지 않는 연구들도 따지고 보면 (놀이라는) 동일한 특수활동에 관계된다는 생각을 계속하면서도, 마침내는 (놀이라는) 똑같은 용어를 편의상 또는 우연히 사용하는 것이 어느 정도로 이득이 되는지는 의문이다. 놀이의 정의를 가능하게 해주는 공통의 특징들이 있는지, 따라서 놀이가 당연히 종합연구의 대상이 될 수 있는지는 의심스럽다.
　일상의 경험에서는 놀이 영역이 그래도 역시 자율성을 간직하고 있지만, 학문적인 연구에서는 놀이 영역은 분명히 그것을 잃어버렸다. 문제는 단지 학문의 다양성에 따른 여러 상이한 접근방식이 있다고 하는 것만이 아니다. 매번 놀이라는 이름으로 연구되는 소재들은 매우 이질적이기 때문에, **놀이**jeu라는 이름이 어쩌면 단순한 속임수가 아닐까라고 생각하게 된다. 즉, 이 말의 기만적인 일반성 때문에, 공통점이 없는 행위들 사이에 유연관계類緣關係가 있다고 가정하는 끈질긴 환상이 유지된 것은 아닐까라고 생각하게 된다.

어떤 과정에 의해 때로는 어떤 우연에 의해 이처럼 기이한 세분화가 생기게 됐는가를 생각해보는 것도 무의미하지는 않다. 사실 기묘한 분열은 처음부터 시작했다. 개구리뜀, 도미노, 연날리기를 하며 노는 자는 그 어떤 경우도 자신이 놀고 있다고 생각한다. 그러나 개구리뜀(또는 사람잡기놀이나 구슬치기)에는 아동심리학자만이, 연날리기에는 사회학자만이, 도미노(또는 룰렛이나 포커)에는 수학자만이 관심을 갖는다. 수학자가 눈가리고 하는 술래잡기나 샤페르셰chat perché에 관심을 나타내지 않는 것은 정상적이라고 나는 생각한다. 그것은 방정식을 만들기에 적합하지 않기 때문이다. 그러나 장 샤토 씨가 도미노와 연날리기를 무시하는 것은 나로서는 잘 이해되지 않는다. 역사가들과 사회학자들이 우연놀이의 연구를 사실상 거부하는 이유는 아무리 생각해봐도 알 수 없다. 좀 더 정확하게 말하면, 이 경우 〔우연놀이에 대한〕 그러한 배척 이유가 무엇인지 나로서는 알 수 없지만, 그 대신 그렇게 된 동기는 쉽게 추측할 수 있다. 앞으로 보게 되는 바와 같이, 그 동기들은 대부분 놀이 연구에 관심이 있는 학자들의 저의底意 — 생물학적인 것이든 교육학적인 것이든 간에 — 에 기인한다. 놀이의 연구는 — 놀이보다 장난감에 관심 갖는 일화적逸話的인 역사는 별도로 친다면 — 이처럼 각각 독립된 학문 분야의 연구에서, 특히 심리학과 수학에서 많은 것을 얻고 있다. 이 학문들의 주된 공헌을 차례차례로 검토해보자.

교육심리학적 분석

쉴러Schiller가 문화사에서 놀이의 이례적異例的인 중요성을 강조한 최초의 사람은 아니더라도, 최초의 사람들 중 한 사람인 것은 확실하다. 《인간의 미적 교육에 대한 서간집》의 열다섯 번째 편지에서 그는 다음과 같이 썼다: "정말로 마지막으로 말하면, 인간은 그 완전한 의미에서 인간인 한에서만 놀며 또 노는 한에서만 완전한 인간이다." 더욱이 같은 문장에서 그는 이미 놀이로부터 각기 다른 문화들을 특징짓는 일종의 진단診斷을 이끌어 낼 수 있다고 생각하고 있다. '런던의 경마, 마드리드의 투우, 예전의 파리의 연극, 베니스의 조정경기, 빈의 동물시합, 로마의 코르소(Corso: 축제 때의 꽃차행렬)의 즐거운 생활'을 비교하면, '이 여러 국민들에게서 취미의 미묘한 차이'[13]를 규명하는 일은 어렵지 않을 것이라고 그는 생각한다.

그러나 놀이에서 예술의 본질을 끌어내는 데 열중했기 때문에, 그는 놀이의 문제를 지나쳐버리면서, 자신의 문장이 어렴풋이 보여준 놀이의 사회학을 예감하는 정도로 만족한다. 아무래도 좋다. 여하튼 문제는 제기되었으며, 놀이가 진지하게 받아들여졌다. 쉴러는 놀이하는 자의 활기찬 즐거움과 끊임없이 그의 선택에 맡겨져 있는 자유에 역점을 둔다. 놀이와 예술은 여분의 생명력에서 생겨난다. 직접적인 욕구를 만족시켰기 때문에 필요없는 생명력을 어른이나 아이는 현실의 행동을 동기 없이 즐겁게 모방하는 데 이용한다. "즐거워서 펄쩍 뛰는 것이 춤이 된다." 여기서 스펜서Spencer의 다음과 같은 말이 나온다: "놀이는 어른의 활동을 드라마화dramatisation하는 것이다." 그리고 분트Wundt는 결정적이고 뚜렷한 잘못을 저지르면서, "놀이는 노동의 자식이다. 어떤 진지한 활동을 모델로 하지 않은 놀이 형태는 없다. 따라서 진지한 활동은 놀이에 선행하는 모델이기도 하다"(《윤리학Ethik》(1886, p. 145)라고 말한다. 이 말이 널리 받아들여졌다. 이것에 매혹된 민족지학자들과 역사학자들은 어린이들의 놀이가 이미 효력을 잃어버린 종교적 또는 주술적 관행의 잔재라는 것을 증명하려고 열중하였다. 물론 그들의 노력이 항상 성공을 거둔 것은 아니다.

칼 그로스Karl Groos는 자신의 저서《동물의 놀이Die Spiele der Tiere》(Iéna, 1896)에서 놀이는 자유이며 보상이 없다는 생각을 다시 받아들였다. 그는 본질적으로 놀이 속에, 원인이 되고 원인인 상태에 있다는 즐거움la joie d'être et de demeurer cause이 있음을 부각시킨다. 이 사실을 그는 시작한 활동을 언제라도 자유롭게 중단할 수 있다고 설명한다. 그는 놀이를 결국 과거도 미래도 없으며, 현실세계의 압력과 구속에서 해방된 순수한 활동으로 정의한다. 놀이란 놀이하는 자가 마음대로 할 수 있는 하나의 창조이다. 놀이는 냉혹한 현실과는 떨어져서 그 자신을 목적으로 하며, 그리고 자발적으로 받아들여지는 동안에만, 또 그러한 한에서만 존재하는 우주로서 나타난다. 그러나 칼 그로스는 먼저 동물을 연구했기 때문에(이미 인간을 염두에 두고 있었지만) 몇 년 후 인간의 놀이에 대한 연구로 넘어갔을 때(《인간의 놀이Die Spiele der Menschen》(Iéna, 1889)), 놀이의 본능적, 자연발생적 측면은 강조하면서도 놀이의 많은 경우를 구성하는 순수하게 지적인 조합(이라는 측면)은 무시하게 되었다.

게다가 그도 또한 새끼 동물의 놀이를 다 자랐을 때의 생활에 대비한 일종의 즐거운 훈련으로 생각하였다. 놀랄 만한 역설을 통해, 그로스는 놀이야말로 젊음의 존재 이유라고 생각하게 되었다. "동물들은 젊다고 해서 놀지 않는다. 놀지 않으면 안 되기 때문에 젊은 것이다."[14] 따라서 그는 새끼 동물이 먹이를 쫓아가거나 적으로부터 도망칠 때의 한층 더 숙련된 기술을 놀이 활동을 통해 어떻게 획득하는가, 또 암컷을 소유하기 위해 진짜 경쟁이 벌어졌을 때를 대비하여 놀이가 어떻게 해서 싸우는 데 익숙하게 해주는가를 증명하려고 노력하였다. 그는 거기에서 놀이에 대한 교묘한 분류를 이끌어 냈다. 이 분류는 그의 목적에는 잘 들어맞았지만, 불행하게도 이것은 그가 곧 이어서 착수한 인간놀이에 대한 연구를 비슷한 분류의 방향으로 굴절시키는 결과를 제일 먼저 가져왔다. 그래서 그는 놀이 활동을 다음과 같이 구분한다: ⓐ 감각기관의 놀이(촉감, 온각溫覺, 미각, 후각, 청각, 색, 형태, 운동 등의 실험). ⓑ 운동기관의 놀이(더듬기, 파괴와 분해, 건설과 조립, 끈기놀이, 단순한 투척, 때려 날리기, 밀어 쓰러뜨리기, 굴러가게 하거나 회전하게 하거나 미끄러지게 하는 충격, 목표를 향해 던지는 것, 움직이는 것을 잡는 것). ⓒ 지능, 감정, 의지의 놀이(알아보기(식별), 기억, 상상력, 주의력, 추리, 놀라움, 공포 등의 놀이). 이어서 그는 제2단계의 것이라고 이름 붙인 성향, 즉 투쟁본능, 성性본능, 모방본능에 속하는 성향으로 넘어간다.

　이 긴 분류표는 인간이 경험할 수 있는 모든 감각이나 감정, 인간이 취할 수 있는 모든 동작, 인간이 행할 수 있는 모든 정신활동이 어떻게 해서 놀이를 발생시키는가를 훌륭하게 보여준다. 그러나 그 분류표는 놀이 자체에 대해서는 어떠한 빛도 던져주지 못하며, 놀이의 성질과 구조에 대해서도 가르쳐주는 것이 없다. 그로스는 놀이를 그 고유한 유사성에 따라서 분류하는 것에도 관심이 없지만, 대부분의 놀이가 몇 개의 감각이나 몇 개의 기능에 동시에 관계한다는 것도 알아차리지 못한 것 같다. 요컨대, 그는 당시에 높이 평가받은 심리학 개론서들의 목차에 따라서 놀이를 분류하는 것으로 만족한다. 아니 오히려, 그는 인간의 감각과 능력이 모두 어떻게 해서 이해득실도 없고 직접적인 효용도 없는—바로 이런 사실 때문에 놀이 영역에 속하며, 개인에게는 장래의 임무를 준비하는 데에만 쓸모 있는—행동양식을 허용하는지를 보여주는 데 그쳤다. 여기에서도 역시 우연놀이가 제외되어 있으며, 더구나 저자는 자신이 우연놀이를 제외시켰다는 것을 눈치채지도 못한다. 〔그 이유는〕 한편으로는 그는 동물들에게서 우연놀이를 발견하지 못했기 때문이며, 또 다른 한편에서는 우연놀이가 준비시켜주는 진지한 일이 없기 때문이다.

칼 그로스의 책을 읽은 후에도, 놀이에는 빈번히 아마도 반드시 규칙이 따르며 심지어는 매우 특수한 성질의 규칙—자의적恣意的이고 절대적이며, 처음부터 한정된 시간과 공간에서 유효한 규칙—마저 따른다는 것을 거의 모른 채로 있을지도 모른다. 여기서 요한 호이징가의 공적이 생각난다. 그는 놀이의 그러한 성격을 강조하였으며, 문화발전에 대해서 그것이 대단히 많은 결실을 맺게 해준다는 사실을 증명하였다. 호이징가 이전에는 장 피아제Jean Piaget가 제네바의 장 자크 루소 연구소l'Institut Jean-Jacques Rousseau에서 1930년에 행한 두 강연에서 어린이에게는 허구놀이jeux de fiction와 규칙놀이jeux de régle의 대립이 있다는 것을 강하게 주장하였다. 한편 놀이의 규칙을 어린이로 하여금 존중하도록 하는 것이 어린이의 도덕 형성에 중요하다고 그가 매우 올바르게 지적한 점도 생각이 난다.

그렇지만 또 다시 피아제도 호이징가도 우연놀이에 대해서는 조금도 주의를 기울이지 않는다. 이 우연놀이는 장 샤토의 주목할 만한 조사에서도 마찬가지로 제외되어 있다.[15] 확실히 피아제와 샤토는 어린이놀이만 다루고 있으며,[16] 좀 더 정확하게 말하면 20세기 전반기에 서유럽의 어린이들이 노는 놀이, 주로 이 어린이들이 학교에서 쉬는 시간에 행하는 놀이만 다루고 있다. 일종의 숙명이 우연놀이를 계속 멀리하게 한다는 것은 이해할 만하다. 왜냐하면, 우연놀이는 확실히 교육자들에 의해 권장되지 않기 때문이다. 그렇지만 주사위놀이, 6각팽이, 도미노, 카드—샤토는 이것들을 어른놀이라고 해서 제외시킨다. 어린이들은 가족에게 이끌려서만 그 놀이들을 하게 되는 것이라고 한다—는 제쳐놓는다 하더라도, 구슬치기놀이는 남는다. 왜냐하면, 이것은 언제나 기교놀이 jeux d'adresse(재주나 솜씨를 요구하는 놀이)는 아니기 때문이다.

구슬은 실제로 놀이 도구인 동시에 내기 대상이라는 특수성을 갖는다. 놀이하는 자들은 그것을 따기도 하고 잃기도 한다. 따라서 구슬은 곧바로 진짜 돈이 된다. 구슬은 과자, 작은 칼, Y자형의 장난감 새총,[17] 호각, 학용품, 숙제를 도와주는 것, 심부름, 갖가지 종류의 요금의 지급과 교환된다. 구슬은 그것이 철로 만든 것이냐, 흙으로 만든 것이냐, 돌로 만든 것이냐, 아니면 유리로 만든 것이냐에 따라서 가치가 다르다. 그런데 어린이들이 무르 mourre 같은 유형의 여러 홀짝놀이에서 구슬을 거는 일이 있다. 이런 놀이는 어린이 수준에서 재산의 실제적인 이동 기회이다. 저자는 적어도 이런 놀이 중 하나를 인용하고 있다.[18] 그럼에도 불구하고, 어린이가 놀이 할 때 맛보는 즐거움의 본질적으로 능동적인 성격을 더욱 강조하기 위해서, 그는 우연 즉 위험 risque, 요행 aléa, 내기를 어린이놀이의 원동력(동기)에서 거의 완전히 제외시켜 버린다.

만일 장 샤토가 그의 저작 끝에서 놀이 분류를 시도하지 않았다면, 이 편견도 불행한 결과를 가져오지 않았을 것이다. 그러나 그는 놀이 분류를 시도하였기 때문에, 그 분류에는 중대한 결함을 지니게 되었다. 우연놀이를 고의적으로 무시한 결과, 이 분류는 다음과 같은 중요한 문제를 빠뜨린 채 해결하고 있다: 즉 어린이는 행운의 매력에 민감한가 아닌가 아니면 단지 그러한 놀이가 실제로 허용되지 않는다는 이유만으로 아이가 우연놀이를 **학교에서는** 별로 하지 않는 것인가? 나로서는 그 대답은 거의 의심할 여지가 없다고 생각한다. 어린이는 매우 일찍부터 행운에 민감하다.[19] 남은 문제는 어린이가 그 자체로서 불공평한 운명의 판결을 매우 예민하고 강한 그 자신의 정의감정正義感情과 몇 살 때부터 또 어떻게 일치시키느냐이다.

장 샤토의 야심은 발생학적인 동시에 교육학적이다. 그는 우선 각 유형의 놀이의 출현 시기와 개화기開花期에 관심을 갖는다. 동시에 그는 여러 종류의 놀이의 적극적인 기여를 규명하려고 노력한다. 그는 놀이가 장래 어른의 인격 형성에 어느 정도 기여하는가를 보여주려고 한다. 이 관점에서 그는 칼 그로스에 반대하면서, 놀이란 훈련이라기보다는 시련試鍊이라는 것을 힘들이지 않고 증명한다. 어린이는 어떤 정해진 임무를 위해 연습하는 것이 아니다. 어린이는 놀이를 통해 장애물을 극복하거나 어려움을 감당해 낼 수 있는 확대된 능력을 획득한다. 가령, 인생에는 피종볼pigeon vole놀이를 생각나게 하는 것이 없지만, 민첩하고 동시에 통제된 반사운동을 몸에 지니게 하는 데 도움이 된다.

일반적으로 놀이는 처음부터 정해진 목적이 없는 육체, 성격, 지능의 교육인 것처럼 보인다. 이 관점에서 보면, 놀이가 현실에서 멀리 떨어져 있으면 있을수록, 그 교육적 가치는 더 크다. 놀이는 비결을 가르쳐주는 것이 아니라 소질을 발달시켜주기 때문이다. 그렇지만 순수한 우연놀이는 놀이하는 자의 어떠한 소질 ― 육체적인 것이든 지적인 것이든 ― 도 발달시켜주지 않는다. 놀이하는 자가 본질적으로 수동적인 상태에 있기 때문이다. 그리고 사람들은 우연놀이가 도덕에 미치는 영향에 대해서도 흔히 걱정한다. 우연놀이가 갑자기 거액을 손에 쥐게 하는 희망을 번쩍거리게 하면서, 노동과 노력으로부터 사람을 멀어지게 하기 때문이다. 글쎄, 그럴지도 모르지만 아무튼 바로 그것이 우연놀이를 학교에서 추방하는 이유이다(그러나 그것이 〔우연놀이를〕 분류에서 추방해야 할 이유는 되지 못한다).

―

그런데 나로서는 이 추론을 극한까지 밀고나갈 필요가 있지 않을까 하고 생각한다. 놀이는 훈련도, 시련이나 시연試演도 아니다. 이것들은 놀이의 부수효과에 불과하다. 놀이가 발달시키는 능력들이 이 보충적인 〔성격의〕 훈련 ― 게다가 자유롭고 강렬하며 재미있고 보호되어 있는 훈련 ― 으로부터 이익을 얻는 것은 확실하다. 그러나 놀이의 고유한 기능은 결코 어떤 능력을 발달시키는 것이 아니다. 놀이의 목적은 놀이 자체이다. 그래도 놀이가 훈련시켜 주는 능력이 공부에도 도움이 되고 어른의 진지한 활동에도 도움이 되는 똑같은 능력이라는 것은 사실이다. 만일 그 능력이 잠들어 있거나 쇠약해져 있다면, 어린이는 공부도 못할 것이며 동시에 놀 줄도 모를 것이다. 그는 그때 새로운 상황에 적응할 줄도 주의를 집중할 줄도 규율에 따를 줄도 모르기 때문이다. 브로네르A. Brauner의 관찰은 이 점에서 가장 설득력이 있다.[20] 놀이는 정신박약자나 정신이상자의 피난처가 아니다. 노동이 그들을 수용하지 못 하듯이, 놀이도 그들을 수용하지 못 한다. 앞길이 막막한 이 아이들이나 청소년들은 놀이 활동에도 실제적인 직업훈련에도 어느 정도의 지속성이나 주의력을 갖고서 몰두하지 못 한다는 것이 밝혀지고 있다. 그들에게 놀이란 육체의 움직임을 우연히 연장하는 것이며, 통제도 절제도 이해력도 없는 순수한 충동(다른 사람들이 놀고 있는 구슬이나 공을 몰고가거나, 방해하거나, 혼란시키거나, 그것과 부딪치는 것 등등)에 불과하다. 교육자가 그들에게 규칙을 존중시키는 데 성공했을 때가, 좀 더 정확하게 말하면, 규칙을 만들어 내는 센스를 주는 데 성공했을 때가 그들의 병이 나은 때이다.

놀이에서는 정해진 규칙을 자발적으로 존중하는 마음이 매우 중요하다는 것은 거의 의심할 여지가 없다. 사실 장 피아제에 이어서 장 샤토도 이 점의 중요성을 잘 재인식하고서, 우선 대략적으로 놀이를 규칙 있는 것과 규칙 없는 것으로 구분하다. 규칙 없는 놀이에 대해서는 크게 새로운 것을 덧붙이지 않고 그로스의 탐구를 요약할 뿐이다. 규칙 있는 놀이에 대해서는 그로스보다 훨씬 더 유능한 안내자의 모습을 보인다. 장 샤토가 구상적具象的인 놀이(모방과 공상), 객관적인 놀이(조립과 노동), 추상적인 놀이(자의적인 규칙을 지닌 기량, 특히 경쟁의 놀이) 사이에 세운 구분은 확실히 현실과 일치한다. 또한 구상적인 놀이는 예술에 이르고, 객관적인 놀이는 노동을 미리 맛보는 것이며, 경쟁놀이는 스포츠를 미리 보여주는 것이라는 그의 견해도 인정할 수 있다. 샤토는 이 분류에 하나의 범주를 보충한다. 그것은 경쟁놀이 중에서 어느 정도의 협동을 필요로 하는 놀이와 참가자들의 움직임이 일치하지 않으면 안 되는 무용 및 의식儀式 놀이를 모두 포함하는 범주이다. 이러한 그룹은 거의 동질성이 없는 것 같으며, 또한 앞서 확립한 원리 즉 공상놀이jeux d'illusion를 규칙 있는 놀이와 대립시키는 원리와도 바로 상반된다. 세탁부놀이, 식료품장수놀이 또는 병정놀이는 항상 즉흥적으로 하는 것이다. 자신이 여환자, 여자 빵장수, 비행사 또는 카우보이라고 상상하는 것에는 끊임없는 창의력이 필요하다. 반대로 축구, 체커놀이, 체스 등은 물론 사람잡기놀이나 샤페르셰도 승자를 결정해주는 명확한 규칙에 대한 존중을 전제로 한다. 연극놀이와 경쟁놀이를 그 어느 것이거나 같은 진영의 참가자들간의 협력을 요구한다는 이유에서 같은 항목 속에 모으는 것은 결국 저자의 편견—유희의 수준, 연령층에 따른 종류를 구별하려고 하는 편견—으로밖에는 설명되지 않는다. 사실 한쪽은 경쟁을 기초로 한 단순한 대항게임이 복잡하게 된 것이며, 또 한쪽은 모의를 기초로 한 구상적인 놀이가 역시 마찬가지로 복잡하게 된 것이다.

양쪽 모두 그러한 복잡화는 팀정신(단체정신)의 개입을 초래한다. 이 정신은 놀이하는 자들로 하여금 협동하게 하고, 그들의 움직임을 결합시키도록 하며, 전체적으로 조화된 행동 속에서 하나의 역할을 맡도록 강요한다. 그럼에도 불구하고 분류의 근저에 있는 친근관계는 분명히 수직적인 상태에 있다. 장 샤토는 〔게임이냐 모의냐는 무시하고〕 매번 단순한 것에서 복잡한 것으로 나간다. 그는 무엇보다도 어린이의 연령과 일치하는 층層을 세우려고 노력하기 때문이다. 그러나 어린이들은 서로 독립해 있는 구조를 〔연령과는 관계없이〕 각각 따로 복잡하게 할 뿐이다.

구상적인 놀이와 경쟁놀이는 나의 분류에서 미미크리와 아곤이라는 용어로 각각 구분한 놀이와 상당히 정확하게 일치한다. 나는 샤토의 분류표 속에는 왜 우연놀이에 대한 언급이 없는가를 이미 말하였다. 그렇지만 적어도 현기증놀이의 흔적은 **흥분놀이**jeux d'emportement라는 항목에서 찾아볼 수 있다. 그 예로 비탈을 급히 내려가는 것, 목이 터지라고 외치는 것, 팽이처럼 도는 것, (숨이 차도록) 달리는 것 등을 들고 있다.[21] 물론 이러한 행동 속에도 현기증놀이의 시초라고 말할 수 있는 것이 있다. 그러나 현기증놀이가 진실로 놀이라는 이름을 받을 자격이 있기 위해서는 좀 더 명확하고 한정된 그리고 그 고유의 목적에 좀 더 적합한 모습을 갖추고서 나타나지 않으면 안 되는데, 이때 그 고유의 목적이란 지각知覺과 평형감각의 가볍고 일시적인 따라서 기분좋은 혼란을 일으키는 것이다. 예를 들면, 선회 미끄럼틀, 그네, 그밖에 아이티 섬의 마이스 도르maïs d'or 놀이 등이다. 샤토도 그네에 대해 언급하지만(p. 298), 그것을 공포를 극복하는 의지의 훈련으로 해석한다. 확실히 현기증은 공포, 정확하게 말하면 패닉감정을 전제로 한다. 그러나 이 감정은 사람을 끌어당기고 매혹한다. 그것은 즐거움이다. 문제는 공포를 이기는 것이 아니라, 오히려 일시적으로 자기통제를 잃어버리게 하는 공포, 떨림, 마비를 기분좋게 느끼는 것이다.

　이처럼 현기증놀이도 심리학자들로부터 우연놀이보다 더 좋은 대우를 받는 것은 아니다. 어른놀이에 대해 깊이 고찰한 호이징가도 역시 현기증놀이에는 조금도 주의를 기울이지 않는다. 현기증놀이에는 교육적 또는 문화적 가치를 부여할 수 없는 것 같았기 때문에, 어쩌면 그는 그것을 무시했을지 모른다. 규칙의 발명과 존중 그리고 공정한 경쟁에서 호이징가는 문명의 거의 전부를 이끌어 냈으며, 장 샤토는 인격형성에 필요한 미덕들의 본질을 이끌어 내고 있다. 한정되고 규칙 있는 투쟁은 윤리적으로 사람의 정신을 풍요롭게 해주며, 공상놀이는 문화를 풍요롭게 해준다는 것을 의심하는 자는 아무도 없다. 그러나 현기증과 행운의 추구는 평판이 나쁘다. 이 놀이들은 해롭지는 않아도 불모不毛이며, 뭔가 어둡고 전염성이 있는 저주로 더럽혀져 있는 것 같다. 그것들은 미풍양속을 해치는 것으로 간주된다. 놀이가 제공하는 바람직하지 않은 기여를 이용하기보다는 오히려 그 유혹으로부터 자신을 보호하는 곳에 문화라는 것이 존재한다고 일반적으로 사람들은 생각한다.

수학적 분석

　현기증놀이와 우연놀이는 사회학자와 교육학자로부터 암암리에 따돌림 당하고 있다. 현기증에 대한 연구는 의학자에게, 운의 산정算定은 수학자에게 내맡겨져 있다.

　이 새로운 종류의 연구〔의학과 수학〕는 확실히 필요하지만, 그 둘 모두는 놀이의 본질에 대해 주의를 기울이지 않는다. 〔속귀의〕 세반고리관의 기능을 연구한다 해도, 그네, 선회 미끄럼틀, 스키, 유원지의 현기증을 일으키는 기계 등의 유행을 완전하게 설명하지는 못한다. 중동지방의 회교승의 회전운동이나 멕시코의 볼라도레스의 나선형 하강처럼, 다른 차원에 속하지만, 마찬가지로 패닉을 일으키는 힘을 지닌 똑같은 **놀이**를 전제로 하는 의식儀式 행위는 더욱 설명하지 못한다. 한편 확률계산의 발달도 복권, 카지노, 경마의 사회학을 결코 대신하지 못한다. 수학적 연구는 도박자의 심리에 대해서 아무것도 가르쳐주지 못한다. 수학적 연구는 어느 주어진 상황에서 있을 수 있는 모든 답을 검토하는 것을 의무로 삼기 때문이다. 확률계산은 어떤 때는 물주物主의 안전범위를 결정하는 데, 어떤 때는 도박자에게 최상의 도박 방법을 가르쳐주는 데, 또 어떤 때는 도박자가 각각의 경우마다 겪는 손해의 위험을 미리 그에게 분명히 알려주는 데 도움이 된다. 이런 종류의 문제가 확률계산의 기원이 되었다는 것을 사람들은 기억하고 있다. 슈발리에 드 메레 Chevalier de Méré는 두 개의 주사위를 던지는 놀이에서는 21개의 조합밖에 가능하지 않기 때문에, 24번 연속해서 던지면 두 개의 주사위 모두가 6이 나올 확률은 나오지 않을 확률보다 많다고 계산하였다. 그렇지만 실험의 결과는 반대로 나왔다. 그는 파스칼에게 그 이유를 물었다. 여기서 파스칼과 페르마 Fermat(프랑스의 수학자. 1601~65)의 긴 서신 왕래가 시작되었다. 페르마는 이윽고 수학에 새로운 길을 열어주었는데, 부수적으로 메레에게 다음과 같은 사실을 증명해주었다. 즉, 24번 연속해서 두 개의 주사위를 던질 때, 두 개의 주사위 모두가 6이 나오지 않는 쪽에 거는 것이 과학적으로 보아도 유리하다는 것이다.

　우연놀이의 연구와 함께 수학자들은 오래전부터 전혀 다른 유형의 연구를 시도해 왔다. 그들은 우연이 전혀 개입하지 않는 집합론에 손을 대었는데, 이것은 일반화할 수 있는 완전한 이론의 대상이 될 수 있다. 다루어지는 문제는 특히 수학 퀴즈라는 이름으로 알려져 있는 다양한 퍼즐이다. 이 연구는 여러 번 학자들을 중요한 발견으로 이끌었다. 예를 들면, 4색 문제(미해결),* 쾨니히스베르크의 다리 문제,** 집과 세 개의 샘 문제(평면에서는 해결할 수 없지만, 고리의 표면 같은 한정된 표면에서는 해결 가능),*** 처녀 15명의 산책 문제,**** 가 그러하다. 게다가 타켕taquin과 바그노드baguenaude 같은 몇몇 전통놀이도 같은 종류의 난문難問과 조합에 기초를 두고 있다. 그 이론은 19세기 말에 자니레프스키Janirewski가 만든 위상기하학에 속한다. 최근 수학자들은 확률계산과 위상기하학을 결합하여, 그 응용 범위가 매우 다양해 보이는 새로운 과학을 만들었다. 즉 전략게임이론이다.²² 여기서 다루어지는 놀이는 놀이하는 자들이 자신을 **방어**하면서 **적대**敵對하는 놀이이다. 즉, 놀이하는 자들이 계속 변하는 상황에서 그때마다 합리적인 선택을 행하고 적절한 결정을 내리지 않으면 안 되는 놀이이다. 이런 종류의 게임

- 4색 문제(le problème des quatre couleurs): 지도의 나라별 색도 분류가 네 개의 색으로 가능한가라는 19세기 중엽부터의 문제로서, 3색으로는 불가능하다는 것과 5색으로는 가능하다는 것은 증명되었지만, 4색으로 가능하다는 것은 증명되지 않았다는 것을 말함(그런데 1976년에 4색으로 가능하다는 것이 증명되었다).
- •• 쾨니히스베르크의 다리 문제(le problème des ponts de Koenigsberg): '펜을 떼지 않고 한 번에 그리기'의 발단이 된 문제. 옛날 동프로이센의 쾨니히스베르크(철학자 칸트가 태어난 곳)에는 프레게르 강이 있었는데, 그 강에는 7개의 다리가 있다. 두 번 건너지 않고 한 번씩만 건너서 7개의 다리를 전부 산책할 수 있는가가 그곳 시민들의 관심거리였다. 스위스의 수학자 레온하르트 오일러는 불가능하다는 것을 증명하였다.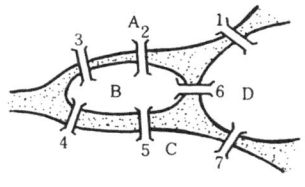
- ••• 세 집과 세 개의 샘 문제(le problème des trois maisons et des trois sources): 어느 집의 사람도 다른 집의 사람과 만나지 않으면서 세 개의 샘 어디에나 갈 수 있는 길을 만들 수 있는가?
- •••• 처녀 15명의 산책 문제(le problème de la promenade des quinze demoiselles): 어떤 기숙사에 15명의 여학생이 있다. 매일 3명으로 1조를 만들어 전원을 산책하게 한다. 1주 7일간 매일 만나는 얼굴을 바꿔(두 사람이 두 번 같은 조가 되는 일이 없이) 조합을 만드는 문제. 영국의 수학자 카구만이 1850년에 제출했다고 해서, 카구만의 문제라고 한다.

은 경제, 상업, 정치, 군사의 영역에서 흔히 발생하는 문제의 모델 구실을 할 수 있다. 구체적인 난문難問, 그러나 적어도 대략적으로 수치화數値化할 수 있는 문제를 푸는 해결법—필연적이고 과학적이면서도 반론의 여지가 없는 해결법—을 얻고자 하는 야심이 생겨났다 처음에는 가장 단순한 상황에서 시작하였다. 앞이냐 뒤냐 놀이, 종이·돌·가위의 놀이(종이는 돌을 싸기 때문에 돌에 이기며, 돌은 가위를 부수기 때문에 가위에 이기며, 가위는 종이를 자르기 때문에 종이에 이긴다), 극도로 단순화된 포커, 공중전게임 등등. 계산 속에 계략ruse과 허세bluff 같은 심리학적 요소도 집어넣었다. 계략이란 '상대방의 행동을 예견하는 플레이어의 통찰력'이며, 이 계략에 대한 대응이 **허세**이다. 즉, "때로는 상대방에게 (이쪽의) 정보를 숨기는 기술이고, 때로는 (이쪽의) 의도를 상대방에게 속이는 기술이며, 또 때로는 상대방으로 하여금 (이쪽의) 능력을 과소평가하게 하는 기술이다."[23]

그렇지만 순수수학을 벗어날 경우, 이러한 사변思辨이 실제적인 효력을 갖는가, 또 정당한가에 대해서도 의문이 남는다. 이 사변은 두 개의 가정에 근거를 두고 있다. 그 가정들은 엄밀한 연역을 하는 데 필수불가결하지만, 추측하건대, 현실의 연속된 무한한 우주 속에는 결코 있을 수 없다. 그 첫째는 완전한 정보의 가능성, 즉 유효한 자료를 모두 망라하는 정보가 가능하다는 가정이다. 둘째는 이 경쟁을 행하는 상대편이 항상 사정을 잘 알고 정확한 결과를 기대하면서, 최선의 선택을 내린다고 하는 가정이다. 그렇지만 현실에서는 한편으로는 유효한 자료 모두를 **선험적으로**a priori 조사할 수 없고, 또 다른 한편으로는 착오, 변덕, 어리석은 착상, 터무니없고 이해할 수 없는 모든 결정, 기묘한 미신, 심지어는 패배하겠다는 결연한 의지에 이르기까지 이것들이 상대방에게서 행하는 역할을 묵살할 수 없다. 불합리한 인간세계에서 그것들을 배제해야 할 절대적인 이유는 없기 때문이다. 수학적으로는 이 비정상들도 결코 새로운 어려움을 가져오지 않는다. 그것들은 이미 해결된 선례先例 속에 들어갈 뿐이다. 그러나 인간적으로 볼 때, 실제로 놀이〔게임〕를 하는 자에게는 사정이 다르다. 왜냐하면, 놀이의 모든 재미는 바로 복잡하게 뒤얽힌 이 가능성들의 경합 속에 있기 때문이다.

이론적으로는, 두 명의 적수敵手가 걷다가 서로 마주보고 피스톨로 결투하는 경우, 무기의 사정거리와 정확도, 거리, 시계視界, 사수射手의 상대적인 솜씨, 냉정함, 신경의 흥분을 알고 이 여러 요소들을 수치화할 수 있다고 가정하면, 그 결투자 각자가 어떤 순간에 방아쇠를 당기는 것이 좋은가를 계산할 수 있다. 그러나 그것은 불확실한 공리공론이며, 게다가 그 자료는 관례적으로 제한되어 있다. 그리고 실제로도 계산이 불가능하다는 것이 분명하다. 계산에는 상황에 대한 완전한 분석이 필요하지만, 상황은 아무리 분석해도 끝이 없기 때문이다. 결투자 중의 한 사람은 근시나 난시일지도 모른다. 방심하거나 신경쇠약에 걸려 있을지도 모른다. 말벌이 그를 쏠지도 모르며, 나무뿌리에 걸려 몸의 균형을 잃을지도 모른다. 또는 죽고 싶어할지도 모른다. 분석은 문제의 골격 같은 것에만 향할 뿐이기 때문에, 문제의 본래 복잡함이 다시 나타난다면 추론은 틀린 것이 된다.

미국의 몇몇 백화점에서는 바겐세일 때, 바겐세일 품목을 첫째 날에는 20%, 두번째 날에는 30%, 세번째 날에는 50% 할인해서 판다. 고객은 기다리면 기다릴수록 싸게 살 수 있다. 그러나 동시에 그가 선택할 수 있는 가능성도 줄어들며, 좋아하는 물품을 구입하지 못할 위험도 있다. 이론적으로는 고려의 대상이 되는 자료를 한정하는 데 성공한다면, 그것이 많은 인기가 있는 상품인가 아니면 별로 인기가 없는 상품인가를 추정推定함으로써 어떤 물품을 어느 날 사는 것이 좋다는 것을 계산할 수 있다. 그렇지만 각각의 고객은 자신의 성격에 따라 쇼핑갈 가능성이 많다. 바라는 물품을 당장 확보하고 싶어하는 사람은 기다리지 않을 것이며, 가능한 한 지출을 줄이려는 사람은 마지막까지 기다려서 살 것이다.

바로 이 점에[사람들이 계산대로 행동하지 않는다는 점에] 놀이의 궁극적인 구성요소가 있으며, 또 그 요소는 그런 점에서 계속 존재한다. 수학도 이 궁극적인 요소는 건드리지 못한다. 수학은 결국 놀이에 **대한** 대수학代數學 algèbre sur le jeu일 뿐이기 때문이다. 만일에라도 수학이 **놀이의** 대수학 algèbre du jeu이 될 때는, 놀이는 곧바로 파괴될 것이다. 왜냐하면, 사람들은 반드시 이기기 위해서 놀이하는 것은 아니기 때문이다. 놀이의 즐거움은 승부에서 질 위험과 떼어놓을 수 없다. 조합에 대한 고찰(여기에서 게임의 과학이 성립한다)이 상황에 대한 이론적 해명에 성공할 때마다, 결과의 불확실함이 사라지며 동시에 놀이의 재미도 사라진다. 갖가지 변화의 결과를 알기 때문이다. 놀이하는 그 어떤 사람도 자기가 생각하는 각각의 수가 어떤 결과를 가져오는지 또 그 결과의 결과가 어떻게 되는지를 모르지 않기 때문이다. 카드놀이에서 빼앗거나 빼앗기는 패에 대해서 더 이상 불확실함이 없다면, 승부는 끝나며 각자는 자기 패를 보여준다. 체스에서는 상황이나 힘의 관계에서 패배를 피할 수 없다면, 경험자는 게임을 포기한다. 아프리카의 흑인들도 좋아하는 놀이에 대해서는 노이만과 모겐스턴이 하는 것과 똑같이 정확하게 그 전개를 계산한다. 노이만과 모겐스턴이 몰두한 게임의 구조 계산에는 이상하게 복잡한 수학적 지식이 필요하지만, 그러나 그들도 아프리카 흑인들과 다르게 처리하는 것은 아니다.

수단에서는 물랭moulin과 비슷한 볼로투두bolotoudou놀이가 대단히 인기이다. 이것은 12개의 작은 막대기와 12개의 작은 돌을 사용하는 놀이이다. 놀이하는 자는 각각 이 작은 돌을 다섯 줄과 여섯 줄로 칸을 나눈 눈에 교대로 놓는다. 자신의 말 세 개를 일직선으로 놓게 되면, 그때마다 상대방의 말 하나를 먹는다. 선수들은 자신들의 특유한 수手를 갖고 있는데, 이 수는 가족 상속재산의 일부로서 아버지에서 자식에게로 전해진다. 말의 처음 배열이 대단히 중요하다. 조합이 무한히 가능하지는 않다. 이 놀이에 경험이 많은 사람은 자기가 사실상 졌다는 것을 알면, 패배가 미숙한 자의 눈에도 분명해지기 전에 종종 게임을 그만둬버린다.[24] 그로서는 상대방이 자기를 이길 게 **틀림없으며**, 또 그러기 위해서 어떤 수로 둘 것인지를 알고 있다. 하수下手의 미숙함을 이용해서 큰 기쁨을 맛보는 자는 아무도 없다. 반대로 하수가 모르고 있다면, 불패不敗의 수를 가르쳐주려고 안달한다. 왜냐하면, 놀이는 무엇보다도 우월함의 증명이며, 즐거움은 힘을 겨뤄보는 데서 나오기 때문이다. 위험하다고 느끼는 것이 필요하다.

　모든 있을 수 있는 상황 속에서 어떤 말을 움직이면 좋은가, 어떤 카드를 내보이면 좋은가를 확실하게 결정하려고 하는 수학이론은 놀이정신을 촉진시키기는커녕 오히려 놀이의 존재 이유를 없애면서 놀이정신을 파괴한다. 64개의 눈을 지닌 보통의 체스판 위에서 검은 졸 하나와 흰 졸 4개를 사용해서 노는 **이리놀이**loup가 있다. 이것은 단순한 놀이로서 그 가능한 조합은 쉽게 열거할 수 있다. 그 이론은 간단하다. 암양들(4개의 흰 졸)이 반드시 이기도록 되어 있다. 이 이론을 알고 있는 자라면, 어떤 즐거움으로 이 이리놀이를 계속 하겠는가? 완전하게 되자마자 파괴적이 되는 이 〔수학적〕 분석은 다른 놀이에 대해서도, 예를 들면, 방금 전에 언급한 타켕taquin과 바그노드baguenaude에 대해서도 존재한다.

　체스의 절대시합, 즉 처음 수手부터 마지막 수까지 어떠한 방어도 효과가 없으며 최상의 수가 그때마다 자동적으로 무력화되어 버리는 절대시합이 존재한다는 것은 있음직하지 않지만, 그러나 있을 수는 있으며, 어쩌면 이론적으로는 있지 않으면 안 될 것이다. 전자계산기가 상상할 수 있는 모든 선택지를 다 조사해서 이 이상적인 시합을 만들어 낸다는 것도 전혀 근거 없는 가정은 아니다. 그러나 그렇게 되면, 사람들은 더 이상 체스를 안 할 것이다. 먼저 둔다는 **사실**만으로 게임의 승리 또는 어쩌면 패배[25]가 결정되기 때문이다.

놀이의 수학적 분석은 이처럼 수학의 일부분이지만 놀이와는 부수적인 관계밖에 없다. 놀이가 존재하지 않더라도, 수학적 분석은 여전히 존재할 것이다. 그것은 항상 복잡한 상황과 규칙을 일부러 만들어 내서 놀이의 틀 밖에서 발전할 수 있으며, 또 발전할 것이다. 그러나 수학적 분석은 놀이의 본질 자체에는 조금도 영향을 주지 못할 것이다. (수학적 분석이 놀이에게 영향을 줄 수 있는 것은) 사실상 다음의 둘 중의 하나이다. 분석이 확실성에 도달한다면 놀이가 재미를 잃어버리게 된다는 것, 그렇지 않고 분석이 확률계수를 확립한다면 놀이하는 자의 천성이 신중하냐 무모하냐에 따라 그가 받아들이거나 받아들이지 않는 손해의 위험에 대한 평가가 좀 더 합리적인 것이 될 뿐이라는 것.

―

놀이는 전체적인 현상이다. 놀이는 인간의 활동 및 야심 전체와 관계가 있다. 또한 교육학에서 역사학과 사회학을 거쳐 수학에 이르기까지 어떤 방법으로든 놀이를 유효하게 연구할 수 없는 학문은 별로 없다. 그렇지만 각각의 특수한 전망 속에서 얻어진 결과가 이론적으로나 실제적으로 어떤 가치를 갖건 간에, 그것이 놀이의 분할될 수 없는 세계 l'univers indivisible des jeux가 제기하는 중심문제와 관련지어 해독解讀되지 않는다면, 그 결과는 의미도 진정한 영향력도 없을 것이다. 놀이는 그것이 나타낼 수 있는 재미를 무엇보다도 이 분할될 수 없는 세계에서 이끌어 내기 때문이다.

3
놀이와 성스러움˙

　금세기에 나타난 역사철학 저작들 중에서 인간의 정신에게 최고로 양식이 되는 하나는 두말할 것도 없이 요한 호이징가의 《호모 루덴스》이다.[26] 놀이는 인간의 기본적인 본능 중 하나이지만, 그것은 모든 본능 중에서 영속적이고 귀중한 문화의 기초가 되는 데에는 가장 부적합한 본능으로 생각되어왔다. 그렇지만 이 책에서는 예리하고 강력한 지성이 표현과 서술의 비범한 재능을 통해 놀이가 문화에 기여한 바를 한데 모으면서 해석하고 있다. 이 책을 읽으면 법, 학문, 시, 생활의 지혜, 전쟁, 예술 등이 유희정신 l'esprit ludique에 의해 풍부해지고, 이따금 그것에서 생겨나기도 하며, 또 항상 그것을 이용하였다는 사실을 곧 알게 된다.

　그 출발점은 다음과 같은 정의인데, 이것은 그의 훌륭한 정의를 요

---

* 이것은 로제 카이와의 저서 《인간과 성스러움(l'homme et le sacré)》(gallimard, 1950)에 부록으로 들어 있는 것을 옮긴 것이다.

약한다: "형식이라는 각도에서 보면, 놀이는 '허구적인 것'으로서 일상생활 밖에 있음에도 불구하고, 놀이하는 자를 완전히 사로잡을 수 있는 자유로운 행위로 간단하게 정의할 수 있다. 그것은 어떠한 물질적 이익도 효용도 없는 행위로서, 명확하게 한정된 시간과 공간 속에서 행해지며, 주어진 규칙에 따라 질서정연하게 진행되는데, 기꺼이 자신을 신비로 둘러싸거나 아니면 가장假裝을 통해 평상시의 세계와는 무관하다는 것을 강조하는 집단관계를 생활 속에 생기게 한다."[27]

저자는 놀이에 대한 여러 생물심리학적 설명을 단번에 제쳐놓는다. 넘치는 생명력의 방출, 모방하는 성향, 기분풀이의 필요, 자제력을 얻기 위한 훈련, 다른 사람들과 경쟁해서 자신의 뛰어남을 주장하고 싶은 욕망, 사회가 직접적인 만족을 인정하지 않는 본능을 사람들에게 해를 주지 않는 방향으로 승화시키는 것 등등의 설명. 호이징가는 그 설명들에 대해 정당하게도 다음과 같이 평가한다. 즉, 이 여러 견해는 모두 부분적이고, 그 어느 견해도 현상을 전체적으로 설명하지 못하며, 경우에 따라서는 그 어느 쪽 견해라도 정당한 것 같지만, 그 견해들은 결국 서로 모순된다는 것이다. 게다가 그는 그 견해들에 대해 특이한 비판을 가한다. 그 견해들은 모두 유희 활동에 공리적功利인 목적이 있다고 지레짐작한다고 그는 비난한다. 그것들은 놀이에 대해 생물학적 또는 심리학적 기능을 부여한다. 한마디로 말해서, 그 견해들에 의하면, 놀이는 인간에게 유익하기 때문에 있다는 것이다. 그렇지만《호모 루덴스》의 이론가는 반대로 놀이 속에서 순전히 쓸데없는 것을 본다. 그는 놀이를 일차적인 활동으로, 즉 우선 맨먼저 인정하지 않으면 안 되며 그 반대(진지하고 일상적인 매일의 생활)를 통해서 정의될 수밖에 없고 따라서 (다른 것에 의해) 설명되기보다는 오히려 (다른 것을) 설명할 수 있는 기본적인 범주로 평가한다.

사실, 이 직접적인 전제에서 출발해서 호이징가는 그의 책의 여러 장章에 걸쳐서, 어떻게 해서 "경기장, 도박 테이블, 마법의 원(원 안의 사람은 마술에 걸림), 신전, 무대, 스크린, 법정 등이 형식상으로도 또 기능으로도 놀이의 장場 내지 장소인가, 말하자면 인정된 공간, 즉 일정한 규칙들이 지켜지고 있는, 신성하고 한정된 분리된 영역인가"를 밝히려고 애쓴다. "그것들은 평소 세계의 한복판에 있는 일시적인 세계이며, 그 자체를 목적으로 하는 행위를 수행하기 위한 일시적인 세계이다."[28]

이러한 분석은 비할 데 없이 활기차고 독창적이다. 분석은 거의 항상 옳다. 다만 여러 종류의 놀이, 예를 들면, 기교놀이, 힘의 놀이, 조합놀이, 우연놀이 등등이 전제로 하는 다양한 심적 태도를 더 자세히 확인했으면 하는 아쉬움이 있다. 그리고 유희정신 각각의 구성 요소, 즉 운명의 판결에 대한 기다림, 자신의 뛰어남을 증명하고 싶은 욕망, 경쟁이나 모험을 좋아하는 마음, 자유로운 즉흥卽興(임시변통)의 역할, 게다가 이 자유로운 즉흥이 규칙의 존중을 받아들이는 방식 등등에 대해 따로따로 서술했으면 좋았을 것이다. 왜냐하면, 다음의 한 가지 점이 여전히 논쟁 중에 있기 때문이다. 놀이는 진실로 하나인가? 단지 (놀이라는) 이름만 공통될 뿐인 여러 활동을 (놀이라는) 단 하나의 용어로 포괄하는 것은 아닌가? (그러나) 호이징가 씨는 그것만으로도 대단하다고 생각한다. 유희 행위의 깊은 의미에서의 동일성을 언어학적으로 증명하는 것에 그는 큰 중요성을 부여하기 때문이다. 그렇지만 그러한 증명으로 충분한지는 의심스럽다.

게다가 저자는 여러 종류의 놀이가 모든 언어에서 (놀이라는) 단 하나의 말로 표시되지 않는 것을 난처하게 여긴다. 그러나 그 반대가 오히려 놀라게 할 것이다. 올림픽 스타디움과 도박대賭博臺는 그 팬들에게서 어쩌면 공통점을 찾을 수도 있는 기분을 내포하고 있지만, 그러나 그 기분이 본질적으로 서로 큰 관계가 없다는 것은 명백하다. 자기 자신만을 의존하는 운동선수의 정신상태와 우연에 몸을 맡기는 도박자의 정신상태는 비슷한 데가 확실히 거의 없다. 이 훌륭한 책의 결점은 십중팔구 여기에 있을 것이다. 즉, 호이징가는 각각의 놀이 행동에 가장 정확한 의미를 주는 내적인 태도를 연구하기보다는 외적인 구조를 연구하고 있다. 따라서 놀이 자체가 만족시켜 주는 욕구보다도 놀이의 형식과 규칙이 그 책에서는 주의 깊은 검토의 대상이 된다.

이상과 같은 발상에서 아마도 그 책의 가장 대담한 명제가 나왔을 것이다. 그러나 동시에 그 명제는 내가 보기에는 대단히 취약하다. 유희적인 것과 성스러움의 동일시.

문제는 미묘하며, 당초의 예상보다 틀림없이 더 복잡하다. 왜냐하면, 〔놀이와 성스러움이라는〕 매우 모순되게 보이는 것을 결합시키려는 시도는 상식에 어긋난다는 이유만으로 처음부터 충동적으로―이것이 잘못된 것이지만―배척되는 경향이 있기 때문이다. 확실히 믿음이 깊은 신자와 놀이하는 자, 신앙과 놀이, 사원과 체커 놀이판 사이에는 공통점이 아무것도 없는 것 같다. 이것은 의심할 수 없는 것일지도 모른다. 그러나 《호모 루덴스》의〕 저자는 놀이가 얼마나 쉽게 진지함을 수반할 수 있는지를 힘들이지 않고 증명하였다. 어린이의 것이건 운동선수의 것이건, 아니면 배우의 것이건 간에, 그가 드는 예는 풍부하며, 또 설득력이 있다. 어린이에 대해서는 말할 필요도 없다. 어린이에게는 의자를 말馬로 삼거나 일렬로 배열한 단추를 전투준비를 끝낸 군대로 삼을 때, 자신의 상상력이 행하는 역할을 완전히 알고 있음에도 불구하고, 놀이가 가장 진지한 세계의 일이라는 것은 분명하기 때문이다. 어른들이 하는 것도 이와 다르지 않다. 무대이건 경기장의 트랙이건 간에, 일정한 공간과 시간 속에서 다소 자의적恣意的인 약속에 따라 에너지를 소비한다는 것은 누구나 알고 있다. 그렇지만 진지함이 그곳에 없는 것은 아니다. 반대로 그것이 없어서는 안 된다. 배우와 관객은 앞을 다투어 열광한다.

호이징가는 종교에 대해서도 마찬가지의 결론을 내린다. 성역聖域, 신앙, 의례儀禮 등이 비슷한 기능을 수행한다. 폐쇄된 공간은 그 경계가 정해져 있으며, 현실의 세계 및 생활과 분리되어 있다. 이 울타리 내에서 일정한 시간 동안 규율을 잘 지키는 상징적인 몸짓을 하는데, 이 몸짓은 의식儀式의 과정에서 신비한 현실을 상징적으로 나타내거나 현실화한다. 그곳에서는 놀이 경우와 마찬가지로, 풍부한 감정과 규제, 황홀함과 신중함, 열광적인 흥분과 세심한 정확성 등 모두 서로 반대되는 덕목德目들이 동시에 집중된다. 사람은 마침내 일상생활 밖으로 옮겨간다.[29] 게다가 저자는, 옌센Jensen을 따라서[30] 모인 군중들 사이에 '정령들'이 출현해서 거니는 축제 때의 원시인들의 정신 상태를 강조한다. 이때 이 원시인들의 종교적 열기가 절정에 달한다. 그렇지만 집회 참가자들은 이 '정령들'에 대해 어떤 두려움도 느끼지 않는다. 그들 모두는 심지어는 여자들마저도, 의식을 준비하는 것을 뜻하지 않게 본다면 벌로써 죽음을 당한다는 것, 그리고 분장하고 가면을 쓰고서 정령의 역을 연기하는 것은 자신들의 동료라는 것을 알고 있다. 마찬가지로 성인식의 시련 때에도, 젊은 전사가 무서운 괴물과 모의 격투를 하는 일도 있다. 그렇지만 그때 자기가 상대하는 것은 부분 부분이 연결되어 있고 색이 칠해진 조잡한 허수아비이며, 또 이 허수아비를 움직이는 것은 말단 노릇하는 자들이라는 것을 그는 모르지 않는다.

여기에서는 놀이와 성스러움이 마치 공모共謀하는 것 같음을 알 수 있다. 깊은 종교적 감정이 상연上演―사람들은 이것이 인위적으로 만든 것임을 알고 있다―과 구경거리―이것을 일부러 연출한다―를 수반하지만, 이것은 결코 속임수나 오락이 아니다.

　의례상의 질서가 약속에 불과한 것이라는 점을 인정해야 하는 것처럼, 다음과 같은 점도 인정해야 한다. 의례상의 질서는 세속적인 세계에서 특별한 장場의 경계를 정하는 것이며, 이 장場을 지배하는 엄격한 법규는 오로지 신앙심이 있는 한에서만 의미와 가치가 있는 이상적인 결과를 얻는 것을 목표로 한다는 것이다. 그런데 중세中世전문가인 호이징가가 만일 민족지학 자료를 더 잘 알았더라면, 이미 충실한 그의 논증을 〔더욱〕강화시켜주는 논거를 더 많이 모았을 것이라고 나는 생각한다. 이처럼 많은 놀이와 가장 흔히 볼 수 있는 놀이에는 성스러운 기원이 있다. 예를 들면, 에스키모인들의 끈놀이가 그러하다. 이것은 바다냐 육지냐, 여름이냐 겨울이냐라는 식으로 계절의 원리나 자연의 구성요소 중 어느 것이 우위에 서는가라는 그 신비적인 순위를 결정한다. 〔또 다른 예로는〕연날리기와 보물따먹기 기둥mâts de cocagne놀이가 있는데, 이것들은 태평양 지역에서는 하늘 정복의 신화와 관련이 있으며, 마오리 족Maori〔뉴질랜드의 원주민〕의 공놀이─**축구**football가 여기에서 나왔다─에서 내기에 걸려 있는 공은 태양을 상징한다.

　이 책〔《인간과 성스러움》〕에서도 성스러움이 얼마나 사라지기 쉽고 또 더러움이 어떻게 전염되는가를 보여주려고 했을 때, 나는 샤페르셰chat perché라는 어린이놀이에서 **고양이** chat〔술래〕성질의 예例보다 더 좋은 예를 찾지 못하였다.[31] 더욱이 의미 있는 것은 이 놀이와 이러한 성질 자체가 에스파냐어로는 바로 더러움을 뜻하는 명사인 **만차**mancha〔얼룩, 오점, 불명예〕라는 말로 표현되고 있다는 것이다.

　또한 수수께끼 신화도 호이징가의 견해를 뒷받침해주는 유력한 증거가 될 것이다. 그는 그것에 대해 많이 말하지만, 기지機智의 놀이, 재치나 지식의 표시로서 논할 뿐, 그 의례적 기능에 대해서는 별로 관심을 갖지 않는다. 그렇지만 많은 경우에서 이 의례적 기능이 명백히 나타난다. 수수께끼 풀이의 도전, 경쟁 또는 시험에 대해서는 얀데 브리스Jan de Vries의 전공논문[32]을 보았었더라면, 그는 대단히 뛰어난 고증考證을 찾을 수 있었을 것이다. 나는 거기에서, 특히 뒤메질G. Dumézil이 그 중요성을 지적한[33] 에피소드 하나만을 끌어내겠다. 스칸디나비아의 연대기에 따르면, 프레이 왕 또는 시그트루드 왕 치하治下 때(이 점은 텍스트마다 다르다), 노인의 처형을 로마의 **성스러운 봄**ver sacrum*과 비슷한 젊은이의 추방으로 대신하였는데, 그 결정은 어렵고 불가능한 수수께끼 풀이를 할 수 있는가에 따라서 내려졌다. 그런데 여신 프리그로부터 조언을 받은 한 소녀가 이 수수께끼 풀이에 성공하였다. 이 이야기는 문명화라는 사실을 매우 분명하게 가리키는 만큼 더욱더 주목할 가치가 있다. 이 점에 관해서는, 샘슨Samson이 어느 한 연회석에서 제기한 유명한 수수께끼도 상기할 필요가 있을 것이다. 결국 원시사회의 사람들에게서나 복잡한 문명에서나, 수수께끼가 성인의례에서 일정한 역할을 한다는 것은 의심할 바 없는 것 같다. 모든 수수께끼 중에서 가장 유명한 것은 오이디푸스가 푼 수수께끼이며, 그는 이 일을 통해 테베의 왕좌를 차지하였는데, 이것은 어쨌든 왕권을 받기 위해 거치는 시련을 암시하는 것 같다. 더욱 중요한—그리고 의외意外의—예는 서커스, 광대의 익살, 특히 '어릿광대'가 행하는 역할일 것이다. 어릿광대는 엉뚱하게 흉내 내며, 그의 서투름이나 어리석은 짓은 우스꽝스러운 파국을 일으킨다. 신화에서는 이와 같은 종류의 인물, 즉 영어권 학자들이 말

---

* 성스러운 봄: 마을에 재난이 일어났을 때, 그 해 봄에 나오는 곡물 등을 모두 바칠 것을 약속하면서 신에게 비는 것. 그때 태어나는 아이도 포함되었는데, 나중에는 아이는 20살까지 키운 후 국외로 추방하였다.

하는 **트릭스터**Trickster〔속임수나 장난질로 질서를 어지럽히는 자〕가 개입하는 경우를 종종 확인할 수 있다. 특히 그의 우스꽝스럽고 어리석은 동시에 결과적으로 비극적인 행동은 여자 때문이 아닌 경우에는 보통 죽음의 원인과 관계가 있다. 또 카드놀이에서 **조커**joker의 존재를 비슷한 의미로 해석할 수는 없는가라고 생각해볼 수 있다. 조커는 〔하트나 다이아몬드 등과 같은 패의〕 시리즈에 속하지 않으면서, 자유롭게, 말하자면 기분내키는 대로 조합 속에 나타나, 조합을 방해하기도 하고 보충하기도 하기 때문이다. 어릿광대와 조커의 이러한 일치는 단순한 우연인가 아니면 어릿광대가 퇴화해서 조커로 살아남은 것인가? 그것은 아무래도 좋다. 매우 중요한 것은 이 주제에 대해 신화가 제공하는 재료는 많이 있으며, 또 시사하는 바가 있다는 점이다. 호이징가는 분명히 유희적인 요소가 어떻게 해서 성스러움의 영역 속에 들어가는가를 보여주기 위해 **포틀라치**potlach〔북미 인디언들이 축제 때 행하는 지위과시용의 선물 분배 행사〕를 많이 이용하고 있는데, 사실은 그보다 더 좋은 경우가 있었다. 게다가 사람이 어째서 죽을 수밖에 없는가를 설명해주는 전설들 속에서 그것을 변함없이 찾아볼 수 있다는 점은 흥미롭다.

보는 바와 같이, 유희적인 것과 성스러움을 관련시킬 수 있다는 사실을 인정한 사람은 내가 처음이다. 뿐만 아니라 나는 기꺼이 호이징가 편을 들며 발언한다고 생각한다. 그렇지만 결정적인 점에서는 그와 의견을 달리한다. 놀이와 신앙의 형태들이 한결같이 생활의 일상적인 흐름에서 벗어나려고 애쓴다고 해서, 그것들이 일상생활에 대해 동등한 위치를 차지한다고 생각하지는 않지만, 또 그런 이유에서 그것들이 동일한 내용을 갖고 있다고도 생각하지는 않는다.

물론 그것은 말할 필요도 없는 것이다. 뻔한 것을 일부러 증명하고자 한다고 나를 비난하는 사람도 있을 것이다. 그렇지만 문제를 분명하게 하는 것이 좋다고 나는 생각한다. 설사 예단豫斷에 불과하다 해도, 이에 대해 논의할 가치는 있다. 놀이는 순수한 형식이고, 그 자체 속에서 목적을 찾는 활동이며, 또 단지 규칙이라는 이유만으로 사람들이 규칙을 존중한다는 사실에 반론을 제기할 사람은 없다. 호이징가 자신도 놀이의 내용은 부차적이라는 것을 강조한다.[34] 그렇지만 성스러움의 경우에는 사정이 다르다. 성스러움은 그와 반대로 순수한 내용이기 때문이다. 분할할 수 없고 애매하며 사라지기 쉽고 효험이 있는 힘이다. 의례는 그럭저럭 그 힘을 구슬러서 복종시키며 관리하는 데 쓰인다. 왜냐하면, 성스러운 것의 힘은 본래 초인간적이어서, 그 힘 앞에서는 인간의 노력이 불안정하고 불확실한 상태에 있기 때문이다. 당연히 인간은 그 힘을 마음대로 다룰 수도 없고, 미리 정해진 한계 속에 그것을 가둘 수도 없을 것이다. 따라서 인간은 그것을 공경하고, 그 앞에서는 두려워하는 마음을 갖고서 그것에게 간곡히 부탁해야 한다. 성스러움이 **전율적인 것**tremendum, **매혹적인 것**fascinans으로 정의되어 온 이유는 이 때문이다. 또 사람들이 기도를 기본적인 종교적 태도로 삼은 것도 같은 이유에서이다. 이 태도는 자신이 사용하는 힘을 원하는 대로 강제하려는 주술사의 불손한 태도와 대조를 이룬다.

성스러움, 즉 전능全能의 원천에 의해 신자는 압도당하는 느낌이 든다. 그는 그 앞에서는 무방비상태에 있으며, 완전히 그것의 손아귀에 들어 있다. 놀이에서는 사정이 반대이다. 모든 것이 인간적이며, 창조자인 인간에 의해 만들어진다. 이런 이유에서 놀이는 피로와 긴장을 풀어주고, 생활로부터 잠시 벗어나게 해서 위험, 근심, 노고를 잊게 해준다. 반대로 성스러움은 내적 긴장의 영역이다. 이에 비하면 세속적인 생활이야말로 긴장의 이완, 휴식, 기분전환이다. 상황이 역전되어 있다.

놀이에서 인간은 현실에서 벗어난다. 그는 자유로운 활동을 추구하지만, 그가 미리 동의한 한에서만 그것에 뛰어든다. 그는 우선 자신의 행동이 가져올 결과를 한정한다. 자신이 내깃돈을 정한다. 놀이의 장(시합장, 트랙, 링, 무대나 체스판)을 매우 신중하게 격리시키는 것은 오로지 그곳이 특별한 규약이 지배하는 특권적인 공간이며, 그곳에서는 그 특별한 규약과 일치하는 행동만이 의미 있다는 것을 분명히 하기 위해서이다. 그 울타리 밖에서나 게임의 전후에는, 제멋대로 정해진 그 규칙에 더 이상 관심을 갖지 않는다. 밖의 세계, 즉 실제 생활은 이와 비교하면 일종의 정글 jungle이다. 그곳에서는 무수한 위험을 각오하지 않으면 안 된다. 나의 생각으로는 유희활동에서 볼 수 있는 즐거움, 마음 놓음 abandon, 여유는 이러한 안전성에서 유래한다. 주지하는 바와 같이 여기서의 사태는 사람이 그것에 부여하는 중요성밖에는 갖지 못하며, 그것에 동의하는 한에서만 그것에 연루되고, 싫으면 언제라도 그만둘 수 있는 자유가 있다. 실제 생활과 얼마나 큰 차이인가! 실제 생활에서는 소위 **용케 궁지를 벗어나는 것** tirer son épingle du jeu이 좀처럼 허용되지 않는다. 예기치 못했고 별로 당하고 싶지 않은 어려움, 파란, 실패와 당당히 맞서지 않으면 안 된다. 언제나 예상한 것보다 더 깊게 사태에 끌려들어 가게 된다. 그리고 도처에 부정不正이 있다. 규칙과 약속을 지키는 것은 어리석은 짓 같다. 왜냐하면, 문제는 더 이상 놀이가 아니라, 생존을 위한 투쟁이기 때문이다. 일상생활에서는 각자가 자신의 행위에 대해 책임을 진다. 과실, 잘못, 부주의 등은 때때로 그 대가가 매우 비싸다. 따라서 자신의 말이나 행동에 대해 항상 주의해야 한다. 자신의 말이나 행동에서 파국이 생길 수도 있다. 게다가 또한 알려져 있는 바와 같이 사람은 자기가 뿌린 씨를 거두어 들인다. 요컨대, 숙명, 우발적인 사건, 부정을 염두에 두어야 한다. 많은 부당한 불행이 아무 죄 없는 사람에게 상처를 줄 수 있기 때문이다.

놀이는 '한정되고 임시적인 완성'의 장場인 것만이 아니다. 그것은 사람이 운명을 지배하는 일종의 항구를 이룬다. 거기서는 사람이 스스로 위험을 선택하는데, 그 위험도 처음부터 정해진 것으로, 그가 바로 걸려고 한 것을 넘지는 못 한다. 이러한 조건은 우연놀이에도 해당된다. 물론 도박자는 운에 자기를 맡기지만, 그래도 어느 정도 맡길 것인가는 결국 그 자신이 결정한다. 따라서 실제 생활보다 놀이에서 사람은 더 자유롭고 더 독립되어 있으며, 어떤 의미에서는 불운에 다가가는 경우도 더 적다. 전재산을 한 번에 걸라고 강요할 수도 없다. 잃는다 하더라도, 자신의 격정 이외의 누구도 탓할 수 없다.

어떤 사람을 훌륭한 플레이어beau joueur라고 말하는가? 다음과 같은 사실을 아는 자이다. 즉 돌발적인 사태를—일부러 추구한 것은 아니지만—기꺼이 받아들였기 때문에, 자기에게는 불운을 불평한다거나 불행을 슬퍼할 권리가 없다는 것을 아는 자이다. 훌륭한 플레이어란 한마디로 말하면, 상당한 침착성을 갖고서 놀이 영역과 생활영역을 혼동하지 않는 자이다. 가령, 진다 하더라도, 자기에게 놀이는 놀이일 뿐이라는 태도를 보여주는 자이다. 즉 놀이는 오락이기 때문에, 그것에 중요성을 부여하는 것은 고귀한 마음에 어울리지 않으며, 또 오락에서 일어나는 우연한 일에 낙심하는 것은 보기 흉하다고 생각하는 자이다. 그러므로 놀이는 사람이 자신의 행위에 대한 일체의 근심에서 벗어난 자유로운 활동으로 정의할 수 있다. 사람은 놀이가 미치는 영향력을 한정한다. 또 놀이의 조건과 목적을 정한다. 거기서 마음편함, 냉정함, 무척 좋은 기분이 나오는데, 이러한 기분은 자연스러울 뿐만 아니라 의무적이기도 하다. 설사 막대한 금액을 잃거나 패배한 경우에도 놀이를 너무 심각하게 받아들인다는 모습을 나타내서는 안 된다. 왜냐하면, 그것은 명예와 관계되기 때문이다. 성스러움은 그와 정반대의 법칙을 갖고 있다는 것을 새삼 상기할 필요가 있을까? 성스러움의 영역은 [놀이의 영역과] 마찬가지로 조심스럽게 세속 생활과 분리되어 있지만, 이는 성스러움의 무서운 공격으로부터 세속 생활을 지키기 위해서이지, 깨지기 쉬운 약속인 성스러움이 현실과 충돌하면 곧바로 파괴될 것이라는 이유에서가 아니다. 확실히 성스러움의 에너지의 관리는 일시적인 기분에 내맡겨지지 않는다. 매우 무서운 힘을 다스리는 데에는 세심한 주의가 필요하다. 교묘한 기술만이 그렇게 하는 데 성공한다. 신뢰할 수 있는 비결과 마법, 신이 직접 가르쳐주고 허락한 주문呪文 등이 필요하다. 신을 흉내 내면서 그것들을 행하고 말한다. 그것들이 효과가 있는 이유는 신에게서 유래하기 때문이다. 사실 성스러움의 힘을 빌리는 이유는 실제 생활에 영향을 미치거나, 신의 은총으로부터 승리, 번영 등 바람직한 모든 효과를 얻기 위해서이다. 성스러움의 힘은 일상 생활을 초월해 있다. 시원寺院 밖으로 나오거나 희생제의가 끝나면, 사람은 자유, 좀 더 가벼운 기분으로 돌아온다. 그리고 두려워하는 마음을 갖지 않고서 또 몸을 떨지 않으면서 행동해도, 속죄할 수 없는 결과가 반드시 초래되는 것은 아니다.

요컨대 성스러운 활동에서 세속적인 생활로 넘어갈 때 마음이 가벼워진다. 그것은 세속적인 생활의 걱정과 고난에서 놀이 분위기로 넘어갈 때와 똑같다.[35] 그 어느 경우에서나 이행移行에 의해 새로운 단계의 자유를 얻는다. 게다가 주지하는 바와 같이, 자유와 세속이라는 것은 많은 나라의 언어에서 똑같은 말로 표현되고 있다. 이런 의미에서, 더할 나위 없이 자유로운 활동인 유희는 순수하게 세속적인 것이고 내용이 없으며 또한 생활의 다른 면에 대해서 불가피한 영향을 초래하지 않는다. 그것은 생활에 비하면 즐거움과 기분풀이일 뿐이다. 그런데 생활은 반대로 성스러움에 비하면 허무한 것이고 기분풀이이다. 그러므로 **성스러움-세속-유희** sacré-profane-ludique라는 서열 hiérarchie을 정한다면, 호이징가의 견해의 구조는 균형을 이룰 것이다. 성스러움과 유희는 둘 다 모두 실제 생활과 대립되는 한에서는 한 곳에 모이지만, 그러나 그것들은 실제 생활에 대해서 좌우대칭적인 위치를 차지하고 있다. 놀이는 당연히 실제 생활을 무서워한다. 실제 생활은 놀이를 일격에 깨뜨리거나 사라지게 하기 때문이다. 반대로 실제 생활은 성스러움의 지고至高의 힘에 매달려 있다고 사람들은 생각한다.

저자(호이징가)는 유희의 정의를 너무나도 확장하기 때문에, 결국 규칙이 있고, 약속에 따르며, 이유 없는 모든 형식이 놀이에 들어간다. 그의 공식公式은 전술, 운율학, 소송절차까지도 포함한다. 그러므로 놀이가 문화를 세련되게 만드는 데 다양한 기여를 했다는 것을 그는 매우 훌륭하게 밝혀 냈는데, 그가 이 놀이라는 동일한 본능이 성스러움에서도 표출되고 있음을 발견한 것은 놀랄 일이 아니다. 이미 지적한 바와 같이, 이러한 탐구의 길은 성과가 많으며, 그곳에서는 아직도 놀라운 발견을 할 수 있다. 그럼에도 불구하고 (놀이와 성스러움의) 형식은 비교될 수 있다 하더라도, 그 내용이 각각 다르다는 것은 여전히 틀림없다. 전술이 전쟁을 설명하지 못하고, 운율학이 시를 설명하지 못하며, 법률이 정의에 대한 욕구를 설명하지 못하듯이[36] 성스러움에 대해서도 똑같이 말할 수 있다. 그것은 평소의 세계와 떨어져 있으며, 그곳에서는 모든 행위가 규칙을 따르고 상징적이며 사제는 의례용 의복을 입고서 어떤 역할을 행한다. 요컨대, 의식儀式 전체가 어딘지 모르게 놀이와 닮은 점이 있다. 그러나 더 이상 형식이 아니라 제식 집행자와 신자의 내면적인 태도를 고찰한다면, 그곳에서 문제되는 것은 희생과 성체배령聖體拜領이며, 그때 사람들은 성스러움의 한가운데에 있기 때문에 유희라고 볼 수 있는 것과는 멀리 떨어져 있음을 알 수 있다.

마지막으로 한마디를 덧붙이고 싶다.《호모 루덴스》는 현대에서 놀이요소의 쇠퇴에 대해 애석해 하는 장章으로 끝나고 있다. 그것은 다분히 **과거를 찬미하는 사람** laudator temporis acti〔호라티우스의《시론詩論》173〕의 착각에 불과하다. 그것을 믿어서는 안 된다. 그렇지만 현대사회에서 성스러움과 축제가 불안스러울 정도로 감소한 것도 인정하지 않을 수 없다. 이것은 성스럽지 않은 세계, 축제도 놀이도 없는 세계, 따라서 일정한 기준도 없고 헌신해야 할 원리도 없으며, 창조적인 파격破格, licence 도 없는 세계이다. 이러한 세계에서는 직접적인 이익, 냉소주의, 모든 규범의 부정이 존재할 뿐만 아니라 그것들이 절대적인 것으로 여겨져서 모든 놀이, 모든 고귀한 활동 및 명예로운 경쟁의 전제가 되는 규칙을 대신하게 된다. 결국 거의 모든 것이 전쟁에 이른다 하더라도, 놀랄 일이 아니다. 게다가 모든 규범은 약속, 속박에 불과한 것이라고 하면서 그것을 거부하는 바로 그런 사람들의 의지에 의해 더 이상 경쟁으로서의 전쟁 guerre-tournoi이 아니라 폭력으로서의 전쟁 guerre-violence이 중요하게 되었다. 즉 강자가 자신의 용기와 기량을 시험하는 시련이 아니라, 인원수가 가장 많고 가장 잘 무장한 자들이 약자들을 눌러 부수고 학살하는 냉혹한 적대감이 중요하게 되었다. 전쟁에도 심지어는 전투의 한복판에도 문화가 있다. 놀이요소의 상실이나 거부는 문자 그대로 야만상태에 이른다. 놀이, 페어플레이가 없다면 또 의식적으로 이루어지고 자발적으로 존중되는 약속이 없다면, 문명은 없다. 승리할 때 자제하고 패배할 때 원한을 품지 않으면서, 즉 '훌륭한 플레이어로서 en beau joueur' 순순히 공명정대하게 이기거나 지는 것을 원하지도 않고 또 그렇게 할 줄도 모르는 곳에는 문화라는 것이 없다. 결국 개인이나 집단의 이익을 넘어선 성스러운 명령이 존속되지 않는다면, 즉 아무도 감히 이의를 제기하지 않으면서 그것을 보호하기 위해서는 누구나 자신의 생명이라도 희생할 가치가 있으며, 경우에 따라서는 자신이 소속해 있는 집단의 생존 자체도 걸 가치가 있다고 생각하는 성스러운 명령이 존속되지 않는다면, 모든 창조적인 기도企圖의 조건인 도덕, 상호신뢰, 타인의 존중은 있지 않을 것이다.

그리고 속임수를 쓰는 자보다 더 나쁜 자가 있다는 것을 잊어서는 안 된다. 그것은 규칙을 조롱하거나 규칙에는 근거가 없다고 말하면서 놀이를 거부하거나 경멸하는 자이다―호이징가가 예로 드는 페르시아 왕Shah이 그런 자이다. 그는 더비경마Derby(잉글랜드 남부의 주 서리Surrey의 엡솜 다운스Epsom Downs에서 매년 거행됨)에 참석해달라고 영국으로부터 초청받았을 때, 자기는 어떤 말이 다른 말보다 더 빨리 달리는지를 이미 알고 있다고 말하면서 완곡하게 거절하였다. 성스러움에 대해서도 마찬가지이다. 이처럼 '축제에 찬물을 끼얹은 자들agua-fiestas', 즉 겉치레뿐의 회의론자와 의심 많은 사람들보다 문화에 더 파괴적인 것은 없다. 그들은 모든 것에 대해 비웃기를 좋아하며, 또 그렇게 하면 자신의 뛰어남을 나타낼 수 있다고 순진하게 생각한다. 자신들이 보다 즐겁거나 좀 더 대단한 새로운 놀이의 규칙을 직접 만들려는 생각에서 우상파괴적이고 신성모독적이지 않는 한, 그들은 무수한 노고 끝에 축적한 귀중한 보고寶庫를 허영심에서 손상시킬 뿐이다.

참고 자료

2. 놀이의 분류

곤충의 의태擬態(이 책의 p. 49, 각주 5).

나의 저서 《신화와 인간》(pp. 109~16)에 인용되어 있는 예들 중 몇 가지를 여기에 옮긴다.

"독을 지니지 않은 동물은 자신을 지키기 위해 무서운 동물의 겉모습을 띤다. 예를 들면, 벌 모양을 한 나비 트로칠리움Trochilium은 말벌 베스파 크라브로Vespa Crabro를 흉내 낸다. 똑같은 거무칙칙한 날개, 똑같은 갈색 다리와 더듬이, 똑같은 노란색과 검은색 줄무늬가 있는 배와 흉부를 갖고서 양지에서 똑같이 힘차게 소리를 내면서 난다. 의태를 행하는 동물이 큰 뜻을 품는 경우도 종종 있다. 예를 들면, 코에로캄파 엘페노르Choerocampa Elpenor의 애벌레에게는 네 번째와 다섯 번째의 체절體節에 둘레가 검은 눈 모양의 반점이 두 개 있다. 위험을 느끼면, 이 애벌레는 세

번째까지의 체절을 움추리면서, 네 번째 체절을 강하게 팽창시킨다. 그러면 뱀의 머리처럼 된다. 도마뱀이나 작은 새는 이 갑작스런 (뱀의) 출현에 질겁하면서 속게 된다.¹ 바이스만 Weismann에 따르면,² 스메린투스 오켈라타 Smerinthus ocellata (박각시나방의 일종)는 쉴 때는 모든 박각시나방처럼 아랫날개를 접지만 위험에 처할 때는 불쑥 이 아랫날개를 펼친다. 이 아랫날개에는 빨간 바탕에 두 개의 큰 푸른 '눈'이 있어, 공격자를 갑자기 놀라게 한다.³ 이 동작에는 일종의 실신상태가 동반된다. 쉬고 있을 때에는 말라죽은 뾰족한 나뭇잎과 비슷하다. 놀랐을 때에는 그 자리에 달라붙어서 더듬이를 펼치고 흉부를 불룩 튀어나오게 하며 머리를 움추리고 배를 지나칠 정도로 활처럼 휘어지게 한다. 그동안 몸 전체가 흔들리면서 떤다. 발작이 끝나면 다시 천천히 부동不動의 상태로 돌아간다. 슈탄트푸스 Standfuss의 실험은 이 행동의 효과를 증명하였다. 깨새, 울새, 보통의 나이팅게일(밤꾀꼬리)은 무서워하였지만 회색 나이팅게일은 무서워하지 않았다.⁴ 사실 이 나방이 날개를 펴면 거대한 맹금猛禽의 머리처럼 보인다……."

이체동형異體同形(종류가 다른 생물이나 물체 간의 외형적 유사)의 예는 얼마든지 있다:

"칼라파과의 게는 둥그스름한 조약돌과, 새벼룩은 씨앗과, 모에나스 moenas(게의 일종)는 자갈과, 참새우 무리는 푸쿠스속屬의 해초와 비슷하며, 조해藻海(북대서양·서인도 제도 부근의 해역)의 물고기 필롭테릭스 Phylopteryx는 안텐나리우스 Antennarius와 프테로프리네 Pterophryne처럼⁵ '가장자리가 톱니 모양이며 바다에 떠다니는 가는 끈 형태의 해초'에 불과하다.⁶ 낙지는 발을 움추리고 등을 굽히고 색을 조절하면 자갈과 비슷하다. 피에리데 오로레Piéride-Aurore〔나비의 일종〕의 희고 푸른 아랫날개는 미나리과科 식물처럼 보인다. 리치네 마리에lichnée mariée는 그 우툴두툴함, 마디, 가는 줄 때문에 그것이 사는 포플라의 나무껍질과 똑같은 것이 된다. 마다가스카르 섬의 리티누스 니그로크리스티누스Lithinus nigrocristinus와 플라토이데스Flatoïdes는 지의류地衣類*와 분간되지 않는다.[7] 사마귀과 곤충의 의태가 얼마나 철저한지는 잘 알려져 있다. 그 다리는 꽃잎인 체하거나 아니면 둥글게 휘어져서 화관花冠처럼 된다. 꽃을 닮아버린 그것은 몸을 가볍게 기계적으로 흔들어서 바람에 흔들리는 꽃 모습을 흉내 낸다.[8] 실릭스 콤프레사Cilix compressa라는 벌레는 새의 똥과 비슷하며, 보르네오의 케로데일루스 라케라투스Cerodeylus laceratus는 잎 모양을 한 연한 황록색의 혹 때문에, 이끼가 덮힌 막대기와 비슷하다. 케로데일루스 라케라투스는 대벌레과에 속하는데, 대벌레는 일반적으로 '숲의 덤불에 매달려서 다리를 불규칙적으로 늘어뜨리는 기묘한 습성이 있다. 이 때문에 더 쉽게 착각하게 된다.'[9] 나무의 잔가지와 비슷한 바실bacilles도 대벌레과에 속한다. 케로이스Ceroys와 헤테롭테릭스Heteropteryx는 가시가 있는 말라죽은 잔가지처럼 보이며, 열대지방의 반시류半翅類** 곤충인 멤브라케스membraces는 나무의 싹이나 가시처럼 보인다. 높은 곳에 사는 가시벌레 움보니아 오로짐보Umbonia orozimbo도 그러하다. 몸을 일으키는 딱딱한 자벌레는 소관목의 적당하게 울퉁불퉁한 외피外皮 덕분에 소관목의 순筍과 거의 분간되지 않는다. 가랑잎벌레가 나뭇잎과 매우 비슷하다는 것은 모든 사람

- 지의류: 포자식물의 한 종류. 엽록소가 없는 균류(菌類)와 엽록소가 있는 조류(藻類)의 공생체로 나무껍질이나 바위에 붙어서 삶.
- 반시류: 곤충류의 한 목(目). 몸은 달걀형, 길둥근형, 장형(長形) 등 여러 가지이다. 두 쌍의 날개가 있지만, 변화하거나 퇴화한 것도 있다. 주둥이는 뾰족해서 진을 빨아먹기에 알맞다. 매미, 진디, 빈대 따위.

이 알고 있다. 그것들보다 더 완전한 이체동형으로는 몇몇 나비의 예가 있다. 우선 옥시디아Oxydia가 그러하다. 옥시디아는 나무의 잔가지 끝에 가지 방향과 직각을 이루면서 윗날개를 지붕처럼 접고 앉는다. 그러면 끝에 있는 나뭇잎처럼 보인다. 짙은 색의 가느다란 혈관이 네 개의 날개를 비스듬하게 가로지르고 있어, 그것이 마치 나뭇잎의 주잎맥처럼 보이기 때문에, 옥시디아의 모습이 한층 더 나뭇잎 같다."[10]

"다른 종류의 나비는 더욱 완벽하다 아랫날개에 가는 돌기가 있는 것을 잎꼭지처럼 사용해서, '식물계에 ― 말하자면 ― 끼어든다.'[11] 두 개의 날개 모두가 양쪽으로, 나뭇잎과 비슷하게 뾰족한 달걀 모양을 나타낸다. 여기에도 얼룩무늬가 있는데, 이번에는 한쪽 날개에서 다른 쪽 날개로 세로로 이어지고 있어, 중앙잎맥의 구실을 한다. 그러므로 '기관형성력器官形成力이……날개를 두 개로 나눠 만들면서 두 날개를 각각 교묘하게 형성한 것임에 틀림없다. 날개가 각각 일정한 형태를 나타내지 않고, 다른 날개와 연결해서 일정한 형태를 나타내기 때문이다.'[12] 중앙아메리카의 '케노플레비아 아르키도나Cœnophlebia Archidona'[13]와 인도 및 말레이 반도의 여러 종류의 칼리마Kallima가 주로 그러하다……."

(그밖의 예는, 《신화와 인간》pp. 133~36을 보라.)

멕시코의 〈볼라도레스〉의 현기증 (이 책의 p. 53, 각주 8)

기 스트레서 페앙Guy Stresser-Péan의 기술記述에서 발췌(p. 328).

"붉은색과 푸른색 제복을 입은 코할k'ohal이라는 무용지도자가 이번에는 자신이 올라가서 꼭대기에 앉는다. 동쪽을 향해 우선 날개를 펴고 독수리 울음소리를 흉내 내는 호각을 불면서, 수호신의 가호를 빈다. 그러고 나서 마스트의 정상에서 똑바로 일어선다. 동서남북 네 방향을 차례차례로 향해 증류주의 병과 흰 천으로 덮은 호리병 모양의 잔을 바치면서, 입으로 술을 머금어 안개처럼 내뿜는다. 이 상징적인 봉헌식이 끝나면, 머리에 붉은 깃털장식을 쓰고 날개를 파닥거리면서 사방을 향해 춤춘다."

"마스트의 정상에서 행하는 이 의식은 인디언들이 의식에서 가장 감동적인 것으로 생각하는 장면이다. 이 장면에는 죽음의 위험이 있기 때문이다. 그러나 이어서 행해지는 '비행飛行'의 장면도 역시 대단한 구경거리이다. 네 명의 무용수들은 허리를 줄로 감고서 마스트틀의 아래로 빠져나와, 뒤로 몸을 던진다. 이렇게 매달린 상태에서, 그 줄이 풀어짐에 따라 커다란 나선형을 그리면서, 그들은 천천히 땅까지 내려온다. 무용수들에게 힘든 것은 그 줄을 발가락에 묶고서, 하늘에서 커다란 원을 그리면서 활공滑空하며 내려오는 새처럼 머리를 숙이고 팔을 벌린 채로 몸을 유지하는 것이다. 지도자는 우선 잠시 기다린 후에, 네 명의 무용수 중 한 사람의 줄을 타고서 미끄러져 내려온다."

꼬리말이 원숭이의 파괴의 즐거움(이 책의 P. 59, 각주 11)
칼 그로스가 인용한 로마니스G. J. Romanes의 관찰에서:

"나는 이 원숭이가 장난치는 것을 매우 좋아한다는 것을 눈치챘다. 오늘은 포도주 잔과 반숙 계란을 담는 그릇을 빼앗아 갔다. 잔은 힘껏 땅에 내던져졌기 때문에 당연히 깨졌다. 반숙 계란을 담는 그릇은 땅에 던져도 깨지지 않는다는 것을 알고는 그것을 칠 수 있는 단단한 물체를 자기 주위에서 찾았다. 구리로 된 침대 다리가 그렇게 하는 데 좋게 보였다. 그 그릇을 자기 머리 위로 높이 휘두르고는 여러 번 강하게 부딪쳤다. 그릇이 완전히 박살이 나자 만족스럽게 여겼다. 막대기를 부러뜨릴 때는 그것을 무거운 물체와 벽 사이에 집어넣어, 휘게 해서 부러뜨린다. 종종 옷을 망가뜨릴 때도 있다. 우선 실을 조심스럽게 푼 다음, 이빨로 물어 있는 힘을 다해 잡아당기는 것이다."

"파괴 욕구와 병행해서 이 원숭이는 물체를 쓰러뜨리는 것도 대단히 좋아한다. 그러나 그것이 자기에게 떨어지지 않도록 하는 데 매우 주의한다. 예를 들면, 의자가 균형을 잃을 때까지 자기 쪽으로 잡아당긴다. 의자의 등 위를 주의 깊게 보면서 그것이 자기에게 덮치려고 하면 몸을 피하고는, 의자가 쓰러지는 것을 바라보면서 매우 좋아한다. 더 무거운 물체의 경우도 마찬가지이다. 집에는 무거운 대리석으로 된 화장대가 있는데, 이것을 몇 번인가 간신히 쓰러뜨리는 데 성공하였다. 그러나 한 번도 상처를 입은 적이 없었다."[14].

슬롯머신의 발전. 그것이 불러일으키는 열광(이 책의 p. 62, 각주 13).

어떤 종류의 놀이는 본질적으로 반복에 기초를 둔 것 같다. 그 놀이는 창의력이 빈약하고 단조로우며 겉보기에도 재미없을 것 같음에도 불구하고, 관찰자에게 강한 인상을 준다. 이런 놀이가 광범위한 애호가들을 갖고 있는 만큼, 더욱 기묘한 현상이다. 내가 여기서 특히 염두에 두는 것은 한가한 사람이 끝없이 반복하는 '카드로 점치기réussites'와 슬롯머신인데, 이 슬롯머신은 문자 그대로 세계적으로 유행하기 때문에,

카드로 점치기에 못지않게 깊이 생각해 볼 문제를 제공한다.

'카드로 점치기'나 '카드로 패떼기Patiences'에는 외견상으로도 재미있다는 것을 알 수 있다. 패를 어떻게 조합시켜야 할지 몰라서 놀이하는 자가 망설이는 때가 종종 있긴 하지만, 그 조합의 수는 얼마 안 되기 때문에, 그 계산에 힘들어 한다거나 골몰하는 경우는 전혀 없다. 오히려 그것이 재미있는 이유는 카드로 한 번 점칠 때마다 그것에 운명을 물어본다는 의미를 부여하기 때문이다. 놀이를 시작하기 전에, 카드를 섞은 다음 '둘로 나누어 아래 위를 뒤바꿔 놓을couper'때, 놀이하는 자는 자신에게 어떤 문제를 제시하거나 아니면 어떤 소원을 말한다. 카드점이 잘 나오느냐 잘 나오지 않느냐는 그에게 운명의 대답 같은 것을 보여주는 것이다. 게다가 점괘가 좋을 때까지 되풀이해도, 그것은 자유이다.

이것을 진짜 믿는 사람은 드물지만, 그러나 신탁神託과 비슷한 이러한 성격이 어쨌든 그와 같은 술책이 없다면 별로 재미없을 행동을 정당화해준다. 그렇지만 그것은 여전히 진짜 놀이이다. 일정한 공간 안에서 (결국 똑같은 것이지만, 이 경우에는 일정한 수의 요소에 의해) 행해지며, 자의적이고 절대적인 규칙에 따르고 또 완전히 비생산적인 자유로운 활동이기 때문이다.

똑같은 성격이 슬롯머신에게도 적용된다는 것은 돈벌이(이익)의 유혹이 기계 고유의 매력과 결합되는 것을 법률이 — 엄격함에서는 나라마다 다소의 차이가 있지만, 언제나 똑같은 염려에서 — 금지하는 것만 보아도 알 수 있다. 내가 수많은 놀이를 분류할 수 있다고 생각한 네 개의 동기(자신의 우월성을 나타내는 것, 운명의 은혜를 추구하는 것, 허구의 세계에서 역할을 연기하는 것, 고의적으로 일으킨 현기증을 즐기는 것) 중 어느 것도 지극히 적은 정도로밖에는 슬롯머신에 적용되지 않는다. 경쟁의 즐거움은 희박하다. 왜냐하면, 놀이하는 자가 발휘할 수 있는 기량은, 그것이 순수한 우연놀이가 아니라고 간신히 말할 수 있을 만큼 한정된 것이기 때문이다. 동시에 놀이의 두 번째 분류, 즉 운명에 몸을 맡기는 것도 제외된다. 운명을 휘게 하거나 고치는 가장 작은 방법도 완전히 포기할 경우에만, 실질적으로 완전히 운명에 맡기는 것이기 때문이다. 모의模擬에 대해 말하자면, 이것은 무엇보다도 완전히 없는 것 같다. 그러나 극도로 희박하긴 하지만, 여하튼 그 역할을 확인할 수는 있다. 첫째, 여러가지 색의 표지標識에 불이 켜지는 터무니없이 큰 숫자에서 그 역할을 확인할 수 있다(현실적인 숫자를 도입하려는 시도는 비참하게도 실패하였는데, 이는 매우 의미심장하다). 다음에는 전라全裸에 가까운 세련된 또는 야성적인 소녀, 레이스카와 모터보트, 현창舷窓에 구포臼砲를 설치한 해적선과 옛날 배, 우주복을 입은 우주비행사와 혹성 간의 로켓, 한마디로 말하면, 유치한 유혹을 그림으로 그린 장식에서 그 모의의 역할을 확인할 수 있다. 놀이하는 자가 그런 것들과 순간적으로라도 동일시하는 일은 아마도 없겠지만, 어쨌든 그러한 장식은 놀이하는 자를 일상생활의 단조로움에서 벗어나게 하기에 충분한 꿈의 분위기를 제공해 준다. 마지막으로 카페의 분위기는 현기증과는 가장 어울리지 않으며 또 뚫어지게 쳐다보는 오락이라는 점에서 확실히 공포와는 인연이 먼 것 중의 하나로 생각된다. 그럼에도 불구하고 깜박이는 빛을 계속 쳐다봐야 한다는 의무와 반짝이는 작은 구슬을 장애물 사이로 마술처럼, 마치 욕망에 가득 찬 눈빛의 힘으로 몰고 가겠다는 집념에서 최면상태 같은 것이 생겨난다. 더욱이 처음부터 현기증이 무엇보다도 즐거움이 되는 경우도 있다. 일본의 파친코Pachenco의 어마어마한 유행이 생각난다. 파친코에는 표지등도 지그재그장애물도 전혀 없으며, 다만 게임하는 자의 눈 앞에 있는 나선螺旋 속에 쇠구슬을 힘차게 보내면서 시끄러운 소리를 낸다. 게임하는 자는 소음을 증대시키고 구슬의 움직임을 빠르게 하기 위해 거의 언제나 몇 개의 구슬을 동시에 보낸다. 기계들은 끝없이 일렬로, 간격도 없이 줄지어 놓여 있다. 따라서 게임하는 자들도 팔꿈치를 맞대고 나란히 있으며, 머리는 기계와 평행을 이루면서 긴 줄을 이룬다. 소음은 귀를 째는 듯하며, 구슬의 번쩍거림은 진실로 정신을 빼앗는다. 파친코에서 얻어지는 것은 분명히 현기증이며 또 현기증뿐이다. 그러나 저차원의 공허한 현기증이다. 이 현기증은 통제하지 않으면 안 될 만큼 절박한 것이 아니며, 게다가 이 놀이의 본질도 결코 이 현기증을 통제하는 것에 있지 않다. 문제는 〔파친코 구슬의〕 소음과 반사의 매혹인데, 이 매혹은 그 자체의 효과에 의해서 증대된다. 그 결과, 그 매혹은 말하자면 현기증을 순화시켜서, 그것을 창유리 뒤의 구슬의 진로를 얼빠진 듯이 움직이지 않고 쳐다보는 것으로 변화시켜 버린다. 그러면서도 원칙적으로 모든 놀이 중에서 가장 위험하며 또 공간과 복잡한 기계장치, 에너지의 큰 소비를 요구하는 현기증놀이를 빈약하게 만들고 아울러 기계적이고 초라한 것으로 만들어서 얇은 상자의 크기로까지 축소시키기 위해서는, 구슬의 소음과 번쩍거림이 역시 필요했을 것이라고 나는 추측한다. 장터의 기계장치가 가져다 주는 퇴화 형태를 제외하면, 현기증놀이는 팽이를 쳐서 빨리 돌게 하듯이 일부러 격하게 한 도취의 한가운데에서도 위험에 처해도 냉정을 잃지 않는 제정신, 신경과 근육의 놀랄 만한 통제, 감각과 내장의 패닉에 대한 지속적인 승리를 요구한다.

이처럼 슬롯머신은 어떤 측면에서 보아도, 즉 아무리 변칙적이고 또 관점에 따라서는 아무리 격렬한 모습을 나타낼 때에도, 일종의 등급이 낮은 놀이이다. 게임하는 자의 개인적인 능력이 발휘되는 것이 아니다. 파산이나 거액의 돈을 운명에 기대하는 것도 아니다. 균일한 요금에 따라서 매회의 승부마다 돈을 낸다. 기계의 장식 그림이 떠올리는 공상적인 세계에 들어가는 상상을 하려면, 상당한 관대함이 필요하다〔어지간히 어수룩하지 않는 한, 기계의 장식 그림이 떠올리는 공상적인 세계에 빠지지 않는다〕. 즉 슬롯머신에 의한 소외〔정신착란〕는 효력 없는 것은 아니라 해도, 보잘것 없는 것이다. 요컨대 현기증으로부터 남는 것은 중지하기의 어려움, 기계적인 행위에서 벗어나기의 어려움일 뿐이다. 그리고 기계적인 행위란 단조로움, 좀 더 정확하게 말하면 의지의 마비를 일으키는 것이다.

심심풀이의 오락이라고 해도, 다른 것들은 반드시 그처럼 빈약하지 않다. 그것들은 육체, 지능이나 정신의 어떤 자질에 명백히 호소한다. 빌보케는 솜씨를, 솔리테르 solitaire 나 타켕 taquin 은 선견지명을, 십자 말풀이〔크로스워드 퍼즐〕와 수학 퍼즐은 숙고와 지식을, 스포츠 훈련은 끈기와 인내력을 요구한다. 어느 경우에서도 긴장, 노력, 수련을 볼 수 있는데, 이것들은 슬롯머신의 이용자가 만족스러워 하는 것 같은 반半자동적인 행위와는 반대이다. 그렇지만 이 슬롯머신은 분명히 현재 개화開化하고 있는 생활양식의 한 특징이다. 특히 공공장소에서 그것들을 볼 수 있는데, 아마도 그 이유는 주위에서 이러쿵 저러쿵 말하면서 차례를 기다리는 관중들이 있다는 것이 그 자체로는 활기 없는 이 놀이에 유효한 자극을 보충해주기 때문일 것이다. 카페에는 이러한 기계들이 엄청나게 늘어나면서, 50여 년 전만 하더라도 번창하였으며 단골손님을 끌어들였던 놀이, 즉 카드, 자케 jacquet 〔서양 주사위놀이〕, 당구 등을 거의 완전히 대신하고 있다.

일본의 경우를 말하면, 파친코의 최전성기에는 연간 국민소득의 12%가 파친코의 구멍 속으로 미끌어져 들어가는 구슬비용으로 쓰였다고 한다. 미국에서는 슬롯머신의 유행이 예상 밖으로 커지고 있다. 그것은 문자 그대로 편집상태偏執狀態를 일으키고 있다. 1957년 3월 미국 상원의 한 위원회가 조사를 실시하였는데, 이에 관해 같은 달 25일

자 신문은 다음과 같은 기사를 실었다:

    대부분 시카고 주변에 있는 50개의 공장에서 15,000명의 종업원에 의해 만들어진 30만 대의 슬롯머신이 1956년에 판매되었다. 이 기계는 ─ 도박의 중심지인 라스베이거스는 말할 필요도 없이 ─ 시카고, 캔자스시티, 디트로이트뿐만 아니라 뉴욕에서도 유행하고 있다. 매일, 매일 밤, 뉴욕의 중심부 '타임즈 스퀘어'의 한가운데에서, 초등학생부터 노인까지 모든 연령의 미국인이 공짜로 놀겠다는 헛된 기대를 품고서, 그들의 용돈이나 일주일 분의 수당을 한 시간 안에 쓰고 있다. 브로드웨이 1485번지에는 '플레이랜드'라는 거대한 네온사인이 중화요리점의 간판을 압도하고 있다. 문이 없는 거대한 홀에는 여러 가지 색의 슬롯머신 수십 대가 질서정연하게 줄지어 있다. 각각의 기계 앞에는 샹젤리제의 최고급 술집 의자를 생각나게 하는 편안한 가죽걸상이 있어, 돈을 충분히 갖고 들어오면 몇 시간이고 계속 그곳에 있을 수 있다. 기계 앞에는 재떨이가 있으며, '핫도그'와 코카콜라를 파는 장소도 있다. 이것은 미국 극빈자들의 대표적인 식사인데, 자리에서 움직이지 않고서 주문할 수 있다. 10센트(40프랑)나 25센트(100프랑)의 동전으로 열 갑의 담배를 탈 수 있는 접수를 모으려고 한다. 뉴욕 주에서는 상금을 현금으로 주는 것이 허용되지 않기 때문이다. '동전 스포츠맨'이라고 불리우는 이 사람들의 분투에 반주를 넣어주는 것은 루이 암스트롱이나 엘비스 프레슬리의 목소리인데, 이들의 목소리는 굉장한 소란에 의해 압도되고 있다. '블루진'에 가죽점퍼를 입은 청년들이 꽃 장식이 달린 모자를 쓴 노부인들과 나란히 앉아 있다. 청년들은 원자탄 폭격기나 유도로켓의 기계를 택하며, 귀부인들은 아직도 사랑할 수 있는지를 가르쳐주는 '러브 미터 love meter'에 손을 댄다. 한편 아이들은 5센트를 넣고서, 등에 큰 혹이 있는 혹소 zébu와 비슷한 당나귀 위에서 가슴이 아플 때까지 몸을 흔들어댄다. 확실한 자신도 없이 연발권총의 방아쇠를 당기는 해군이나 비행사도 있다.(D. 모게인)

이처럼 미국인은 니켈로 된 구슬을 각종 장애물을 넘어서 번쩍이는 표적에 맞춘다는 단 하나의 목적에만 연간 4억 달러를 쓴다고 한다. 쉽게 상상할 수 있듯이, 이러한 열광이 청소년의 비행非行에 영향을 주지 않을 수 없다. 예를 들면, 1957년 4월, 미국의 신문들은 열 살짜리 소년과 열두 살짜리 소녀가 이끄는 한 무리의 어린이들이 브루클린에서 체포되었다고 대서특필하였다. 그들은 그 동네의 상점을 약탈해서 약 1,000달러를 훔쳤다. 그들은 슬롯머신에 사용할 수 있는 10센트짜리 동전과 5센트짜리 동전에만 관심을 나타냈다. 지폐는 그들이 훔친 것을 싸는 데에만 쓰고서는 휴지통에 버렸다.

이러한 열광에 대해 설명하는 것은 쉽지 않다. 물론 설명한 것들이 있기는 있다. 그러나 그것들은 재치가 있기는 하지만, 설득력이 없어 보인다. 그중 가장 날카로운 (따라서 가장 의미 있는) 것은 아마도 줄리우스 시갈Julius Segal 씨가 《핀볼의 매력The Lure of Pinball》이라는 제목으로 1957년 10월 〈하퍼즈Harper's〉 지誌 (Vol. 215, n°1289, pp. 44~47)에 발표한 글일 것이다. 이 연구는 고백인 동시에 분석이기도 하다. 잠시 후에, 내가 전에 행한 논평을 재록하겠다. 저자는 우선 상투적으로 어떤 성적性的인 상징 해석에 대해 언급한 다음, 슬롯머신이 주는 즐거움은 특히 현대기술에 대한 승리감이라고 말한다. 게임하는 자는 구슬을 치기 전에 계산하는 척한다. 실제로는 별다른 도움이 되지 않지만, 자기로서는 이 계산한다는 것이 숭고하다고 생각한다. "자기는 혼자서 자신의 솜씨로 미국의 모든 공업의 종합된 힘과 싸우는 것 같다." 이렇게 되면, 이 놀이는 개인의 솜씨와 익명의 거대한 기계장치 간의 일종의 경쟁이 될 것이다. (현실의) 하나의 동전으로 (가공의) 몇 백단이라고 하는 돈을 걸지도 모른다. 왜냐하면, 점수는 항상 영이 많이 붙은 숫자이기 때문이다. 또한 기계를 흔들어서 속임수를 쓸 수 있는 가능성도 필요하다. 틸트tilt라는 문자〔핀볼 기계를 어느 한도 이상으로 흔들면, 이 문자가 나와 그 게임은 무효가 된다〕는 넘어서서는 안 되는 한계를 나타내는 것에 불과하다. 그것은 즐거운 협박이며, 첫 번째 도박에 덧붙여진 일종의 두 번째 도박이다.

줄리우스 시갈 씨는 우울할 때는, 마음에 드는 기계를 찾아내기 위해 30분이나 길을 돌아가는 일도 있다는 묘한 고백을 하고 있다. 그리고는 '치료에 도움이 되는 이길 가능성possibilité thérapeutique de gagner'을 믿으면서 게임한다는 것이다. 끝날 때는 자신의 재능과 성공운成功運에 대해 안심하게 된다는 것이다. 절망이 사라지고 호전성도 가라앉는다고 한다.

슬롯머신에서 노는 사람의 태도는 로르샤하 검사Rorschach test〔잉크 얼룩 같은 도형을 해석시켜 사람의 성격을 판단함〕와 똑같이 성격을 나타낸다고 그는 생각한다. 그에 따르면, 사람은 모두 기계 고유의 영역에서 기계에 이길 수 있다는 것을 자기 자신에게 증명하려고 한다는 것이다. 기계를 지배하면서, 표지標識에 나오는 번쩍이는 숫자로 엄청난 부를 벌 수 있다고 상상한다. 혼자서 이것에 성공하고, 더구나 마음대로 다시 할 수 있다. "하나의 동전으로 자신의 신경질을 겉으로 나타내고, 세계가 온순하게 움직인다는 인상을 얻는다."

지금까지는 시갈 씨의 연구에 이의를 달지 않고 요약만 하였다. 그렇다고 해서, 나의 생각이 없었던 것은 아니다. 사실 대부분의 슬롯머신 이용자들은 시갈 씨와는 많이 다를 것이며, 또 그들이 특히 기계의 스프링을 작동시키면서 결코 〔시갈 씨와〕 똑같은 복수감정을 느끼지는

참고자료 **275**

않을 것이라고 나는 생각한다. 그의 속내 이야기에는 실태實態에 대한 관찰보다도 상상이 더 많은 것 같다. 이 화자話者는 그 자신이 확실히 어느 정도 부끄러워하는 슬롯머신 습관을 소설처럼 이야기하면서, 이 습관을 흥미로운 것, 말하자면—건전한 것은 아니지만—그만하면 괜찮은 것으로 만드는 독특한 심리적인 측면을 그 습관에서 찾으려고 애쓰는 것 같다. 슬롯머신은 정복당하고 복종하는 기계의 세계라는 이미지는 거의 주지 않는다. 그것은 결코 유순하지도 않으며, 또 사람의 마음을 가라앉히지도 않는다. 오히려 사람을 성나게 하며 다루기 어려운 것이다. 게임하는 자는 보통 이겨서 의기양양해 하는 경우보다 신경질이 나는 경우가 더 많다. 그는 실망하면서 기계를 떠난다. 돈을 헛되이 낭비한 것에 대해 격분하면서, 책임이 없는 기계에 화를 낸다. 그리고는 기계에 이상이 있다거나 고장이 났다고 하면서, 간단히 말하면, 자기돈을 잃게 했다고 어린애처럼 기계를 비난한다. 실로 그는 속았다고 느낀다. 마음의 평화를 찾고서 기계를 떠나는 것이 아니라, 이 쓰리고 자신에 대해 화를 내면서 기계를 떠난다. 번쩍이는 수백만이라는 돈은 사라지고, 자신이 전보다도 더 가난해졌다는 것을 알게 된다. 시갈 씨의 경우, 그가 매우 중요시하는 치료에 도움이 되는 성분 la composante thérapeutique이란 놀이[게임]하는 것 자체가 아니라 놀이에 대하여 추론하는 것이 아니었을까라고 나는 생각한다.

놀이를 문명화의 주요 요인 중 하나로 볼 정도로 놀이의 문화적 창조성을 확신하는 사람에게는 슬롯머신의 존재와 유행이란 이론체계 속의 하나의 결함을 나타낼 뿐이다. 이제부터 그는 그것을 고려하지 않으면 안 될 것이다. 놀이가 모두 똑같이 창조적이지 않다는 것, 그리고 어떤 놀이는 다른 놀이보다 규칙의 존중, 정정당당함, 자제, 공평함을 더 많이 요구하기 때문에 아니면 계산, 상상력, 끈기, 기교나 힘을 더 많이 필요로 하기 때문에 예술, 과학, 도덕의 훌륭한 발달에 더 많이 기여한다는 것은 이미 잘 알려져 있다. 그러나 지금 여기서 마주치게 되는 것은 공허한 놀이, 무가치한 놀이, 단순히 여가의 비생산적인 소비에 불과한 놀이이다. 이 놀이는, 문자 그대로, 시간에게 결실을 맺어주는 것이 아니라 시간을 죽여버린다. 이에 반해 진정한 놀이는 시간에 씨를 뿌려서, 어쨌든 미리 정해진 목적은 없지만 마치 즐거움에 덧붙여지는 덤처럼 거의 되는 대로 장기적으로 열매를 맺게 한다. 그러기는커녕 아무 자질도 이용하지 않는 이 사이비놀이pseudo-jeux는 오락을 가장한 판에 박힌 행동으로 지루함을 대신하는 데 쓰일 뿐이다.

그러므로 슬롯머신과 부수적으로는 카드로 점치기réussites가 의미하는 바는 항상 활동, 어떤 자질의 동원 또는 냉정함의 시련인 놀이와는 별도로, 한가한 시간을 메워주면서 겉보기에는 놀이 모습을 취하는 오락, 덫으로서의 오락distractions-pièges이 존재한다는 것이다. 그것들은 수동성과 책임 회피의 성향을 강화시킨다. 그렇다고 해서 그것들이 정신을 생산적으로 표류시키지도 않는다. 만약 정신을 생산적으로 표류시킨다면, 그것들은 동양언어에서는 종종 특별한 이름으로 불리며 또 몽상에 빠지거나 마음이 들떠있을 때 독특한 효과를 지니는 또 하나의 놀이 형태에 이를 것이다. 그렇지만 (덫으로서의 오락이라고) 이치에 어긋나게 이름 붙여진 이 오락들은 그렇게 하기는커녕 오히려 상상력을 얼어붙게 하며, 말하자면 상상력을 마비시킨다. 주의력은 가공할 만한 단조로움에 집중된다. 이 단조로움은 싫증나지 않을 만큼 변화가 있긴 하지만, 계속하다 보면 지루해지고 결국 얼을 빼앗긴다.

모랄리스트는 물론 사회학자도 이런 종류의 미끼의 지나친 유행을 좋은 징후라고 보지 않는다. 아마도 이것은 개인에게 창의력도 활기도 허용하지 않는 과도한 노동의 대가일 것이다. 노동에 창의력과 활기가 없으면, 휴식 역시 능력의 둔화, 혼수상태가 되지 않을 수 없다. 그러나 진정한 휴식은 활력을 자유롭게 발휘하는 것이다. 물론 그 순간에는 비생산적이지만, 장기적으로는 그리고 노동 및 의무와는 다른 차원에서는 그만큼 더 열매를 맺는다.

4. 놀이의 타락

우연놀이, 별점과 미신(이 책의 p. 82, 각주 17)

예로써, 우연히 눈에 들어온 여성주간지(〈오늘의 모드 La Mode du jour〉, 1956년 1월 5일)에 나와 있는 미투나 Mithuna의 조언을 들어본다:

> 될 수 있는 한, 이러저러한 숫자를 택하라고 (너무 이치에 맞지 않는 경우는 제외하고) 독자에게 내가 권할 때, 내가 말하는 숫자는 보통 행해지는 것처럼, 마지막 숫자만을 말하는 것이 아닙니다. 그것은 한 자리 수로 바꾼 수의 숫자도 포함합니다. 예를 들어, 66410을 한 자리 수로 바꾸면 6+6+4+1=17=1+7=8이 됩니다. 원래의 숫자에는 8이 들어있지 않지만, 8을 행운의 숫자로 내가 권한 사람들은 이것을 택해도 좋습니다. 10과 11은 제외하고, 한 자리 수로 바꾸어야 합니다. 10과 11은 저희의 방법에서는 그대로 받아들입니다. 하지만 그것으로 "행운을 빕니다"라고 말하지 않습니다. 그러나 만일 (운좋게) 맞았다면, 아무쪼록 생년월일과 당첨번호를 알려주십시오. 그러면 진심으로 성공을 빕니다.

이 기사의 필자가 얼마나 용의주도한가를 눈치챌 수 있을 것이다. 그렇지만 방법이 다양하고 독자는 많으며 숫자는 한정되어 있기 때문에, 그 기사는 필연적으로 맞을 수 있는 실질적인 요인을 확보하고 있다. 그리고 당연히 맞은 사람들만이 그 기사가 맞았다는 것을 기억할 것이다. 이 분야에서 극치에 달하는 것은 〈앵티미테 뒤 푸아예Intimité du foyer〉(난롯가의 아늑함)라는 주간지의 별점 연재기사일 것이다. 다른 주간지들과 마찬가지로 그것은 각각의 별자리의 출생자에게 금주의 운세를 알려준다. 그렇지만 이 잡지는 시골용으로 만들어져서 발송이나 배달이 늦는 일도 있기 때문에, 별점에도 잡지의 호號에도 날짜가 없다.

개미의 '마약' 기호 嗜好 (이 책의 p. 89, 각주 20)

W. 모톤 휠러(앞의 책, p. 310)가 인용하고 있는 커캘디와 제이콥슨의 관찰.

"인도에 흔히 있는 개미인 히포클리네아 비투베르클라타Hypoclinea bituberculata가 열을 지어 먹이를 찾아나설 때, 프틸로케루스Ptilocerus라는 곤충은 그 대열의 옆에 자리 잡고서 개미 한 마리가 오는지를 살핀다. 개미가 가까이 오면, 이 곤충은 상반신을 일으켜서 자신의 털무더기를 보여준다. 털무더기의 향기에 끌려서 개미는 털무더기를 핥고 조금씩 깨문다. 프틸로케루스는 개미를 잡는 데에는 자신이 있는 것처럼 간단하게 앞발을 개미 머리 위에 포개면서 천천히 몸을 낮춘다. 흔히 개미는 아래턱으로 털무더기를 매우 게걸스럽게 깨물기 때문에, 프틸로케루스가 위아래로 흔들린다. 그러나 이 선腺의 분비물은 개미를 마비시키는 유독有毒 효과를 갖고 있다. 불쌍한 개미가 다리를 빼서 내려오려고 하면, 프틸로케루스는 앞발로 개미를 잡고서, 주둥이를 가슴의 체절 사이에 아니면 될 수 있는 한 촉각이 붙어 있는 부근에 박고, 몸의 내용물을 빨아마신다. 마비는 분명히 개미가 흡수한 선의 분비물 때문이지, 프틸로케루스의 뾰족한 입에 의한 상처 때문이 아니다. 이것은 제이콥슨에 의하면, 많은 개미가 털무더기의 분비물을 얼마 동안 핥은 다음, 프틸로케루스에게서 조금 떨어진다는 사실에 의해 증명된다. 그러나 개미는 프틸로케루스의 뾰족한 입에 전혀 닿지 않았음에도 불구하고, 곧바로 마비되어 버린다. 프틸로케루스의 먹이로 이용되는 것보다 훨씬 더 많은 개미가 이렇게 해서 죽는다. 부족의 머릿수를 프틸로케루스에게 이처럼 많이 빼앗겨도 없어지지 않는 개미의 번식력은 놀랄 만하다."

7. 모의와 현기증

성인식의 매커니즘(이 책의 p. 142, 각주 14)

H. 장메르의 앞의 책(pp. 221~22)에서 발췌.

"((서아프리카 공화국) 오트볼타 지방의) 보보 족은 밤바라 족의 그것과 꽤 유사한 종교제도의 체계를 거친 형태로 전하고 있다. 이 지방에서 사용하는 도$_{Do}$라는 말은 종교결사들을 통틀어 일컫는 명사이다. 이들 결사에서는 나뭇잎 및 식물섬유로 만든 의상과 나무로 만든 가면으로 변장한다. 가면은 동물 머리와 이 의식의 주신$_{主神}$을 나타낸다. 마을마다 또는 마을의 구역마다 있는 우물과 그 옆에 있는 한 그루의 나무는 이 신에게 바쳐져 있다. 가면(Koro 복수는 Kora, 또는 Simbo 복수는 Simboa)은 일정한 연령층의 젊은이들이 만들어서 쓴다. 그보다 더 어린층의 소년들도 때가 되면 가면에 쫓기고 골탕먹는 데 싫증이 나서, '도에 관한 사정$_{choses\ du\ Do}$'을 알고 싶어한다. 이리하여 그들도 가면의 비밀을 알고, 그것을 쓸 수 있는 권리와 결사에 들어오지 않은 사람들에게 여러 특권을 행사하는 권리를 얻는다. 그들은 마을 노인들의 충고에 따라서 선배층의 지도자들과 협의한 다음에, 먼저 선배들을 진수성찬으로 대접한다는 조건으로 자신들의 요구를 받아들이도록 한다. 도$_{Do}$의 획득, 즉, 가면의 비밀의 전수는 이렇게 해서 다른 지방의 성인 의식과 똑같은 역할을 한다. 물론 지역마다 관습은 다르다. 크레머Cremer 박사의 정보제공자들에 의한 보고는 약간 혼란스럽지만 생생하고 대단히 생동감이 있기 때문에, 두 사람의 보고만으로 의식의 골격을 소개하겠다."

"두 정보제공자의 일치된 증언에서 쉽게 추론되는 것은 다음과 같다. 즉 가면의 비밀을 밝히는 의식은 지극히 거친 그 성격 때문에 단순함 속에서도 어느 정도의 숭고함을 잃지 않는 상징주의로 요약된다는 것이다. 부락에 나이와 키가 같은 아이들이 많이 있으면, 노인들은 가면을 꺼낼 때가 왔다고 말한다. 도$_{Do}$의 지도자는 먼저 입문한 젊은이들에게 나뭇잎 의상을 만들어 입으라고 한다. 이것은 관습에 따라서 행해진다. 그들은 아침부터 작업에 착수한다. 저녁이 되면, 가면을 쓴 자들이 걷기 시작해서 마을 근처에 와 앉아서 일몰을 기다린다. 선배들이 그들을 둘러싼다. 밤이 되면, 도$_{Do}$의 사제가 새로 입문하는 자들과 친척을 불러 모은다. 그들은 전통적인 공물과 제물용의 병아리를 갖고 왔다. 아이들이 모이면, 사제는 도끼를 들고 나와 가면을 쓴 자들을 부르기 위해 도끼로 땅을 몇 번 친다. 아이들은 땅에 누워서 얼굴을 가리도록 한다. 가면을 쓴 한 사람이 달려와, 아이들의 주위를 돌아다니면서 '작은 가면'이라고 불리는 호각 같은 것을 불어 그들을 무섭게 한다. 이것이 끝나면, 노인은 아이들에게 일어나서 도망치는 가면을 잡으라고 말한다. 그들은 그를 쫓아가서 마침내 잡는다. 노인은 그들에게 나뭇잎으로 가려져 있는 자가 누구인지를 아는가라고 묻는다. 그것을 아이들에게 가르쳐주기 위해 가면을 쓴 자의 얼굴을 보여준다. 아이들은 그가 누구인지를 곧 알게 된다. 그러나 동시에 아이들은 비밀을 외부인에게 누설하면 죽음을 초래하게 된다는 경고를 받는다. 진짜로 무덤 구멍이 파여 있었다. 그것은 만일 그들이 약속을 어기면, 그들 앞에 열리는 무덤 구멍이다. 그렇지만 그것은 또한 그들이 버리고 가는 어린이 인격〔신분〕을 묻어버리는 무덤 구멍이기도 할 것이다. 상징적으로 각각의 어린이는 가면을 쓴 자의 의상에서 떼어 낸 몇 개의 나뭇잎을 구멍 속에 버려야 한다. 무덤 구멍이 닫히면, 손으로 구멍을 쳐서 봉인한다. 비밀 전수의 장소를 나와 마을로 돌아가는 의례가 제물을 바친 후의 의식 전체를 마무리한다. 이 의례에서 의식상의 수욕水浴은 가장 간단하다. 한 명씩 지나가면서 물에 들어 있는 그릇에 손을 담근다. 다음날 젊은이들은 새로 입문한 자들을 데리고 숲으로 가서, 나뭇잎 의상을 짜서 입는 법을 가르쳐준다."

"행해지는 관습은 이상과 같다. 비밀을 보여주었을 때, 그 사람은 산책하고 **살아 있는 것이 된다**. 비밀을 모르는 다른 **사람은 살아 있지 않다**."

《수단의 민족지학 및 언어학 자료집》 제4권, 1927년: J. 크레머 박사가 수집하고 H. 라부레가 발간한 기록에서).

가면에 의한 정치권력의 행사(이 책의 P. 143, 각주 16).

니제르 공화국의 쿠망Kumang 결사의 경우는 플라톤이 기술한 아틀란티스의 10명의 왕의 상호판정을 위한 의식(Critias, 120 B)과 비슷하다고 H. 장메르는 지적하고 있다.

"여기에서는 사회적 권위가 대대로 내려오는 촌장들보다도 장로들의 기관인 '비밀결사' 지도자들의 손에 있었다. 현재는 쇠퇴했지만, 쿠망의 비밀결사(밤바라 족의 코모와 비슷할 것이다)는 전에 행했던 피비린내 나는 의식에 대하여 기묘한 전설적인 추억을 남겨 놓았다. 의식은 7년마다 행해 졌다. 결사의 최고 지위에 있는 장로들만이 의식에 참가할 수 있었을 뿐, 여자와 어린이, 심지어는 젊은이들에게도 제사가 행해지는 장소에 접근 하는 것이 금지되었다. 의식에 참가하는 것이 허용된 노인들은 맥주 이외 에 제물로 바칠 황소를 갖고 오지 않으면 안 되었다. 소는 죽여서 종려나 무의 줄기에 매달았다. 의식참가자들은 게다가 모자와 바지 그리고 노란 색의 블라우스로 이루어진 의식용 의상을 갖추지 않으면 안 되었다. 모임 의 소집은 결사의 주재자主宰者: mare의 주선으로 이루어졌다. 모임을 알리 는 통지는 나라 안에 큰 흥분을 일으켰다. 집회 장소는 숲속의 공터였다. 회원들은 주재자의 주위에 원을 그리며 앉았다. 주재자는 사람의 외모를 완전히 덮어버리는 검은 숫양의 모피에 앉았다. 회원들은 각각 잊지 않 고 마법의 독약과 마약(밤바라 족의 코르티Korti)을 갖고 왔다. 처음의 7일은 제 물을 바치는 제식과 향연, 장황한 야외토론으로 보낸다. 이때 회의의 주 목적인 누구를 없애버릴 것인가에 대해 합의에 도달하는 것 같다. 7일 후 에 비밀의식의 중요한 부분이 시작하였다. 의식은 '쿠망의 어머니'로 여겨 지는 신성한 나무의 밑동에서 행해졌다. 실제로 이 나무는 쿠망의 가면을 만드는 데 쓰였다. 나무 밑에는 구멍이 하나 파여 있었는데, 그 구멍의 밑 바닥에는 새의 날개를 단 가면을 쓴 사람이 웅크리고 있었다. 가면의 출 현은 결사의 신神의 출현이기도 하였다. 예정일이 되어 회원들이 안쪽을 바라보면서 원을 그리며 앉아 있으면, 오후가 끝날 무렵 가면을 쓴 자가 출현하기 시작하였다. 결사에 속해 있는 그리오griot(부족의 구비전승을 맡는 악인樂人 계급의 사람)가 이 출현에 맞춰 노래를 크게 부르면, 가면을 쓴 자 가 노래를 되풀이한다. 회원들은 이에 대한 대답으로 노래를 한다. 가면을 쓴 자가 춤추기 시작한다. 그의 모습은 처음에는 아주 작았지만 점점 커졌다. 그는 구멍에서 나와, 지금은 원을 그리고 있는 회원들의 주위에서 춤을 추었다. 회원들은 등을 돌린 채로 악마의 춤에 박수로 박자를 맞추었다. 뒤돌아보는 자는 사형에 처해지기 때문이었다. 그러나 키가 점점 커진, 가면을 쓴 자가 밤중에도 계속되는 춤을 추기 시작하면서부터, 죽음이 사람들에게 엄습하기 시작하였다. 춤은 그 후 3일간 계속되었으며, 이 3일 동안 가면을 쓴 자는 자기에게 주어지는 질문에 신탁神託 형태로 대답하였다. 이 대답은 다음 의식 때까지 7년 동안 유효하였다. 이 3일제三日祭가 끝날 때, 가면을 쓴 자는 주재자의 운명에 대해서도 판결을 내렸으며, 주재자가 다음 제식祭式에 참석할 수 있는지 없는지를 알렸다. 참석할 수 없다고 할 경우, 주재자는 다음의 7년 사이에 조만간 죽지 않으면 안 되었으며, 그 후임에 곧 대비하였다. 어쨌든 이 의식 기간 동안, 일반인 중에서든 장로들의 모임에서든 많은 사람이 희생되어 사라졌다."

(K. 프로베니우스, 《아틀란티스, 아프리카의 민화民話와 민중 문학》 제7권 《수단의 악마들》, 1924, pp. 89와 이하에서)

8. 경쟁과 우연

스타와의 강한 동일시. 하나의 예: 제임스 딘 숭배(이 책의 PP. 177, 각주 30)

1926년 배우 루돌프 발렌티노Rudolf Valentino가 죽은 후, 뒤따라 자살하는 자가 속출하였다. 탱고 가수 카를로스 가르델Carlos Gardel이 비행기 사고로 타죽은 지 몇 년이 지난 1939년에 부에노스아이레스의 교외에서 두 명의 자매가 **그 사람**처럼 죽겠다고 석유를 뿌린 시트로 몸을 감고서 불을 붙였다. 미국의 소녀들은 좋아하는 가수에게 공동으로 찬사를 표하기 위해, 예를 들면, '프랭크 시나트라가 나오면 기절하는 소녀들'이라는 요란한 클럽을 만들었다. 제임스 딘은 딘 숭배가 막 시작된 1956년에 너무 일찍 죽었는데, 그가 일했던 영화 회사 워너 브라더스Warner Brothers에는 지금도 눈물로 지새우는 소녀팬들로부터 하루에 약 1,000통의 편지가 온다. 편지의 대부분은 다음과 같이 시작한다: "사랑하는 지미, 나는 당신이 죽지 않았다는 것을 알고 있습니다……" 또한 이 기괴한 사후死後의 서신 왕래를 계속하기 위해 특별한 과科가 설치되었다. 네 개의 정기간행물은 이 배우를 추모하는 데에만 전적으로 열중하였다. 그중 하나는 다음과 같은 제목이 붙었다: "제임스 딘은 돌아온다." 그의 매장埋葬 사진이 한 장도 공표되지 않았다는 소문이 떠돌았다. 제임스 딘은 얼굴이 흉해졌기 때문에, 세상사람들로부터 몸을 숨길 수밖에 없었다고 한다. 수많은 강신술降神術 모임이 이 행방불명자의 영靈을 불러내고 있다. 그는 조안 콜린스라는 슈퍼마켓 여점원에게 긴 전기傳記를 구술하였다. 그는 이 전기에서, 자신은 죽지 않았으며 또 자기가 죽지 않았다고 말하는 사람들이 옳다고 단언하고 있다. 이 책은 50만 부나 팔렸다.

풍속의 변화를 나타내는 징후에 민감한 한 평론가는 파리의 한 주요 일간지에서 이 현상에 놀라워하면서, 특히 다음과 같이 썼다: "비너스가 아도니스의 무덤에서 눈물을 흘린 것처럼, 사람들이 제임스 딘의 무덤에서 열을 지어 지나가면서 눈물을 흘리고 있다." 이와 관련해서 그는 딘에게 바쳐진 8가지 종류의 사진집이 각각 50만 부 내지 60만 부가 팔렸으며, 딘의 아버지가 그의 공식 전기를 쓰고 있다고 전하면서, 다음과 같이 말한다. "정신분석가들은 딘의 잠재심리를 술집에서 그가 잡담한 것을 통해 탐구하고 있다. 미국에는 제임스 딘 클럽이 없는 도시가 없다. 이 클럽에서 신자들은 그에 대한 추억 속에서 일체가 되고,

그의 성유물聖遺物을 숭배한다." 이런 단체들의 회원수는 380만 명에 이르는 것으로 추산되고 있다. 영웅이 죽은 후, "그의 옷들은 잘게 조각내서 1평방센티미터 당 1달러에 팔렸다." 딘이 시속 160km로 운전하던 중에 사고로 죽은 차는 "복원되어, 도시를 순회하면서 전시되었다. 25센트를 내면 그것을 볼 수 있고, 50센트를 내면 몇 초 동안 운전석에 앉을 수 있었다. 순회전시가 끝난 후, 자동차는 가스용접기로 절단되었으며 조각들은 경매에 부쳐져 팔렸다."[15]

질서있는 문명 속에서의 현기증의 재용출: 1956년 12월 31일 스톡홀름에서의 사건(이 책의 pp. 183~184, 각주 33)

사건 자체는 사소하고 일시적이다. 그러나 그것은 확립된 질서가 그 엄격함에 비례해서 얼마나 허약한가를, 또한 어떻게 해서 현기증이 항상 질서를 뒤집으려고 하는가를 보여준다. 스웨덴의 수도에 있는 〈르몽드〉지 특파원의 날카로운 분석을 이하에 전재轉載한다:

"본지에서 이미 보도한 대로, 12월 31일 밤, 5,000명의 젊은이들이 쿵스가탄Kungsgatan—스톡홀름의 주요 도로—에 침입하여 세 시간 가까이 '도로를 점거한' 채, 통행인들에게 폭행을 가하고, 자동차를 뒤엎고, 진열창을 깨고, 마침내는 가장 가까운 시장에서 탈취해온 쇠창살과 기둥으로 바리케이드를 쌓으려고 하였다. 다른 그룹의 젊은 폭도들은 가까운 교회의 주위에 있는 오래된 묘석墓石들을 쓰러뜨리고는, 쿵스가탄에 걸쳐 있는 다리 위에서 가솔린을 채워 불을 붙인 종이부대를 던지고 있었다. 동원 가능한 모든 경찰력이 현장에 급히 파견되었다. 그러나 그 수가 너무 적기 때문에—기껏해야 약 100명—직무수행이 곤란하였다. 경찰관들은 칼을 뽑고서 몇 번 공격하여 1 대 10의 격투를 한 끝에 현장을 진압할 수 있었다. 경찰관 중 몇 명은 반쯤 린치를 당했기 때문에 병원으로 옮겨졌다. 40여 명의 시위가담자들이 체포되었다. 그들의 연령은 15세에서 19세까지였다. '이것은 지금까지 수도에서 일어난 것 중 가장 중대한 시위'라고 스톡홀름의 경찰국장은 발표하였다.

이 사건은 이 나라의 신문계와 책임있는 계층에게 분개와 분노의 파도를 일으켰다. 이 파도는 쉽게 가라앉지 않고 있다. 교육학자, 교사, 교회 등 스웨덴 사회의 강력한 골격을 이루는 많은 사회조직은 이 기묘한 폭발의 원인을 불안한 마음으로 논의하고 있다. 물론 사건 자체는 새로운 것이 아니다. 토요일 밤마다 똑같은 난투극이 스톡홀름과 지방의 주요 도시의 중심부에서 일어나고 있다. 그러나 이러한 사건이 이 정도 규모에 이른 것은 이번이 처음이다. 이 사건은 거의 '카프카적인' 불안의 성격을 나타내고 있다. 왜냐하면, 그러한 움직임은 협의된 것도 아니고, 계획된 것도 아니기 때문이다. 시위는 무엇을 '위해서' 일어난 것도 아니며, 누구를 '반대해서' 일어난 것도 아니다. 이해할 수 없지만, 어쨌든 수십 명, 수백 명 그리고 월요일에는 수천 명의 젊은이들이 그곳에 모인다. 서로 알지도 못하며, 나이 이외에는 어떤 공통점도 없다. 그들은 슬로건도 지도자도 내세우지 않는다. 그들은 그 말의 완전히 비극적인 의미에서 '이유 없는 반항자들'이다.

다른 나라에서 아이들이 뭔가 어떤 이유 때문에 서로 죽이는 것을 보아온 외국인들에게는 이러한 진공상태 속에서의 난투극은 믿어지지도 않고 이해할 수도 없다. 이것이 '부르주아에게 조금 겁을 주기' 위한 악취미의 유쾌한 장난이라면, 안심할 수 있을 것이다. 그러나 이 젊은이들의 표정은 굳어져 있고 험악하다. 그들은 즐거워하지 않는다. 그들은 갑자기 무언無言의 파괴라는 광기 어린 행동을 폭발시킨 것이다. 무언無言이라고 하는 이유는 그들 군중에서 확실히 가장 인상적인 것이 그들의 침묵이기 때문이다. 스웨덴에 관한 뛰어난 작은 저서에서 프랑수아 레지 바스티드François-Régis Bastide는 이미 다음과 같이 썼다:

'고독의 공포에 사로잡혀 있는 이 한가한 사람들은 떼지어 모여, 펭귄처럼 서로 달라붙고, 자리를 좁혀 앉아서, 투덜거리고, 이를 악문 채로 욕지거리하며, 비명소리 하나 지르지 않고 또 이해할 수 있는 말 한 마디 하지 않으면서 서로 치고 받는다……'

긴 겨울밤은 오후 2시에 시작해서 오전 10시의 희미한 회색빛 속에서 걷힌다. 여러 번 묘사된 바 있는, 이 긴 겨울밤이 일으키는 스웨덴의 유명한 고독과 동물적인 불안을 제외하면, 유럽이나 미국의 모든 '폭력의 씨앗'에서 다른 형태로 그 반향이 보이는 이 현상에 대한 설명은 어디에서 찾을 수 있는가? 다른 곳보다 스웨덴에서 사실이 더 분명하게 부각되기 때문에, 여기서 찾을 수 있는 설명은 아마도 런던의 '테디 보이스'teddy boys[에드워드 7세 시대의 복장을 즐겨 입는 영국의 불량 소년들]는 물론 '로큰롤의 파괴자들'과 미국의 '오토바이를 탄 난폭자들'에게도 해당될 것이다.

우선 먼저 이 반항적인 젊은이들은 어떤 사회집단에 속해 있는가? 미국의 동료들처럼, 해골과 기괴한 문자가 눈에 띄는 가죽점퍼를 입은 그들은 미국의 동료들과 마찬가지로 대부분 노동자나 하급 샐러리맨의 자식들이다. 그들 자신들도 견습공이나 점원으로서 그들의 나이에 이미 이전세대에서 보면 꿈같은 봉급을 받고 있다. 이 상대적인 안락과 스웨덴에서는 장래가 보장되어 있다는 확신이, 그들에게 내일에 대한 불안을 없애주며 동시에 '인생에서 지위를 쌓기' 위해 전에는 필요했던 투쟁본능을 쓸 길이 없게끔 만들고 있다. 다른 나라에서는, 이와 반대로 '뚫고 나가기'가 너무 어렵기 때문에 젊은이들을 절망으로 이끈다. 이런 세계에서는 영화배우와 갱들이 인기를 끌고, 매일매일의 노동은 낮게 평가된다. 그 어떤 경우에서도, 가치있는 활동의 장場을 잃어버린 투쟁본능이 갑자기 맹목적으로 의미 없이 미친듯이 날뛰면서 폭발하는 것이다……."

(Eva Freden, 〈*Le Monde*〉. 1957년 1월 5일자)

9. 현대세계에서의 재용출

가면: 사랑의 수완과 정치적 음모의 도구, 비밀과 불안의 상징: 그 수상한 성격(이 책의 p. 188, 각주 34)

1700년 경, 프랑스에서는 가면이 궁정의 오락이었다. 유쾌한 오해를 일으키기 때문이었다. 그러나 가면은 여전히 불안을 일으키는 것이었다. 그런데 그것이 갑자기 생 시몽Saint Simon 같은 사실주의적인 연대기 작가의 붓을 통해, 의외로 호프만Hoffman이나 에드가 포우Edgar Poe에 필적하는 환상적인 작품을 나오게 하였다.

"불리뇌 육군 중장과 바르티니 육군 소장이 이탈리아의 베루 공략 때 전사하였다. 둘 다 뛰어난 인물이었지만, 매우 별난 사람이었다. 작년 겨울 궁정인들은 가면 속에 쓰는, 진짜 얼굴 같은 밀랍 가면을 따로 만들도록 하였다. 따라서 가면을 벗겨도 두 번째 가면이 있어, 이것을 진짜 얼굴로 오해하는 것이었다. 물론 이와는 전혀 다른 진짜 얼굴은 그 뒤에 있다. 사람들은 이 장난을 대단히 즐겼다. 금년 겨울에도 그 짓을 하며 놀려고 생각하였다. 다른 가면들은 모두 사육제가 끝난 후 보관한 그대로 변함없이 있었는데, 놀랍게도 불리뇌와 바르티니의 가면만이 물론 원형은 그대로 있으면서도, 죽은 사람의 얼굴처럼 창백하고 초췌한 모습을 하고 있었다. 그 두 가면이 무도회에서 많은 혐오감을 일으켰기 때문에 루즈를 사용해서 고치려고 하였지만, 붉은 빛은 순식간에 없어지고 초췌한 모습은 고쳐지지 않았다. 이것은 실로 믿을 수 없는 일로 보였기 때문에, 나로서는 전할 가치가 있다고 생각하였다. 궁정의 모든 사람들이 나와 마찬가지로 몇 번씩이나 이 기이한 일을 목격하고 크게 놀라지 않았더라면, 나는 결코 이 글을 쓰지 않았을 것이다. 결국 그 가면은 내버렸다."

《생 시몽 회상기》, Bibliothèque de la Pléiade, 제2권 24장 (1704), 1949, pp. 414~15.)

18세기 베니스의 문화는 부분적으로 가면 문화이다. 가면은 갖가지의 용도로 쓰였으며, 그 용법은 규칙에 의해 정해져 있었다. 조반니 코미소Giovanni Comisso에 따르면, 바우타bautta의 용법은 다음과 같다(《18세기 베니스의 비밀 첩보원 Les Agents secrets de Venise au XVIIIe siècle》, 조반니 코미소가 선별해서 출간한 기록, Paris, 1944, p. 37, 주1):

"바우타란 흑두건과 가면이 달린 일종의 짧은 망토이다. 이 이름의 기원은 아이들을 무섭게 할 때 내는 바우, 바우bau, bau라는 소리이다. 베니스에서는 총독을 필두로 해서 모든 사람이 바우타를 걸치고 있었다. 총독은 도시를 자유롭게 돌아다니고 싶어했을 때 그것을 걸쳤다. 공공장소에서는 남자든 여자든 상관 없이, 귀족은 바우타를 걸치는 것이 의무였다. 그 이유는 사치를 억제하고 또 귀족 계급이 서민과 접촉할 때 위엄을 지키기 위해서였다. 극장의 문지기들은, 귀족들이 얼굴에 바우타를 잘 썼는지를 조사해야 했다. 그러나 일단 객석 안으로 들어가면, 바우타를 계속 쓰던 벗던 그것은 그들 마음대로였다. 귀족들은 국사國事 때문에 외국의 대사들과 만나 상의할 때에도 바우타를 걸쳐야 했다. 이 경우, 외국의 대사들도 바우타를 걸치는 것이 예의였다."

검은 가면 le loup은 볼토volto라고 불리운다. 머리를 감싸는 검은 베일은 젠달레zendale, 다른 옷 위에 걸치는 가벼운 망토는 타바로tabarro라고 한다. 음모를 꾸미거나 나쁜 장소에 갈 때, 이것을 사용하였다. 그것은 대부분 진홍색이다. 법은 원칙적으로 귀족이 그것을 걸치는 것을 금하였다. 마지막으로 카니발의 가장복假裝服이 있는데, 이에 대해 코미소는 다음과 같이 설명하고 있다:

"카니발 때 흔히 입는 가장복 중에는 다음과 같은 것이 있었다. 그나게gnaghe는 여자옷을 입던 안 입던 상관없이, 여자 목소리의 높은(날카로운) 음색을 흉내 내는 남자이다. 타티tati는 덩치만 큰 우둔한 아이를 흉내 내는 남자이다. 베르나르도니bernardoni는 불구不具나 병든 거지로 변장한 남자이다. 피토키pitocchi는 누더기 옷을 입고 있다. 밀라노의 카니발 때, 피토키라는 기묘한 가장을 생각해 낸 자는 지아코모 카사노바Giacomo Casanova였다. 그와 그의 친구들은 매우 멋있는 비싼 옷을 입고서 가위로 여러 곳을 베어 내고는, 그 부분을 역시 비싼 여러 가지 색의 천조각으로 기웠다."

Comisso,《Mémoires》, 5권, 11장, 앞의 책, p. 133, 주1).

가장행렬에서 매우 눈에 띄는 것은 그 의식적儀式的이고 판에 박은stéréotypé 측면이다. 그것은 또한 1940년 경의 리우데자네이루 카니발에서도 뚜렷하게 나타났다.

가면의 착용에서 생기는 마음의 혼란을 매우 희한하게 잘 분석한 근대작가 중에서 탁월한 위치를 차지하는 자는 장 로렝jean Lorrain이다. 그의 단편집《가면 이야기 Histoires de Masques》(Paris, 1900, 귀스타브 코키오Gustave Coquiot의 서문 역시 가면에 관한 것이지만 중요하지는 않다) 속의 〈그들 중의 한 사람L'un d'eux〉이라는 이야기의 도입부를 이루는 고찰은 여기

에 재록할 가치가 있다:

"사람을 끌어당기고 동시에 사람에게 혐오감을 주는 가면의 비밀. 누가 그 기교를 가르쳐주고 그 동기를 설명할 수 있는가? 상당한 사람들이 일정 기간 동안 얼굴에 짙은 화장을 하고, 변장해서 자신의 정체를 바꾸며 있는 그대로의 모습으로 있기를 그만두고자 하는 욕구, 한마디로 말해서 자기 자신에게서 벗어나고자 하는 강한 욕구에 굴복하는 것을 누가 논리적으로 해명할 수 있는가?"

"조잡하게 색칠한 두꺼운 종이로 만든 거짓 턱과 거짓 코 속에, 거짓 수염 속에, 검은 가면le loup의 번쩍이는 고운 천 속에 아니면 눈부분만 뚫린 백두건 속에 어떤 본능이, 어떤 욕망이, 어떤 희망이, 어떤 마음의 병이 숨어있는가? 가면무도회 때 도미노domino〔두건 달린 가면무도회의 의복〕와 속죄자의 옷을 입은 저 애처롭고 기괴한 행렬은 어떤 하시시haschisch〔마약〕나 모르핀의 도취로, 어떤 자기망각으로, 어떤 수상쩍은 불륜으로 달려가는가?

가면을 쓴 저들은 정신없이 몸짓 손짓을 하며 시끄럽다. 그러나 그들의 즐거움에는 우울함이 있다. 살아 있는 자들이라기보다는 유령에 가깝다. 유령처럼 그들은 대부분 몸을 긴 주름의 천으로 감싸고서 걷는다. 또 유령처럼 그들의 얼굴은 보이지 않는다. 가면의 굳은 얼굴을 빌로드와 명주실로 둘러싼 저 큰 두건 속에 있는 것이 흡혈귀라고 말하면 왜 안 되는가? 정강이뼈와 어깨뼈의 돌출부에 수의壽衣처럼 주름을 넣은 헐렁한 광대복 속에 있는 것은 공허와 허무라고 말하면 왜 안 되는가? 군중들 틈에 끼어들어 자기 몸을 숨기는 이 '인류'는 이미 자연과 법을 벗어난 것이 아닐까? 그들은 신분을 감추고자 하는 이상 명백히 유해하며, 그리고 추측과 직관을 속이려고 하는 이상 악의가 있고 유죄이다. 냉소적이며 기분 나쁜 이 '인류'는 깜짝 놀라서 어리둥절해 하는 길거리의 분위기를 혼잡, 조롱, 함성으로 가득 채우며, 여자들에게는 기분좋게 몸을 떨게 하고, 아이들을 혼란에 빠뜨리며, 남자들에게는 비열한 생각을 갖게 하면서 변장한 자들의 애매한 성性에 대해 갑자기 신경 쓰게 만든다.

가면은 모르는 사람의 수상한 얼굴이며 마음을 불안케하는 얼굴이다. 또한 그것은 거짓 미소이며, 사람에게 겁을 주면서 타락시키는 사악함의 망령 그 자체이다. 그것은 공포를 가미한 음탕함이며, 호기심을 자극하는 불안하고 즐거운 해프닝이다. '저 여자는 못 생겼을까? 저 남자는 멋있을까? 젊은 남자일까? 저 여자는 나이가 많은 여자일까?' 그것은 기분 나쁨으로 양념을 치고, 추잡함과 피 냄새로 조금 맛을 돋우는 수작이다. 이 연애사건은 어디서 끝날 것인가? 아무도 모른다. 싸구려 여인숙인가, 고급 매음의 호텔인가 아니면 경찰서인가? 왜냐하면 도둑들도 일을 저지를 때에는 몸을 감추기 때문이다. 가면은 그 유혹적이며 무시무시한 거짓 얼굴 때문에, 〔강도 따위가 출몰하는〕 험악한 장소와 묘지에도 잘 어울린다. 가면 속에는 노상강도, 매춘부, 유령이 있다."《*Histoires de Masques*》, pp. 3~6).

미주

제1부

1 《*Homo ludens*》, 불역판(Paris, 1951), pp. 34~35. 또한 pp. 57~58에도 내용은 더 부족하면서도 덜 제한적인 다른 정의가 있다:
놀이란 일정한 시간과 공간의 한계 속에서 자유롭게 동의한 그러나 완전히 구속력이 있는 규칙에 따라 행해지며, 그 자체에 목적이 있고, 긴장과 즐거움의 감정, 아울러 **일상생활과는 다르다는** 의식을 동반하는 자발적인 행위나 활동이다.

2 Paul Valéry: 《*Tel quel*》, II (Paris, 1943), p. 21.

3 K. Groos, 《*Les jeux des animaux*》, 불역판(Paris, 1902), pp. 150-51.

4 예를 들면, 〔에스파냐〕 발레아르 군도(Baléares)의 펠로타, 콜롬비아와 서인도제도의 투계가 그러하다. 경마 기수와 마주(馬主), 달리기 선수, 복서, 축구 선수, 그밖의 모든 운동선수가 받는 현금의 상금을 여기서 문제 삼지 않는다는 것은 말할 필요가 없다. 이 상금은 아무리 막대한 것이라 하더라도 알레아의 범주에 들어가지 않는다. 그것은 열심히 싸워서 얻은 승리에 대한 보상이다. 이 보상은 공적(功績)에 대해서 주어지는 것이며, 운명의 은혜와는 아무 관련이 없다. 운명의 은혜는 내기하는 자들의 불확실한 독점물인 우연의 결과이다. 물론 보상은 그러한 것과는 반대된다.

5 곤충의 위협적인 의태(사마귀의 기이한 자세, 스메린투스 오켈라타(Smerinthus ocellata) 〔박각시나방의 일종〕의 실신상태)나 위장형태의 예는 〈전설에 나타난 의태와 정신쇠약 *Mimétisme et psychasténie légendaire*〉이라는 나의 연구 속에 있다(《*Le mythe et l'homme*》

(Paris, 1938), pp. 101~43). 유감스럽게도 이 연구는, 지금 생각해보면, 매우 공상적인 시각에서 문제를 다루고 있다. 사실 지금은, 의태를 공간지각(空間知覺)의 혼란이나 비생물(非生物)로의 회귀 경향으로 생각하지 않는다. 여기서 제안하는 바와 같이, 곤충세계에서 인간의 모의놀이에 대응하는 것이라고 생각한다. 그럼에도 불구하고, 거기서 사용된 예들은 여전히 가치가 있기 때문에, 그중의 몇 개를 이 책 끝에 있는 〈참고 자료〉(p. 265)에 전재(轉載)한다.

6 올바르게 지적되어 온 바와 같이, 여자아이의 놀이도구는 가깝고 현실적이며 가정적인 행위를 흉내 내기 위한 것이며, 남자아이의 그것은 멀리 떨어져 있고 기이하며 불가해하고 심지어는 명백히 비현실적인 활동을 생각나게 한다.

7 O. Depont et X. Coppolani, 《Les Confréries religieuses musulmanes》(Alger. 1887). pp. 156~59, 329~39.

8 이에 대한 기술(記述)과 사진은 다음의 두 논문에 있다. Helga Larsen, 《Note on the volador and it's associated ceremonies and superstitions》(Ethnos, 1937. 7.), 제2권 4호, pp. 179~92. 그리고 Guy Stresser Péan, 《Les Origines du volador et du comelagatoazte》, acts du XXVIII Congrès international des Américanistes(Paris, 1947), pp. 327~34. 이 두 번째 논문에서 얻은 기술의 일부분은 〈참고 자료〉(이 책의 pp. 268~69)에 전재한다.

9 Karl Groos, 앞의 책. p. 208.

10 Karl Groos, 같은 책. pp. 111, 116, 265~66.

11 그로스가 인용한 관찰기록, 앞의 책, pp. 88~89. 〈참고 자료〉(이 책의 p. 269~270에 전재한다.)

12 칸트(Kant)는 이미 이것을 지적하였다. 다음을 보라. Y. Hirn: 《Les jeux d'enfant》, 불역판(Paris, 1926), p.63

13 현대세계에서의 슬롯머신의 놀라운 발전과 그것에 홀렸거나 빠져버린 사람들의 행동에 대해서는 〈참고 자료〉(이 책의 pp. 270~79)를 보라.

14 게다가 중국인은 유(遊, yeou)라는 말도 알고 있다. 유(遊)는 한가로이 거닐음, 공간의 놀이, 특히 연날리기를 가리킨다. 한편, 유(遊)는 혼(魂)이 저승길로 멀리 떠나는 것, 샤먼의 〔영계(靈界)로의〕 신비로운 여행, 유령 및 저주받은 영혼의 방황도 가리킨다.

15 바그노드와 비슷한 놀이. 9개의 고리가 사슬처럼 연결되어 있으며, 그 고리 속에 막대기가 가로질러져 있고, 막대기는 받침대에 연결되어 있다. 고리를 푸는 것이 놀이의 내용이다. 익숙해지면, 그만큼 긴장하지 않아도 잘 할 수 있게 된다. 단, 이 조작은 미묘하고 복잡하며 항상 긴 시간을 필요로 한다. 조금만 잘못해도, 처음부

터 다시 시작하지 않으면 안 된다.

16 두이벤다크(Duyvendak)가 호이징가에게 제공한 정보(《Homo Ludens》, 불역판, p. 64), 周(chou Ling) 박사의 연구, 앙드레 도르몽(André d'hormon) 씨의 귀중한 지시 및 《Chinese-Englisch Dictionary》 Herbert A. Giles, 2eed. (London1912), pp.510~11(hsi), 1250(choua), 1413(teou), 1452(wan), 1487~88(tou), 1662~63(yeou)에 의함.

17 〈참고 자료〉(이 책의 pp. 280~81)를 보라.

18 이 책에 나오는 모든 금액은 초판이 간행된 1958년도의 것이다. 〔따라서 구(舊)프랑이다.〕

19 Henri Piéron, 《Les instincts nuisibles à l'espèce devant les théories transformistes》 (Scientia, 1911), 9권, pp. 199~203.

20 W. Morton-Weeler, 《Les Sociétes d'insectes》, 불역판(1926), pp. 312~17. 〈참고 자료〉(이 책의 pp. 281~82)에, 프틸로케루스의 특징적인 수법을 인용한다.

21 이것이 가장 널리 퍼져 있는 가장 통속적인 설(說)로서 일반적인 지지를 얻고 있다. 따라서 장 지로두(Jean Giraudoux)처럼, 이 분야에 관해 예비지식이 거의 없는 작가의 머리에 떠오른 것도 이것이다. 그는 이 설(說)을 생기 있는 말로 즉흥적으로 요약하고 있는데, 이 요약은 세부적인 면에서는 제멋대로이지만 전체적으로는 의미 깊다. 그에 따르면, 인간은 "현대생활이 그들로 하여금 단념하지 않을 수 없도록 한 육체적인 — 그리고 마찬가지로 때로는 정신적인 — 일을 놀이를 통해 흉내 낸다"고 한다. 그리고는 상상력을 발휘해서, 모든 것을 쉽게 설명한다. "경주자는 자신도 경쟁자에게 쫓기고 있지만, 〔실은〕 사냥거리나 가상(假想)의 적을 쫓고 있다. 기계체조를 하는 자는 유사(有史) 이전의 과실(果實)을 따려고 나무에 기어오른다. 펜싱 선수는 〔옛날의 저 유명한〕 귀즈 공(公)이나 시라노와 싸우며, 투창(投槍)을 하는 자는 메디아인들〔카스피해 남쪽에 있었던 옛왕국〕이나 페르시아인들과 싸운다. 샤페르셰(chat perché)를 하는 아이는 도마뱀이 가까이 올 수 없는 곳으로 올라간다. 하키 선수는 비잔틴의 돌을 다듬고, 포커를 하는 자는 양복을 입은 시민들에게 주어진 마법의 마지막 찌꺼기를 이용해서 최면술을 걸고 암시를 준다. 사멸한 활동 하나하나마다 증거가 남아 있는데, 그것이 놀이다. 놀이는 태고의 세계를 몸짓이나 표정 따위로 표현하는 역사이며, 스포츠는 고난과 투쟁 시대의 판토마임이다. 그러므로 스포츠는 육체에게 그 본래의 편안함(가벼움)과 힘을 보존시키기 위해 특별히 선택한 것이다." Jean Giraudoux, 《Sans Pouvoirs》(Monaco, 1946), pp. 112~13.

제2부

1 말할 필요도 없지만, 이 두 상반된 태도가 순수한 형태로 나타나는 경우는 드물다. 선수들도 마스코트를 몸에 지니며(그래도 역시, 그들은 자신의 힘이나 기교, 지능에 의존한다), 도박자도 돈을 걸기 전에 거의 쓸데없는 복잡한 계산에 몰두한다(그러나 그들은 포앵카레나 보렐의 책을 읽은 적도 없지만, 우연은 피도 눈물도 없고 기억도 없다는 것을 막연하게 느낀다). 사람은 아곤이나 알레아 어느 한쪽에만 완전히 있을 수 없다. 어느 한쪽을 선택하면, 곧 다른 한쪽은 일종의 숨기고 있는 보완물로 인정한다.

2 Y. Hirn, 《Les Jeux d'enfants》, 불역판(Paris, 1926), pp. 165~74.

3 샤머니즘에 대한 기술(記述)을 위해서 나는 미르치아 엘리아데(Mircea Eliade)의 기술 《Le Chamanisme et les techniques archaïques de l'extase》(Paris, 1951)을 참조하였다. 이 책에는 세계 여러 곳에서의 관련 사실들에 대한 놀라울 정도로 완벽한 보고가 들어 있다.

4 아가리쿠스 무스카리우스(Agaricus Muscarius)의 효과, 특히 대시증(大視症)에 대하여: "동공(瞳孔)이 커지며, 피실험자는 자기에게 제시된 모든 사물이 엄청나게 커졌다고 여긴다……조그만 구멍도 그에게는 어마어마한 심연(深淵)처럼 보이며, 한 숟가락의 물도 호수처럼 보인다." 다음을 보라. L. Lewin, 《인위적인 천국(Les Paradis artificiels)》, 불역판(Paris, 1928), pp. 150~55. 이와 비슷한 페이오틀(peyotl)〔멕시코, 미국 남서부 산의 선인장의 일종. 여기서는 그것에서 채취한 환각제를 말한다〕의 효과와 멕시코 및 미국의 휘촐 족(族), 코라 족, 테페후안 족, 타라후마라 족, 카이오와 족(모두 인디언 부족명)이 축제 및 제사 때 그것을 사용하는 것에 대해서는 칼 룸볼츠(Carl Lumboltz)의 고전적인 기술(記述)을 참고하면 유익할 것이다(다음 책에 들어 있는 참고문헌을 보라. A. Rouhier, 《페이오틀(Le Peyotl)》, Paris, 1927).

5 C. G. & Br. Seligmann, 《The Veddas》(Cambridge, 1911), p. 134. T. K. Oesterreich, 《홀린 자들(Les Possédes)》, 불역판(Paris, 1927), p. 310에서 인용. 이 외스터라이히의 저서에는 미미크리와 일링크스가 결합한 여러 표현에 대한 독창적인 기술(記述)들이 훌륭하게 수집되어 들어 있다. 나는 나중에 보리 교(Bori)에 대해서는 트리메안(Tremearne)의 기술을 참고할 것이다. 이밖에 수마트라의 바탁 족에 대해서는 워넥(J. Warnek)의 기술을, 말라카 반도의 말레이시아인에 대해서는 스키트(W. W. Skeat)의 기술을, 통 가족에 대해서는 마리너(W. Mariner)의 기술을, 멜라네시아인에 대해서는 코드링톤(Codrinton)의 기술을, 북서아메리카의 콰킬루트 족에 대해서는 제이콥슨(J. A. Jacobsen)의 기술을 적어도 부기(附記)할 필요가 있다. T. K. 외스터라이히가 다행히도 대폭 인용하려고 생각한 관찰자들의 증언은 매우 설득력 있는 유사점을 나타내고 있다.

6   이 문제에 대해서는 로베르트 우댕(Robert Houdin), 《*Magie et physique amusante*》 (paris, 1877), pp. 205~64 속의 기적에 대한 설명과 구경꾼 및 신문의 반응을 읽으면 큰 참고가 된다. 민족지학 조사단에는 마술사, 즉 그 방면의 전문직업인을 학자들에게 합류시키는 것이 좋은 경우도 있다. 학자들은 유감스럽게도 매우 쉽게 믿으며, 뿐만 아니라 **편견을 갖고서 매혹되어 버리기** 때문이다.

7   Franz Boas, 《*The Central Eskimo*》 (IVth Annual Report of the Bureau of Ethnology, 1884~85, (Washington, 1888)) p. 598 이하. M. Eliade, 앞의 책, p. 265에서 인용

8   다음을 참조하라. Mircea Eliade, 앞의 책, p. 231. 보충으로는 다음의 문장이 있다. G. Tchoubinov, 《*Beitrage zum psychologischen Verständniss des siberischen Zaubers*》 (Halle, 1914), pp. 59~60: "소리는 어딘가 매우 높은 곳에서 발생해서, 점차 가까이 다가와서는 질풍처럼 벽을 통해 지나가는 것 같고, 마침내는 땅 깊숙한 곳에서 사라져버린다." (T. K. Oesterrech, 앞의 책, P. 380에 이 인용과 주석이 있다.)

9   의식적(意識的)이고 계획적인 마술(환각작용)은 전혀 기대하지 않은 곳, 예를 들면, 아프리카 흑인들에게서도 확인할 수 있다. 특히 니제르에게는 전문가 집단들이 있는데, 그들은 성인식 때 솜씨를 겨루는 일종의 시합을 행한다. 동료의 머리를 잘랐다가 다시 붙인다고 한다(다음을 참조하라. A. M. Vergiat, 《*Les rites secrets des primitifs de l'oubangui*》, Paris, 1936, p. 153). 마찬가지로 에이모리 탈보트(Amaury Talbot)도 그의 《*Life in Southern Nigeria*》(London, 1928), p. 72에서 기묘한 재주를 보고하고 있다. 장메르(Jeanmaire) 씨는 이것과 자그레우스-디오니소스(Zagreus-Dyonisos) 신화의 유사성을 강조하였다. 엔디야의 우두머리 아바 씨는 다음과 같이 말한다. "우리 마을에는 많은 주술사가 있으며, 물신종교(物神宗敎)의 사제들(feticheurs)은 신비술에 매우 능하기 때문에 다음과 같은 재주도 부릴 수 있다. 아기를 엄마에게서 빼앗아, 모든 사람이 보는 가운데 그를 절구에 던져서 갈기갈기 찢어지도록 찧는다. 엄마만은 그녀의 울음소리가 의식을 방해하지 않도록 하기 위해 멀리 떨어져 있게 한다. 그리고는 세 명의 남자를 지명해서 절구에 가까이 다가가라고 명령한다. 첫 번째 남자에게는 그 찧은 것을 약간, 두 번째 남자에게는 좀 더 많이 주며, 세 번째 남자는 나머지 모두를 삼키지 않으면 안 된다. 전부 먹은 다음에 세 사람은 관중 앞으로 나가는데, 이때 가장 많이 먹은 자가 다른 두 사람 가운데에 선다. 잠시 후에 춤추기 시작한다. 춤을 추다가, 가운데서 춤추는 남자가 갑자기 멈추고는 오른쪽 다리를 뻗어 그것을 강하게 때린다. 그리고 나서는 넓적다리에서 다시 살아난 아기를 꺼낸 다음 돌아다니면서 그 아기를 관중에게 보여준다."

10 《*Hausa Superstitions and Customs*》(London, 1913), pp. 534~40. 그리고 《*The Ban of the Bori*》(London, 1919). 또한, T. K. Oesterreich, 앞의 책, pp. 321~23도 참조하라.

11 이것이 자기에게 붙어 있던 정령을 쫓아 내는 의례적(儀禮的)인 방법이다.
12 Alfred Métraux, 《*La Comédie rituelle dans la Possession*》, Diogène 11호 (1955. 7), pp. 26~49.
13 G. Buraud, 《*Les Masques*》 (Paris), pp. 101~02.
14 이 역전(renversement)의 메커니즘은 앙리 장메르(Henri Jeanmaire)에 의해 훌륭하게 기술되고 있다. 《*Couroi et Courêtes*》 (Lille, 1939), pp. 172~223. 나는 오트볼타의 보보 족에 대한 그의 기술을 〈참고 자료〉(이 책의 p. 282~84)에 재록한다.
15 다음을 참조하라. Hans Himmelheber, 《*Brousse*》(Léopoldville), 3호, pp. 17~31.
16 다음을 참조하라. L. Frobenius, 《*Die Geheimbünde u. Masken Afrikas*》(Abhandl. D.k. Leop. Carol. Akad. D. Naturforscher, 74권, Halle, 1898). H. Webster, 《*Primitive Secret Societies*》(New York, 1908). H. Schwartz, 《*Alterklassen und Mannerbünde*》(Berlin, 1902). 물론 부족 내에서의 젊은이들의 성인식과 보통 부족연합의 비밀결사에의 가입 의식은 원칙적으로 구별할 필요가 있다. 그러나 그 신도단(信徒團)이 강력한 경우, 그것은 어느 한 공동체의 거의 모든 성인을 포함시키는 데 성공하기 때문에, 결국 그 두 입문 의례는 뒤섞여버린다.(H. Jeanmaire, 앞의 책, pp. 207~09). 같은 저자 (pp. 168~71)는 프로베니우스에 의존해서, 톰북투(말리연방의 도시)의 남서쪽에 있는 니제르의 반농반어민(半農半漁民)인 보소 족(Bosso)에서 쿠망(Kumang)이라는 가면 결사가 얼마나 가차 없이 비밀리에 또 제도적으로 지고의 권력을 행사하는지를 기술하고 있다. 장메르 씨는 쿠망의 주요 의식을 플라톤의 《크리티아스(Critias)》 (120 B)에서 아틀란티스 10명의 왕의 상호판정을 위한 의식과 비교하고 있다. 그 것은 황소를 잡아 오레이칼코스(금은 비슷한 상상의 귀금속) 기둥에 묶어 그것을 제물로 바친 뒤 행해지는 판정이었다. 쿠망의 의례에 대한 그 기술을 〈참고 자료〉(이 책의 p. 284~86)에 재록한다.
17 템(Temme) 족의 포로(Poro)결사. 이에 대해서는 Jeanmaire, 앞의 책, p. 219를 참조하라.
18 Mircea Eliade, 《*Le Chamanisme et les techniques archaïques de l'extase*》. pp. 359, 368, 383, 387, 396~97에 있는 문장. 그러나 이 책에서는 그 문장들이 샤머니즘적 경험의 가치를 보증하기 위한 반대 방향으로 이용되고 있다.
19 G. Dumézil, 《*Mitra-Varuna(Essai sur deux représentations indo-européennes de la Souveraineté)*》, 제2판(Paris, 1948), 특히 제2장 pp. 38~54. 이것과 유사한 지적은 다음 책에서 볼 수 있다. 《*Aspects de la Fonction guerrière chez les Indo-Européens*》(Paris, 1956): Stig Wikander, 《*Der arische Männerbund*》 (Lund, 1938): M. Eliade, 앞의 책, pp. 338, 342, 348: 20세기에서의 카리스 마형 권력(아돌프 히틀러)의 재용출(再湧出)

〔재등장〕에 대해서는 다음을 참조하라. R. Caillois, 《*Instincts et société*》 (Paris, 1964). 제7장, pp. 152~80.

20 H. Jeanmaire, 《*Couroi et comités*》(Lille, 1939). 이 책은 이 점에 관해 인상적인 자료를 모았다. 내가 다음에 제시하는 사실들을 차용한 곳은 그 책이다. 스파르타의 낭광에 대해서는 같은 책 pp. 540~68에, 리쿠르구스(Lycurgue)와 아르카디아인의 신앙에 대해서는 pp. 569~88에 중요한 기술이 있다.

21 나르샤키의 저작의 페르시아어 요약판(이것은 회교 기원 574년에 쓰였다)에서 아슈나 씨가 나를 위해 행한 직역을 여기에 재록한다. 골람 호세인 사디기(Gholam Hossein Sadighi)의 논문 《*Les mouvements religieux iraniens aux* II *e et* III *e siècles de l'Hégire*》 (Paris, 1938)에는 하킴에 관한 원자료(原資料)에 대해 철저한 비판적 교정이 있다 (pp. 163~86).

22 E. Bréhier, 《*Histoire de la philosophie*》(Paris 1948), 제1권 별책(別冊) 1, 5판, pp. 52~54.

23 Marcel Mauss, 《*Une catégorie de l'esprit humain: la notion de personne, celle de moi*》 (Journal of the Royal Anthropological Institute) (1938. 7~12), vol. LXVIII, pp. 268~81.

24 Michael Mendelson, 《*Le Roi, le Traître et la Croix*》(Diogène, 1938, 겨울), 21호, p. 6.

25 이것들은 1956년(초판 발행) 즉, 구(舊) 프랑의 숫자이다〔신 프랑은 구 프랑의 1/100〕. 오늘날에는 〔상위 입상 세 마리 말에 거는〕 '3연승식 마권(tiercé)'에 걸려 있는 총액이 '1/10의 마권'의 그것을 훨씬 상회한다. 3연승식 마권은 경마를 즐기는 자에게 운명(힘든 생활)으로부터 부분적으로나마 자신을 지킬 수 있다는 환상을 주는 복권이다.

26 다음을 참조하라. Georges Friedmann, 《*Où va le travail humain*》(Paris, 1950), pp. 147~51. 미국에서는 특히 숫자(numbers), 즉 '월스트리트에서 매일 거래되는 증권 총액의 마지막 세자리'에 건다. 그 출처가 의심스러운 것으로 여겨지는 미국 공갈단의 막대한 재산은 여기서 나온다. 같은 책, p. 49, 주1): 《*Le Travail miettes*》(Paris, 1956), pp. 183~85.

27 우연놀이의 영향은 대부분의 사람들이 노동을 거의 하지 않고 도박을 많이 할 때, 특히 매일 도박을 할 때, 극도로 맹위를 떨친다. 그러나 그러한 경우가 일어나기 위해서는 풍토와 사회체제가 매우 예외적으로 맞물릴 필요가 있다. 그러한 경우에는 일반경제는 왜곡되고, 또 당연히 예상할 수 있는 바와 같이, 미신의 동시적인 발전과 결부된 특수한 문화 형태가 출현한다. 나중에 나오는 〈우연놀이의 중요성〉이라는 보충하는 글에서 나는 몇 가지 예를 들 것이다. 또한 미국과 일본에서 슬롯머신에 쏟아넣는 금액에 대해서는 〈참고 자료〉(이 책의 pp. 273~276)에 제시된

숫자도 참조하라.

28 몇 개의 숫자를 제시하는 것도 쓸모없지는 않을 것이다. 소심한 사람이라고 말해지는 어느 한 젊은 대학교수는 야구, 고대의 풍속, 대작곡가의 교향곡, 수학, 자연과학, 탐험, 의학, 셰익스피어 그리고 미국혁명사에 관한 질문에 14주 동안 대답해서 5,100만 프랑(12만 9천 달러)을 차지하였다. 수상자의 대부분은 어린이들이 차지하고 있다. 11살의 레니로스는 주식에 대한 지식 덕분에 6만 4천 달러(2,300만 프랑)를 획득하였다. 며칠 후, 10살의 로버트스트롬은 전자공학, 생리학 및 천문학에 관한 질문에서 8만 달러(3,000만 프랑)를 획득하였다. 1957년 2월, 스웨덴 스톡홀름의 텔레비전방송국은 움브라 크라메리(Umbra Krameri)〔송어의 일종〕는 눈꺼풀이 있는 물고기라고 말한 14살의 어린 울프하네츠의 대답을 인정하지 않았다. 그러자 스투트가르트박물관은 바로 비행기로 두 마리의 살아 있는 표본을 보냈으며, 영국 자연과학원은 깊은 바다에서 찍은 필름을 보냈다. 이 아이에 반대한 사람들은 어찌할 바를 몰랐다. 이 어린 영웅은 70만 프랑을 받았으며, 미국 텔레비전방송국의 초청을 받아 뉴욕에 갔다. 여론은 열광하였다. 이 열기는 교묘하게 부추겨져서 지속되었다. "30초만에 거액의 돈을"이라고 신문들은 쓰면서, 이러한 콩쿠르에 대해 거의 정기적으로 지면을 할애하고 또 상금을 탄 자의 사진을 실으면서—신문의 표현에 따르면—순식간에 획득한 꿈 같은 금액을 큰 활자로 보도하고 있다. 아무리 재치 있고 부지런한 이론가라 하더라도, 준비의 능력과 도전의 매력이 이처럼 놀라울 만큼 결합하리라고는 쉽게 상상하지 못했을 것이다.

29 동일시의 양식, 범위, 강도에 대해서는 에드가 모랭(Edgar Morin)의《스타(Les Stars)》(Paris, 1957)의 훌륭한 한 장(章)(pp. 69~145), 특히 인기배우들을 대상으로 한 물신숭배에 관해 영국과 미국에서 실시된 조사와 특수한 질문표에 대한 응답을 보라. 대리 현상에는 두 가지 가능성이 있다. 하나는 이성(異性) 스타에의 숭배이며, 다른 하나는 동성동연령(同性同年齡) 스타와의 동일시이다. 이 후자의 형태가 가장 자주 일어난다. 영화조사연구소(Motion Picture Research Bureau)의 통계에 따르면, 65%를 차지하고 있다(앞의 책, p. 93).

30 〈참고 자료〉(이 책의 p. 286~88)를 보라.

31 이 점에 대해서는 최근 아르헨티나의 에바 페론(Eva Peron)이 일으킨 열광만큼 흥미로운 것은 없다. 더욱이 그녀는 세 개의 근본적인 위세를 한 몸에 모았다. 즉, 스타의 위세(그녀는 뮤직홀과 스튜디오 세계의 출신이었다), 권력의 위세(공화국 대통령의 아내이자 조언자로서의 그것) 그리고 비천한 자들과 〔다른 사람 밑에 깔려〕 희생당한 자들의 일종의 구세주 화신(化身)으로서의 위세(그녀는 그러한 역할을 하는 것을 좋아하였으며, 또 그 성공을 위해서 그녀는 공채(公債)의 일부를 개인적인 자선의 형태로 바쳤다). 그

녀의 적들은 국민들에게서 그녀의 인기를 떨어뜨리기 위해, 그녀가 밍크 외투, 진주, 에메랄드를 갖고 있다고 비난하였다. 나는 수천 명의 숭배자들이 몰려든 부에노스아이레스의 콜론 극장의 대집회에서 그녀가 그러한 비난에 대해 대답하는 것을 들은 적이 있다. 그녀는 밍크 외투와 다이아몬드가 있음을 부인하지 않았으며, 더욱이 그것들을 보라는 듯이 몸에 걸치고 있었다. 그녀는 말하였다: "우리 가난한 자들에게는 부자들과 마찬가지로 모피 외투와 진주 목걸이를 지닐 권리가 없습니까?" 군중은 긴 열렬한 박수를 보냈다. 수많은 직장여성 각각은 자기 눈 앞에 있는 사람, 그 순간 자신을 '대표하고' 있는 사람의 인격에 참가(participation)함으로써 자기도 역시 매우 비싼 장신구와 매우 귀중한 보석을 몸에 걸치고 있다고 느꼈다.

32 드 펠리스(Ph. de Felice)는 이 점에 관해서 불완전하지만 충격적인 자료를 그의 저서 《광란의 군중, 집단적인 황홀(Foules en délire. Extases collectives)》(Paris, 1914)에 모았다.

33 1957년 1월 5일자 《르몽드》지의 에바 프르당(Eva Freden)의 글 (〈참고 자료〉이 책의 p. 288에 재록)을 보라. 이러한 시위들은 아마도 〈난폭자〉(베네딕 감독, 1954년도 작품)나 〈이유 없는 반항〉(니콜라스 레이 감독, 1955년도 작품)과 같은 미국의 몇몇 영화의 성공과 관련이 있을 것이다.

34 〈참고 자료〉(이 책의 p. 291~95)를 참조하라.

35 Y. Him, 앞의 책, pp. 213~16: Hugues Le Roux, 《Les Jeux du cirque et la vie foraine》(Paris, 1890), pp. 170~73.

36 나바호 족과 주니 족의 의식에 대해서는 다음 책에 나오는 기술을 따랐다. Jean Cazeneuve, 《Les Dieux dansent à Cibola》(Paris, 1957), pp. 73~75, 119, 168~73, 196~200.

보충하는 글

1 이것은 보르헤스(Jorge Luis Borgès)의 우화 《바빌로니아의 제비뽑기(La Loterie de Babylone)》를 읽으면 분명하게 알 수 있다. 《허구들(Fictions)》, 불역판(Paris, 1951), pp. 82~93.

2 Simone Delarozière et Gertrude Luc, 《Une forme peu connue de l'Expression artislique africaine: l'Abbia》(Etudes camerounaises), NOS49~50(1955,9~12), pp. 3~52. 마찬가지로 보패(寶貝)라는 작은 조가비가 주사위로도 화폐로도 쓰이는 수단의 손자이 지방에서는 놀이하는 자는 각각 그 패를 네 개 던지는데, 그 네 개가 똑같은 면이 나오면 2,500개의 패를 딴다. 그들은 재산, 토지, 아내를 건다. 다음을 참조하라. A.

Prost, 《*Jeux et jouets*》(Le Monde noir)(〈Présence africaine〉, NOS8~9), p.245.
3   똑같은 상징들이 멕시코에서 도박을 위해 행해지는 카드놀이에도 있다. 이 카드놀이의 원리는 복권놀이의 원리와 비슷하다.
4   Rafael Roche, 《*La Policia y sus misterios en Cuba*》(La Havane, 1914) pp. 287~93.
5   잘 알려져 있는 바와 같이, 아바나(쿠바의 수도)는 샌프란시스코와 함께 중국 밖에서 중국인 최다밀집지역의 하나이다.
6   린디아 캅레라(Lyndia Cabrera)의 정보에 의함.
7   Rafael Roche, 앞의 책, p. 293.
8   알레호 카르펜티에르의 정보와 그가 제공한 자료에 의함.
9   *New York Times*, 1957년 10월 6일자.
10 게다가 하인들은 거의 모두 흑인이거나 흑백혼혈이기 때문에, 아프리카 종교의 주술사 및 사제와 (그들의 이상한 힘의 효력은 믿으면서도 체면 때문에) 그들과 교제하는 것을 거부하는 사람들 사이의 자연스러운 중개자가 된다.
11 Roger Caillois, 《*Instincts et société*》(Paris, 1964), 제5장 〈부의 이용(*L'usage des richesses*)〉. pp. 130~51.
12 다음을 참조하라. Gunnar Franzen, 〈*Les Banques et l'épargne en U.R.S.S.*〉, 《*l'Epargne du Monde*》(Amsterdam, 1956), 5호, pp. 193~97. 다음에 재록되어 있다. 《*Svensk Sparbankstidskrift*》(Stockholm, 1956), 6호.
13 《*Briefen über ästhetische Erziehung des Menschen*》, Fr. v. Schiller의 《전집 (*OEuvres*)》 제8권, 《*Esthétique*》(Paris, 1862)에 불어로 번역되어 있다. 또한 열네 번째, 열여섯 번째, 스무 번째, 스물여섯 번째, 스물일곱 번째 편지도 보라.
14 《*Die Spiele der Tiere*》, 불역판, 《*Les Jeux des animaux*》(Paris, 1902) pp. V, pp. 62~69.
15 《*Le Réel et l'imaginaire dans le jeu de l'enfant*》, 제2판 (Paris, 1955) ; 《*Le Jeu de l'enfant, introduction à la pédagogie*》, 신증보판 (Paris, 1955).
16 어른들의 복잡한 놀이도 심리학자의 관심을 끌었다. 특히 체스 선수의 심리에 대해서는 많은 연구가 있다. 축구에 대해서는 패트릭(G. T. W. Patrick)(1903), 하르트겐부슈(Hartgenbusch)(1926), 픽포드(R. W. Pickford)(1940), 메를로 퐁티(M. Merleau-Ponty) (《행동의 구조(*La Structure du comportement*)》(1942) 속에) 등의 분석들을 예로 들 만하다. 이 분석들의 결론에 대해서는, 보이텐다이크(F. J. J. Buytendijk)의 연구 《축구(*Football*)》(Paris, 1952)에서 검토가 행해지고 있다. 이 연구들은 체스를 하는 사람들의 심리에 대해 쓴 글들(이것들은, 예를 들면, 체스를 하는 자들이 비숍과 룩을 일정한 형상으로 인식하지 않고 비스듬하게 움직이는 힘 또는 직선으로 움직이는 힘으로 인식한다고 설명한다)과 마찬가지로, 놀이에 의해 규정되는 놀이하는 자의 행동에 대해서는 가

르쳐주지만, 놀이 자체의 성질에 대해서는 가르쳐주지 않는다. 이 관점에서 보면, 데니(Renel Denny)와 리스만(David Riesman)의 내용 있는 논문,《미국에서의 축구(Football in America)》(《Profils》, 13호 (1955, 가을), pp. 5~32에 번역되어 있다)가 훨씬 더 유익하다. 특히 이 논문은 새로운 욕구나 새로운 환경에 어울리는 반칙에서 어떻게 해서 새로운 규칙, 따라서 새로운 놀이가 발생하는가(그리고 결국은 반드시 발생하게 되는가)를 보여주고 있다.

17 Y자형의 장난감 새총은 샤토 씨의 저작 속에는 나오지 않는다. 샤토 씨는 Y자형의 장난감 새총을 조작하는 심리를 관찰하기는커녕, 오히려 그것을 빼버린 것 같다. 샤토 씨가 연구한 어린이들은 또한, 공간과 소도구를 필요로 하는 크로케(croquet)와 연날리기를 모르고 있으며, 아울러 변장(變裝)놀이도 하지 않는다. 다시 한 번 말하지만, 이것은 어린이들을 학교라는 장소에서만 관찰했기 때문이다.

18 《Le Jeu de l'enfant》, pp. 18~22.

19 예를 하나만 들어보겠다. 학교 부근에는 방과 후 학생들을 상대로 미니 추첨을 행하는 과자 가게들이 번창하고 있다. 일정한 금액을 내고서 어린이들은 제비를 뽑는다. 이 제비에 쓰여진 번호의 과자를 얻는 것이다. 상인이 일등상의 맛있는 사탕과자가 걸리는 표를 될 수 있는 한 늦게 다른 표들과 섞는다는 것은 말할 필요도 없다.

20 A. Brauner,《Pour en faire des hommes, études sur le jeu et le langage chez les enfants inadaptés sociaux》, S.A.B.R.I (Paris, 1956), pp. 15~75.

21 여기서 든 예는 요약표(pp. 386~87)에 인용되어 있는 것이다. 한편 이러한 놀이들을 다루는 장(章)(pp. 194~217)에서는 흥분(emportement)이라는 말의 두 의미(미친듯이 날뛰는 행동과 격노)를 교묘하게 구사해서, 특히 과도한 열광이나 열정 또는 격렬함에 의해 아니면 리듬의 단순한 가속에 의해 놀이하는 동안 일어나는 혼란을 연구하고 있다. 놀이는 혼란 때문에 결국 해체된다. 저자의 분석은 이런 식으로 놀이의 한 양식(樣式), 아니 오히려 경우에 따라서는 놀이를 위협하는 위험을 명확하게 해준다. 그러나 그 분석은 놀이의 특수한 범주를 결정짓는 데까지는 결코 이르지 못하고 있다.

22 J. von Neumann & O. Morgenstern,《Theory of Games and Economic Behavior》(Princeton, 1944); Claude Berge,《Théorie dex jeux alternatifs》(Paris, 1952).

23 Claude Berge.

24 A. Prost,《Jeux dans le monde noir》, Le Monde noir(〈Présence africaine〉의 NOS8~9), pp. 241~48.

25 선수(先手)가 실제로 유리하다는 것은 일반적으로 인정되고 있지만, 증명되지는

않았다.

26 이하에서는 에스파냐어 번역판에 따라 인용할 것이다. 《Fondo de Cultura Economica》(Mexico, 1943). 〔에스파냐어 번역이 최초의 번역이며, 영어 번역은 1949년에, 불어 번역은 1951년에 나왔다〕

27 Huizinga, 앞의 책, pp. 31~32. 에밀 방브니스트(Emile Benveniste)의 정의와 비교해 보자. 방브니스트 씨에 따르면, 놀이란 "그 자체를 목적으로 삼으며, 현실의 유용한 수정을 꾀하지 않는 일체의 활동이다"(《Le jeu comme structure》, Deucalion, 2호, Paris, 1947, p. 161). 그가 이 정의를 명확히 하기 위해 덧붙인 설명은 그 정의를 호이징가의 그것에 더욱 접근시킨다: ① 놀이는 "이 세계에서 전개되지만, 현실의 조건들을 무시하는 활동이다. 왜냐하면, 놀이는 현실에서 의도적으로 벗어나기 때문이다." ② 놀이는 아무것에도 쓸모가 없으며, "그 의도하는 바가 유용성(有用性) 쪽으로 향하지 않는 형식들의 전체"로 나타난다. ③ 놀이는 "엄밀한 한계와 조건 속에서 전개되지 않으면 안 되며, 따라서 폐쇄된 총체성을 이룬다." 이 여러 특징들을 통해 방브니스트 씨는 다음과 같이 결론짓는다. "인간의 욕구가 유용성에 사로잡히고, 도처에서 사건에 부딪치며 앞뒤가 맞지 않고 제멋대로 펼쳐지는 세계, 그 어떤 것도 예상대로 끝나지 않으며 또 인정한 규칙에 따라서 진행되지 않는 현실, 놀이는 그러한 현실과는 분리되어 있다……." 주의해야 할 것은, 방브니스트 씨가 (더욱이 호이징가와 똑같이) 우연놀이를 무시하는 경향이 있다는 점이다. 우연놀이는 거의 언제나 돈을 건 놀이인데, 이것은 현실에 미치는 영향이 적지 않은 놀이이다. 왜냐하면, 이 놀이는 사람을 부자로 만들거나 파산시키며, 경우에 따라서는 체면 때문에 자살하는 일도 일어날 정도이기 때문이다. 나로서는 돈은 구두쇠에게도 도박자에게도 성스러운 것이라고 생각한다. 단, 감히 그것에 손대지 않고 축적하는 구두쇠는 그것을 숭배하는 것이며, 그리고 동시에 그것을 유통과정에서 끄집어내서 세속적인 일체의 사용으로부터 벗어나게 하는 것이다. 즉, 그는 돈에 대해 '존경의 성스러움(sacré du respect)'이라는 행동을 채택하는 것이다. 반대로 끊임없이 돈을 거는 도박자는 돈을 〈위반의 성스러움(sacré de transgression)〉의 법칙에 따라 취급한다.

28 같은 책, p. 27.

29 저자(호이징가)는 주로 헝가리인 칼 케레니(Karl Kerenyi)의 논문에 의지하고 있다. Karl Kerenyi, 《Vom Wesen des Festes, Paideuma》, Mitteilungen Zur Kulturkunde, I, 2호(1938, 12).

30 A. W. Jensen, 《Beschneidung und Reifezeremonien bei Naturvölkern》(Stuttgart, 1933)

31 이 책(《인간과 성스러움》)의 부록, I, p. 187을 참조하라.

32 ⟨*Die Märchen von klugen Rätsellösern*⟩, Folklore Fellows Communications 73호 (Helsinki, 1928).

33 《*Mythes et Dieux des Germains*》(Paris, 1939), pp. 68~72.

34 Huizinga, 앞의 책, p. 165: "무엇을 하지 않으면 안 되는가 또 무엇을 얻는가는 놀이에서는, 단지 두 번째로만 제기되는 문제이다." 이것은 놀이에는 잘 들어맞지만, 저자가 그것과 동류(同類)에 놓는 활동에는 들어맞지 않는다.

35 방브니스트 씨는 놀이를 《탈(脫)사회화하는 활동(*opération désocialisante*)》으로 정의하고 있다(앞의 논문, pp. 164~65). 그는 또한, 성스러움은 《긴장과 불안》이며 놀이는 《열광과 해방》이라는 것을 인정한다. 더 나아가서 그는 놀이를 신화와 의례의 분리의 산물로 간주한다. 신화를 잃은 의례, 즉 현실에 대한 지배력을 인간 행위에 주는 신성한 말(*paroles sacrées*)을 잃은 "의례는 이제는 효력이 없는 행위들의 질서 정연한 전체, 의식의 무해(無害)한 재생산, 단순한 놀이(*ludus*)가 된다." 반대로 의례가 없는 신화는 단순한 말장난(*jocus*: 농담), 즉 내용도 전거(典據)도 없고 영향력도 없는 헛된 말(*paroles*), (이번에는 공허한 행동이 아니라) 공허한 말(*mots*)에 이른다. 따라서 태양을 소유하기 위한 싸움은 축구시합이 되었으며 성인식을 받을 자격이 있는가를 측정하는 수수께끼는 이젠 말재롱(*calembour*)(*calembour*의 본래 뜻은 동음이의어(同音異義語)의 말맞히기 놀이를 가리킨다. 예를 들면, *une personne alité*(병들어 누운 사람) → *une personnalité*(인격), *fat alité*(병들어 누워 있는 잘난 체하는 사람) → *fatalité*(숙명)]에 불과하다.

36 방브니스트 씨는 성스러운 것에서 유희적인 것으로의 이행을 가능하게 하는 비결을 제시하고 있다: "집단생활이나 개인생활의 일관성 있고 규칙에 따른 모든 표현은, 그것을 유효하게 해주는 변명상의 또는 사실상의 동기를 없애버리면 놀이로 바꿔 놓을 수 있다."(같은 논문, p. 165).

참고 자료

1 L. Guénot, 《*La Genèse des espèces animales*》(Paris, 1911), pp. 470, 473.

2 《*Vorträge über Descendenztheorie*》, 제1권, pp. 78~79.

3 적(敵)을 놀라게 하는 이 변형은 자동적으로 행해지며, 피부의 반사운동에 가깝다. 피부의 반사운동은 항상 변색(變色)해서 자신을 감추는 것만이 아니라 때로는 무서운 외관을 취하기도 한다. 개를 만난 고양이는 털을 곤두세운다. 고양이는 자신이 겁을 먹었기 때문에 무서운 것이 된다. 이것을 지적한 르 당텍(Le Dantec, 《*Lamarkiens et Darwiniens*》, 제3판, Paris, 1908, p. 139)은 인간에게서 소름(*chair de poule*)이라는 이름으로 알려져 있는 현상을 그런 식으로 설명한다. 이 현상은 특히 크게 공포를 느꼈

을 경우에 돌발한다. 털이 퇴화했기 때문에 효력은 없어졌지만, 그 현상은 여전히 남아 있다.

4 다음을 참조하라. Standfuss, 《Beispiel von Schutz und Trutzfärbung》, Mitt. Schweitz. Entomol. Ges, 21(1906), pp. 155~57: Vignon, 《Introduction à la biologie expérimentale》(Paris, 1930) Encyl Biol., 제8권, p. 356.
5 L. Cuénot, 앞의 책, p. 453
6 L. Murat, 《Les Merveilles du monde animal》(1914) pp. 37~38.
7 L. Cuénot, 같은 책, 그림 114.
8 A. Lefebvre, Ann. de la Soc. entom. de France, 제4권: Léon Binet 《La Vie de la mante religieuse》, (Paris, 1931): P. Vignon, 앞의 책, p. 374와 이하에서.
9 Wallace, 《La Sélection naturelle》, 불역판, p. 62.
10 다음을 참조하라. Rabaud, 《Eléments de biologie générale》, 제2판(Paris, 1928) p. 412, 그림 54.
11 Vignon, 앞의 논문.
12 같은 논문.
13 Delage & Goldsmith, 《Les Théories de l'évolution》(Paris, 1909), 그림 1, p. 74.
14 G. J. Romanes, 《Intelligence des animaux》(Paris), F. Alcan, 제2권 pp. 240. 241.
15 Pierre Gaxotte, Le Figaro. 기사의 제목은 〈헤라클레스에서 제임스 딘까지(D'Hercule à James Dean)〉. 이 영웅과 그가 사후에 얻고 있는 열광적인 숭배에 대해 여성주간지들이 사진이 들어간 긴 르포르타주를 싣고 있다는 것은 말할 필요도 없다. 앞서 인용한 에드가 모랭의 저서에서의 현상에 대한 분석을 보라. 《Les Stars》(Paris, 1957), pp. 119~31: 〈Le cas James Dean〉.

놀이에 대한 설명

개구리뜀 saute mouton
두 손으로 다른 사람의 등을 짚고 뛰어넘는 놀이.

게이트 볼 gate ball
5~6명으로 구성된 2개 팀이 지정된 자신들의 공을 T자형 스틱으로 쳐서 3개의 문(게이트)을 통과시킨 후 중앙의 골 폴을 맞히는 경기.

구연환
옥련환, 중국 고리(chinese ring)라고도 불린다. 기원전 3세기 무렵 중국의 진(秦)나라 소왕(昭王)이 이것을 천자 황후에게 선사했다는 기록이 남아 있다.

그레이하운드 경주 greycing
전기장치로 자극을 줘 뛰게 만든 토끼를 그레이하운드(몸이 길고 날씬한 사냥개)로 하여금 뒤쫓게 하는 내기 승부. 그레이하운드 레이싱(greyhound racing)이라고도 한다.

그림 수수께끼 rébus
문자, 도형(圖形) 등을 사용해서 문장을 표현하는 수수께끼놀이.

도미노 domino

뼈, 혹은 상아로 만든 직사각형의 28개 패를 사용해 카드와 비슷한 방법으로 하는 놀이.

디아볼로 diabolo

줄 위로 던졌다 거둬들였다 하는 공중팽이놀이

로고그리프 logogriphe

한 단어의 철자를 여러 가지로 조합해 다른 단어로 만들어 이것을 수수께끼로 한 것.

> 예) Je brille avec six pieds, avec cinq je te couvre.
> (나는 여섯 발로는 빛나며, 다섯 발로는 너를 덮는다)
> 답은 étoile(별이라는 뜻의 여섯 철자)과
> toile(천이라는 뜻의 다섯 철자)이다.

룰렛 roulette

일정한 간격으로 0부터 36까지 37개 번호가 표시된 원형 숫자판을 돌리고 그 반대 방향으로 숫자판 트랙을 타고 돌도록 조그만 구슬을 굴린 뒤 그 구슬이 떨어진 번호를 맞추면 건 돈의 36배까지 따는 도박.

마니유 manille

2명이 한 조를 이뤄 네 명이 하는 카드놀이.

맹쇼드 main chaude

눈감고 손바닥을 맞아 누가 때렸는지를 알아맞히는 놀이.

모노폴리 monopoly

주사위를 굴려 말을 움직여서 토지나 건물의 매매, 임대 등을 행하는 놀이. 주로 아메리카에서 한다.

무르 mourre

두 사람이 서로 마주보고 손가락을 동시에 빨리 펴면서, 상대방이 편 손가락

놀이에 대한 설명　309

의 수를 알아 맞히는 우연놀이.

문자 수수께끼 charade
하나의 말을 각각 독립된 몇 개의 단어가 되도록 분해시켜 수수께끼로 조립한 것. 18세기에 유행.

> 예) Mon premier est un métal précieux,
> Mon second est un habitant des cieux,
> Mon tout est un fruit délicieux.
> (나의 앞부분은 귀금속이고, 나의 뒷부분은 하늘에 사는 사람이며, 나의 전체는 맛있는 과일이다.) 답은 오렌지(orange=or(금)+ange(천사)).

물랭 (풍차놀이) moulin
양끝이 뾰죽한 나뭇조각을 막대기로 쳐서 날게 하는 어린이놀이.

바그노드 baguenaude
고리들을 일정한 순서대로 끼거나 푸는 지능놀이.

바카라 bacara
손에 쥔 카드(최소 2장)의 숫자를 합한 뒤 끝수만 따져 9에 가까운 자가 이기는 게임으로 한판에 12명까지 참가할 수 있다. 서양식 '섰다.'

빌보케 bilboquet
손잡이에 공받이와 공이 매달린 장난감.

솔리테르 solitaire
카드를 사용해 혼자 하는 점치기의 일종.

샤페르셰 chat perchè
쫓기다가 무엇에든 올라가면 잡지 못하는 어린이놀이. 잡힌 사람은 술래(chat: 고양이라는 뜻)가 된다.

아나그람 anagramme
단어의 글자를 바꿔놓아 새로운 뜻을 지니게 하는 글자 수수께끼.

예) Marie(마리) → aimer(사랑하다)
ancre(닻) → nacre(나전(螺鈿))
signe(기호) → singe(원숭이)

올로림 시 vers olorimes
2행시로 첫째 행의 각 음절이 둘째 행의 운(韻)을 밟고 있다.

예) ① Gai, amant de la reine, alla, tour magnanime,
Galament de l'arène à la Tour Magne, à Nime.
② Laurent Pichat, vivrant, coup hardi, bat Empis,
Lors Empis chavivrant, couard, dit: Bah! tant pis!

요요 yoyo
작고 둥근 두 개의 바퀴 사이에 실을 감아 당겼다 놓았다 하며 바퀴를 굴리는 어린이 장난감.

이합체(離合體)의 시 acrostiche
각 행의 첫 철자를 합쳐 읽으면 그 시의 제목이나 작자가 되는 시.

예) 프랑수아 비용(François Villon)의 시가 유명하다.
Vous portâtes, douce Vierge, princesse,
Jésus régnant, qui n'a ni fin ni cesse:
Le Tout-Puissant, prenant notre faiblesse,
Laissa les cieux et nous vint secourir,
Offrit à mort sa très chère jeunesse,
Notre-Seigneur tel est, telle confesse:
en cette foi je veux vivre et mourir.
(Ballade pour prier Notre-Dame)

자케 jacket

서양 주사위놀이.

크로케 croquet

잔디 위에서 나무공을 쳐서 활 모양의 작은 문을 빠져나가게 하는 놀이.

키니엘라 quiniela

연방복권의 당첨번호에 대한 도박으로 브라질 인근 국가에서 행함.

타켕 taquin

상자 속에 들어 있는 숫자패들을 꺼낸 다음 하나씩 움직여서 순서대로 늘어놓는 조합놀이.

펠로타 pelote basque

피레네 산맥 서쪽에 있는 바스크(Basque) 지방의 민속경기로서 테니스와 비슷한 공놀이.

폴로 polo

말을 타고 공치기 하는 경기.

피종볼 pigeon vole

한 어린이가 우선 '비둘기가 난다'라고 말한 다음 이어서 비둘기 대신에 여러 가지 생물이나 무생물의 이름을 계속해서 빨리 댄다. 그때 다른 아이들은 그것이 진짜로 나는 것일 경우에만 손가락을 든다. 틀리면 벌금을 낸다.

옮긴이의 말

놀이라는 인간활동은 오랫동안 학자들로부터 진지한 관심을 받지 못했으며, 심지어는 무시되어 왔다. 그 이유는 생산적인 노동과 직접 관계있는 것만이 학문적 연구의 대상이 될 가치가 있다고 생각해 왔기 때문이다.

그런데 네델란드의 역사가 요한 호이징가(1872~1942)는 1938년에 출간한《호모 루덴스Homo Ludens》에서 이 비생산적인 놀이 활동을 인간생활의 중요한 사실로 부각시키면서 놀이의 문화적 창조력을 명확하게 보여주었다. 즉 그는 법, 지식, 시, 생활의 지혜, 전쟁, 예술 등이 놀이정신에 의해 풍부해지고 때로는 그것에서 생겨나기도 했다는 사실을 동서고금에 걸친 많은 자료를 동원하여 입증하였다. 그리고 그 증명의 결과로서 '인간은 놀이하는 존재'라는 실로 독창적인 결론을 이끌어 냈다. 호이징가의《호모 루덴스》가 서구지성사에 한 획을 긋는 기념비적인 명저로 평가받고 있는 이유는 이처럼 놀이에 대한 최초의 본격적인 연구의 길을 개척하였다는 공적 때문이다.

이 책의 지은이 로제 카이와도 호이징가의 놀이론에 주목하고 그것을 높이 평가하고 있다. 그러나 카이와의 놀이론은 호이징가의 견해를 그대로 답습하지 않고 비판적으로 계승하고 있다는 점에서 주목할 가치가 있다.

우선 그는 이 책《놀이와 인간》을 쓰기 전인 1946년에 발표한 논문 〈놀이와 성스러움 jeu et sacré〉에서, 호이징가가 놀이와 성스러움을 동일시하는 것을 두 가지 이유를 들어 비판한다.

첫째, 카이와에 따르면 놀이에서 중요한 것은 형식(규칙)에의 존중이며 내용은 부차적인데 반해, 성스러움에서는 내용(분할할 수 없고 애매하며 사라지기 쉽고 효험이 있는 힘)이 중요시되며 형식(의례)은 그 힘을 얻기 위한 수단에 불과하기 때문에, 놀이와 성스러움은 엄격하게 구별할 필요가 있다는 것이다. 간단히 말하면, 놀이는 순수한 형식인데 반해, 성스러움은 순수한 내용이라는 것이다. 둘째, 놀이와 성스러움이 인간의 일상생활에서 벗어나 있다는 점에서는 같지만, 일상생활을 기본축으로 할 때는 그것들이 서로 반대쪽에 자리 잡게 된다고 카이와는 지적한다. 자유라는 것을 원리로 삼아 생각해보면, 성스러움에서 벗어나는 것이 세속적인 일상생활이며, 또 이 일상생활에서 벗어나는 것이 놀이이기 때문이다. 여기서 성스러움—세속—놀이라는 서열이 세워질 수 있는데, 그렇게 되면 성스러움과 놀이는 세속생활을 가운데 두고서 좌우대칭의 위치를 차지하게 된다. 따라서 카이와는 놀이와 성스러움은 동일시될 수 없다고 주장한다.

그런데 카이와가 호이징가를 비판하면서 놀이론에 기여한 최대의 공적은 바로 이 책《놀이와 인간》에서 시도한 놀이의 분류에 있다. 호이징가는 놀이 분류의 기본 범주로 두 가지(경쟁과 모의)밖에 제시하지 못했지만, 카이와는 경쟁과 모의 이외에도 운과 현기증이라는 두 개의 범주를 더 제시하였다.

호이징가는 의지를 포기하고 운에 자신을 맡기는 놀이, 즉 우연놀이(그 대표적인 예는 도박)를 묵살하였는데, 그 이유는 그것이 비문화적인 놀이이기 때문이었다. 그렇지만 우연놀이는 새삼 증명할 필요도 없이 현실생활 속에 존재한다. 이 점에서 보면, 카이와가 호이징가보다 놀이에 대해 더 현실적인 입장을 취한다고 말할 수 있다. 그리고 카이와가 놀이 분류의 또 하나의 새로운 범주로 제시하는 것은 현기증이다. 이것은 일시적으로 지각의 안정을 파괴하면서 혼란, 패닉(공포)의 감각을 맛보는 놀이로서 그 예로는 회전 및 낙하의 운동, 공중 서커스 등을 들 수 있다. 이 현기증 범주는 카이와의 독창적인 발상인데, 이것은 그가 호이징가의 연구를 넘어섰다는 사실을 단적으로 보여준다. 카이와가 이 책에 '가면과 현기증'이라는 부제를 붙인 이유도 바로 자신의 독창성을 돋보이게 하려는 것이 아닌가라는 생각이 든다.

그리고 《놀이와 인간》이 《호모 루덴스》와 다른 점으로는 호이징가가 놀이에 대해 역사적인 접근방식을 취한 반면에, 카이와는 비역사적인 방법을 택하고 있다는 것을 들 수 있다. 카이와가 놀이에 대해 비역사적인 방법으로 접근한 이유는 당연히 그의 관심이 놀이의 분류에 있기 때문이다.

아무튼 이 책 《놀이와 인간》은 놀이 분류의 기본 범주로 경쟁, 운, 모의, 현기증을 제시하면서 그것들을 기초로 삼아 문화의 발달을 고찰한 놀이론의 고전적인 명저로 높은 평가를 받고 있다.

로제 카이와 Roger Caillois는 사회학, 철학, 인류학, 자연과학, 문학 등 여러 분야에 관심을 나타낸 일종의 백과사전적인 지식인으로서 현대 프랑스의 대표적인 사상가 중 한 사람이다. 또 사상적으로도 초현실주의 surréalisme, 프로이트주의, 마르크스주의를 짧은 기간 동안이나마 편력하였다. 이처럼 다양한 지적 관심과 사상적 편력 속에서도 그의 주된 관심은 인간의 불가사의한 비합리적 현상(예를 들면, 꿈, 시, 놀이, 신화, 성스러움 등)을 합리적으로 해명하는 것이었다.

그는 파리의 고등사범학교École normale supérieure 출신으로 1913년 렘스Reims에서 태어나서 1978년 파리에서 죽었다. 1938년에는 사회생활 속에서의 성스러움의 표현을 연구할 목적으로 조르주 바타이유George Bataille, 미셸 레리스Michel Leiris와 함께 '사회학회Collège de sociologie'를 만들었다. 제2차 세계대전 중에는 런던으로 망명한 드골의 자유 프랑스 정부에 참여하였다. 이때 그는 레지스탕스 활동의 일환으로 남미에 문화사절로 파견되어 아르헨티나의 부에노스아이레스에 프랑스 고등연구소l'Institut Français d'Etudes Supérieures de Buenos Aires를 창립하였으며, 잡지 《프랑스문학Lettres françaises》을 창간하여 그 편집을 담당하였다. 1948년에는 갈리마르Gallimard출판사의 남미문학총서인 '남십자성 La Croix du Sud'을 기획하여 보르헤스Borges, 네루다Neruda 등 남미의 유명한 작가들의 작품을 프랑스에 소개하였다. 그 후 유네스코에서 일하면서 국제적인 학술잡지 《디오게네스Diogène》를 1952년에 창간하였다. 1971년에는 아카데미 프랑세즈Académie française의 회원으로 선출되었다. 1978년 죽기 얼마 전에는 '전국 문학 대상Grand Prix national des lettres', '마르셀 프루스트상prix Marcel Proust', '유럽에세이상Prix européen de l'essai'을 연속 수상하여 그의 명성을 더욱 드높였다.

그는 40여 권의 많은 저작을 남겼는데, 그 대부분은 단편적인 글들의 모음집이다. 그의 주요저작으로는 《신화와 인간Le mythe et l'homme》(1938), 《인간과 성스러움L'homme et le sacré》(1939), 《놀이와 인간: 가면과 현기증Les jeux et les hommes: Le masque et le vertige》(1958), 《일반미학Esthétique généralisée》(1962) 등을 들 수 있는데, 특히 《놀이와 인간》은 그의 저작들

중에서 가장 널리 읽혀지고 있다.

이 《놀이와 인간》의 초판은 1958년 갈리마르 출판사에서 나왔는데, 그 후 1967년에 같은 출판사에서 개정증보판이 나왔다. 여기서는 이 개정증보판을 번역하였다. 번역하는 과정에서 두 종의 일역판 (〈遊び と: 人間〉: 清水幾太郎·霧生和夫 譯, 岩波書店, 1970; 多田道太郎·塚崎幹夫 譯, 講談社, 1990)을 참고하였다. 그리고 《놀이와 인간》과는 별개의 글인 〈놀이와 성스러움〉을 번역하여 이 책의 보충하는 글 속에 삽입하였다. 카이와의 놀이론을 한자리에 모으는 것이 좋을 것이라는 생각에서였다. 이 논문에서는 《놀이와 인간》의 착상의 중요한 맹아를 볼 수 있을 것이다. 본래 이 논문은 잡지 《합류 Confluence》(10호, 1946년 봄, pp. 66~77)에 발표한 것인데, 카이와는 《인간과 성스러움》의 제2판을 내면서 그 책의 부록 속에 실었다. 여기서는 이 부록 속에 있는 것을 번역하였다.

카이와는 프랑스 문인의 전통에 따라서 매우 개성적인 문체를 구사하고 있어(그가 17세기의 문체를 좋아한다는 평도 있다), 그의 글을 우리말로 옮기는 데에는 적지 않은 어려움이 있었다. 본문의 많은 부분에서 그는 만연체 문장을 사용하고 있는데, 가능한 한 끊어서 짧은 문장으로 바꾸고자 했지만, 문장의 내용상 불가피하기 때문에 대부분 원문대로 긴 문장으로 번역하였다. 그렇다 하더라도, 이 책의 내용이 별로 어렵지 않기 때문에 이해하는 데에는 큰 어려움이 없으리라 생각한다. 그리고 본문에 나오는 resurgir라는 단어에 대해서는 재용출再湧出이라는 역어를 사용하였다. 재등장이라는 말로 번역해도 무방하지만, resurgir라는 말이 갖고 있는 본래의 의미, 즉 물이 지하로 스며 흐르다가 다시 지면에 나타난다라는 뜻을 살리기 위해 재용출이라는 단어를 선택하였다.

번역하는 과정에서 필요하다고 생각되는 경우에는 옮긴이 주를 달았는데, 그것들 모두를 〔〕 속에 넣거나 *로 표시하였다. 그리고 이 책에 나오는 놀이에 대해서는 옮긴이가 확인한 것에 한해 짤막한 해설을 달아 부록으로 실었다(부록을 만드는 과정에서 講談社의 일역판에 들어 있는 놀이해설을 많이 참고하였다). 참고하기 바란다.

1994년 3월
이상률

옮긴이 **이상률**

고려대학교 문과대학 사회학과와 같은 대학원을 졸업하고, 프랑스 니스대학교에서 수학했다. 현재는 번역가로 활동 중이다. 주요 번역서로는 클로드 프레데릭 바스티아의 《국가는 거대한 허구다》, 가브리엘 타르드의 《모방의 법칙》, 《여론과 군중》, 표트르 크로포트킨의 《빵의 쟁취》, 막스 베버의 《사회학의 기초개념》, 《직업으로서의 학문》, 《직업으로서의 정치》, 《도교와 유교》, 베르너 좀바르트의 《사치와 자본주의》, 칼 뢰비트의 《베버와 마르크스》, 데이비드 리스먼의 《고독한 군중》, 세르주 모스코비치의 《군중의 시대》, 그랜트 매크래켄의 《문화와 소비》 등이 있다.

놀이와 인간

개정판 1쇄 발행 2018년 7월 10일
개정판 3쇄 발행 2023년 5월 1일

지은이 로제 카이와 | 옮긴이 이상률
펴낸곳 (주)문예출판사 | 펴낸이 전준배
출판등록 2004. 02. 12. 제 2013-000360호 (1966. 12. 2. 제 1-134호)
주소 04001 서울시 마포구 월드컵북로 21
전화 393-5681 | 팩스 393-5685
홈페이지 www.moonye.com | 블로그 blog.naver.com/imoonye
페이스북 www.facebook.com/moonyepublishing | 이메일 info@moonye.com

ISBN 978-89-310-0233-1 03300

•잘못 만든 책은 구입하신 서점에서 바꿔드립니다.

✤문예출판사® 상표등록 제 40-0833187호, 제 41-0200044호